三晋百位历史文化名人传记丛书

追寻先贤的足迹　倾听历史的回声
守望伟大的传统　成就时代的梦想

李云峰／著

司空图传

山西出版传媒集团

北岳文艺出版社·太原

图书在版编目（CIP）数据

司空图传 / 李云峰著 . —太原：北岳文艺出版社，2018.12
（三晋百位历史文化名人传记丛书）
ISBN 978-7-5378-5806-9

Ⅰ . ①司… Ⅱ . ①李… Ⅲ . ①司空图（837-908）－传记Ⅳ . ① K825.6

中国版本图书馆 CIP 数据核字（2018）第 289065 号

─────

书　　　名：司空图传
著　　　者：李云峰
责任编辑：邹　伟
装帧设计：张永文
篆　　　刻：刘　刚
插图设计：阎宏睿
印装监制：巩　璠

─────

出版发行：山西出版传媒集团·北岳文艺出版社
地　　　址：山西省太原市并州南路 57 号
邮　　　编：030012
电　　　话：0351-5628696（发行部）
　　　　　　0351-5628688（总编室）
传　　　真：0351-5628680
网　　　址：http://www.bywy.com
E-mail：bywycbs@163.com
经 销 商：新华书店
印刷装订：山西人民印刷有限责任公司

开　　　本：710mm×1000mm　1/16
字　　　数：300 千字
印　　　张：21
版　　　次：2018 年 12 月　第 1 版
印　　　次：2018 年 12 月　山西第 1 次印刷
书　　　号：ISBN 978-7-5378-5806-9
定　　　价：38.00 元

《三晋百位历史文化名人传记丛书》组织机构

策划

杜学文　张明旺　王宇鸿　梁宝印

专家审读委员会

主　任：杨占平

副主任：续小强

成　员：周宗奇　韩石山　降大任　赵　瑜　哲　夫
　　　　李书吉　陈为人　乔忠延　魏荣汉　范兆飞

编辑出版委员会

主　任：杨占平

副主任：续小强

成　员：郭　松　孙　茜　李金山　王　姝　吕轶芳

◎休休亭中的司空图汉白玉塑像

◎掩映在山麓间的司空祠，即三诏堂

◎王官谷主景区俯瞰

◎王官东瀑布　　　　　　　　　　◎奇石珠帘

◎司空表圣故里牌楼

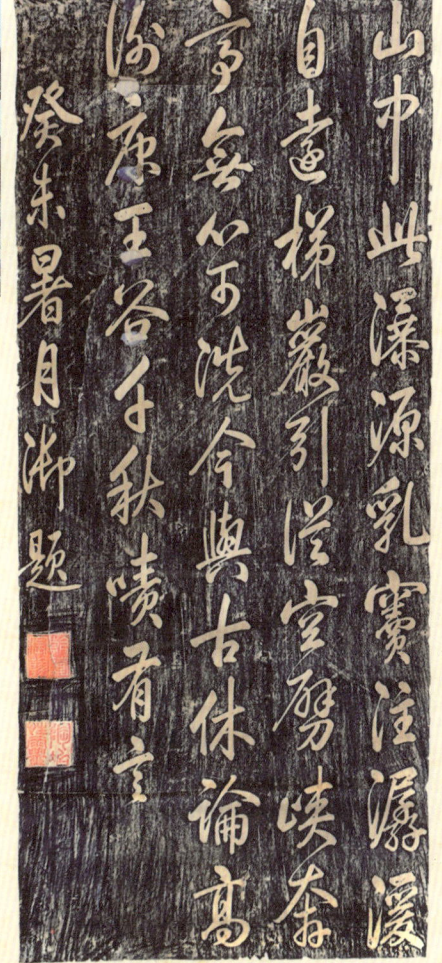

山中此瀑源乳窦注潦潺
自逼梯岩引涧宣房侠奉
亨兮岂可洗今与古休论高
伊涧王谷千秋绩肯堂
癸未暑月御题

◎乾隆帝赞王官题诗一首

三晋百位历史文化名人传记丛书

司空图传

◎陕西华阴司空图诗文中的敷溪今貌

◎司空图利用磨盘设计的分水口

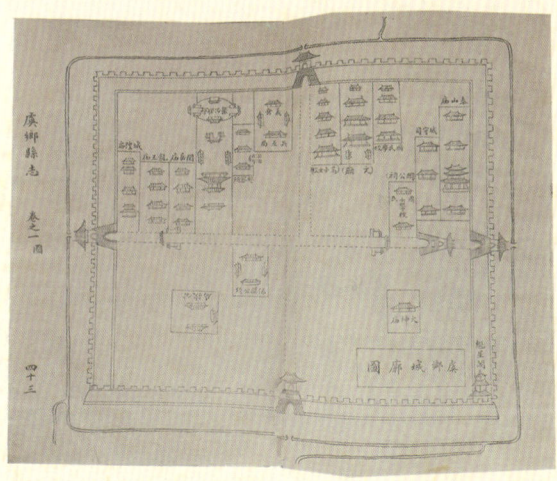

◎修建于王官谷主峰天柱峰下的休休亭

◎民国版《虞乡县新志·虞乡城廓图》

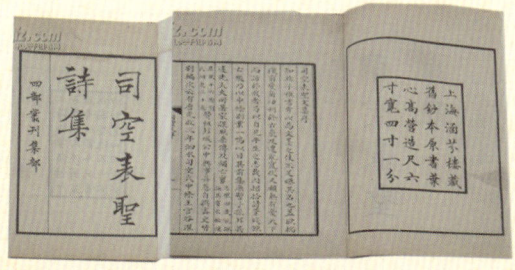

◎涵芬楼四部丛刊《司空表圣文集》书影

三晋百位历史文化名人传记丛书

司空图传

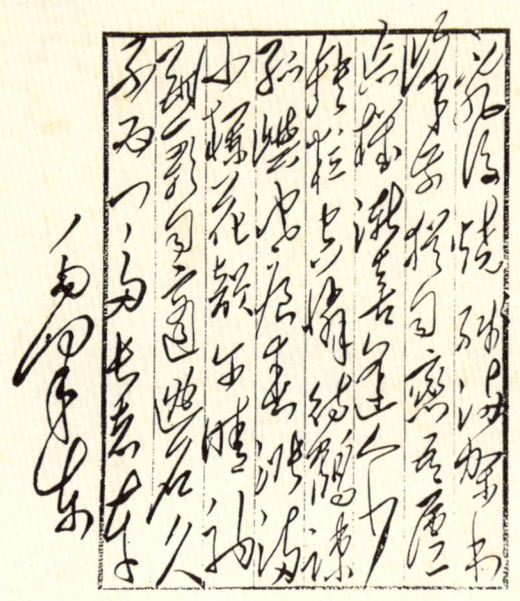

光启四年春戊

乱后烧残满架书，峰前犹自恋吾庐。

忘机渐喜逢人少，缺粒空怜待鹤疏。

孤屿池痕春涨满，小栏花韵午晴初。

酣歌自适逃名久，不必门多长者车。

◎毛泽东书司空图诗《光启四年春戊申》
（又名《《归王官次年作》》）

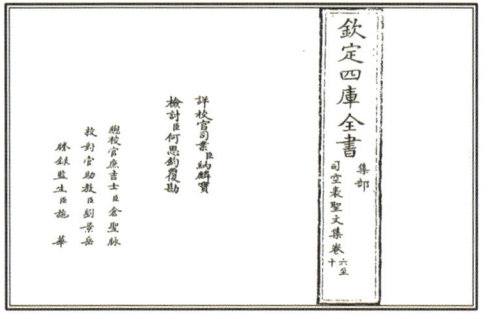

◎钦定《四库全书·司空表圣文集》书影

序：现代化进程中的山西文学

杜学文

　　从传统社会向现代社会的转化是人类发展进程中的重大课题。每一个国家、每一个民族都将面对，难以回避。个人，作为社会的组成细胞，也同样如此。这并不以我们自己的意志来转移。综观世界各国，在这种转化的进程中，都有了不同的选择，并表现出各异的特色。但总的来说，还是目前我们称之为"发达国家"的率先实现了现代化。其成功的转化有诸多原因，但从文化的角度来看，与其自然环境的特殊性、农耕文明的不发达，以及突出的个人奋斗精神、重利思想、实用主义等有极大的关系。而目前世界上的欠发达国家或发展中国家，则在向现代化转化的历史进程中，又表现出各自不同的特色。就中国而言，在其漫长的历史进程中，农耕文明得到了充分发展，并达到了最为繁荣的境界。现在的发达国家在转型早期的生存压力等表现得并不明显，从而一种自给自足、自得其乐的生活方式逐渐固化。向现代化转型的原生性动力并不强大。从某种意义来看，中国实际上进入了一种人类最美好的发展境界，那就是，依靠劳动来创造财富，与大自然和谐共处，有剩余的时间来体验人生的乐趣等等。中国从传统社会向现代社会的转化主要靠外部的强力推动。就是说，因为先发国家对财富、权力、欲望的强烈追求，在吸纳了东方文化，其中非常重要的是中国文化之后，骤然表现出突飞猛进的发展状态。其商业首先得到了快速的发展。特别是依靠对海外市场的分割，使过去形成的传统的世界市场在大航海时代变得更加活跃。同时，工业技术得到了快速的进步。人类的新发明成几何级数增长。新技术的出现使社会生产力得到了空前的解放，物质生产表现出前所未有的丰富。而与之相应的是社会制度的进一步变革。一种能够服务新的生产力发展的社会管理系统逐渐建立，并在血与火之中不断完善。在这样的变革转型中，东方古老的中国受到了西方先发国家的强烈冲击。传统的农耕文明与新发展的工业文明之间出现了严重了错位，并引发了控制、占有与反控制、反占有的残酷斗争。中国从农耕文明的辉煌顶峰跌落，中国人开始睁开眼睛看世界，并反思自身文明存在的问题。在外力的冲击下，中国不自觉地开始了向现代化转化的历史进程。一代又一代的中国人筚路蓝缕、奉献牺牲，前赴后继、求索奋斗，就是要重新找到国家独立、发展、进步的正确道路，实现民族的复兴。在不同的历史时期，他们承担了不同的历史使命。不同的人们从自己所从事的事业中为这样一个艰难而宏伟的目标作出了自己的贡献。而中国的文学，同样没有疏离民族的历史追求，甚至在许多关键的历史时刻，承担了开启民智、传播思想、激发斗志、重塑文明的历史重任。在这样一个艰难的充满了探索的转型进程中，中国人民表现出了自己最大的智慧与韧性。一直到新中国的建立，才基本形成了主权统一、独立自主的现代国家形态，并以超人的勇气与奋斗精神、惊人的创造力与发展速度迈向现代化。在这样一个伟大的转化进程中，中国虽然经历了失败、屈辱、挫折，但终于创造了他人所没有的成就。而我们的文学，正是这一历史的亲历者、推动者、表现者。就山西文学来说，是中国文学的重要方阵，当然也是这一历史的组成部分。其努力与贡献非常突出。

首先是推动了现代汉语的大众化，为现代汉语从知识阶层走向普通民众，并使二者有机结合作出了积极的贡献。在中国追求现代化的进程中，经历了一个从"器"到"道"的转变。所谓"器"，就是中国人在最初以为是西方发达国家的技术、器物先进，因而倡导"洋务运动"，开办现代工厂，引进西方设施，等等。这些努力从历史发展的必然来看，当然是非常重要的。但是，事实很快证明，仅仅引进西方的先进技术并不能解决问题。之后发生了制度层面的改革，包括推翻清王朝，建立立宪政权，仿效欧美三权分立及选举制度等等。但是，这种形式上的制度变革没有使中国强大起来，反而使中国成了一盘散沙，四分五裂。于是，更多的人开始反思中国的文化。一方面，对中国传统文化中的落后部分进行批判；一方面引进国外的思想如无政府主义、新村主义，包括马克思主义等等。新文化运动成为当时风生水起的社会思潮。从今天来看，其对中国传统文化的批判有许多过激之言。但是如果我们回到具体的历史场景，就会感到这些批判背后所表露的急切心情及历史合理性。在新文化运动中，一个最为突出的问题，也是最为重要的成果就是把中国人使用了数千年的文言文转化为白话文。从文化发展传承的角度来说，以文言文为代表的中国书面语言具有其重要的历史价值、文化价值、文明意义。可以说，文言文的简洁、精炼、典雅，以及其表情达意的丰富性，是世界上任何语言都难以企及的。这也正是其生命力之所在。但是，从历史发展的现实来看，文言文也具有非常严重的局限性，难以适应现代社会的发展要求。首先是缺乏精确性。由于中国传统文化中思维追求整体感、人文感、艺术感，中国的语言缺少对事物的准确表述。这种特点虽然具有非常强烈的人文色彩，以及超越了具体现象的整体感，但是与现代工业技术发展中对事物精确性表达的要求有很大的距离。语言的背后体现的是思维方式。如果语言难以体现精确性要求，人们的思维同样将不能适应时代发展的要求。其次是书面语言与口头语言的分离。虽然任何语言都会表现出书面与口头的差别，也就是说，人们不可能把口头语言照搬为书面语言。但这种差别在汉语中表现得尤为突出。这就是作为书面语言的文言文与口头语言的"白话"之间的区别。这种区别使更多的普通民众与书面书写脱离，对开启民智、提升大众的文化素养产生了障碍。而现代化的实现并不仅仅是少数"文化人"的事，而是全民族的事。因此，语言的变革，使之更能够适应现代化的需要就成为一种时代的必然。20 世纪的新文化运动，除了其在价值观方面的追求如"科学""民主"等之外，对语言的解放也是一种非常强烈的期待。一些有识之士率先放弃了对古代汉语的使用，积极采用白话文来构建现代汉语。这其中，出现了许多具有代表性的人物，如鲁迅、胡适等。今天我们仍然能够感受到鲁迅的语言中存留有古代汉语的元素。这是中国语文从古代汉语向现代汉语过渡的典型表现。而胡适等人则努力使自己的书面语言更加通俗化、口语化，也显示出某种过分倾向于白话的特点。另外一些具有欧美留学背景的人则企望借鉴外来语言对中国的语言进行改造，因而出现了许多非常欧化的表达方式。就中国现代汉语的成熟完善来说，这些努力都是非常珍贵的。但是，真正使新生的现代汉语从古代汉语中出走，并吸纳了民间语言的丰富、生动的特质，使之成为一种既有古代汉语的节制、典雅，又有民间口头语言的生动、活泼，从而使现代汉语能够成为一种具有完整的语法体系、鲜活的表现力，以及体现民族语言特色的"现代汉语"形态，则是以赵树理为代表的作家们作出了重要的不可忽略的贡献。

就赵树理个人的创作而言，其早期也是走欧美语法特色浓重的路线。但是当他发现这条路难以被普通民众接受后，其语言表达发生了转化，开始更加注重民族语言与现代性的融合。他的语言生根于中国古代汉语与民间语言的丰厚土壤。在保持语言典雅品格的同时，至少从这样两个方面进行了努力。一是更多地吸收了民间语言的表达方式，使普通民众能够走进这样的语言，使用这样的语言。也正因此，他的语言表现出非常鲜活、生动的状态，使语言的活力大大增强，表现力得到了拓展甚至突破。二是他的语言在规范性方面进行了重大的努力。一方面剔除了民间语言、方言中粗俗的、生僻的元素，使之更加典雅、庄重，另一方面，他保持并强化了以北方方言为主的结构形式，使之在语法形态方面更加完善严谨。所以，今天我们读赵树理的作品，其语言的流畅、生动、鲜活仍然非常突出。可以说，在中国现代汉语出现、发展、完善的进程中，赵树理作出了不可跨越的贡献。当然，这种贡献不可能是他一个人完成的，而是在特定历史条件下，由包括他在内的一大批作家共同努力，并在一代又一代作家的接力中实现的。赵树理丰富了现代汉语的表现力，并使这种获得新生的语言成为广大民众自己的语言。这后一方面的贡献更为重要。因为如果一种新生的语言难以得到民众的认可，其生命力是非常值得怀疑的。可以这样说，如果没有这些作家的努力，中国的现代汉语很可能成为一种"精英"的语言。也就是说，很可能成为一种少数有"文化"的知识分子的语言。这不仅将使语言的普及受到阻碍，也将因为得不到大众的认可而导致中国现代化的迟滞。

山西的作家受赵树理的影响甚深。除了创作理念、题材选择等方面外，在语言的运用上也同样如此。这也就是说，从赵树理以来的几代山西作家不仅坚持了赵树理的创作方向，也共同为中国现代汉语的进一步完善、发展作出了努力。尽管今天我们可以说，这些作家个人的成就不同，在语言表达方面风格各异，但是他们有一个共同的特点，即在坚持语言的民族化方面都进行了非常积极的实践。进入新时期，随着改革开放的不断深化，各种创作观念竞相显现。山西作家虽然与全国的创作相比更多地表现出固守的姿态，但是新的创作手法、元素等也在自觉不自觉地借鉴当中。其中就语言表达的追求而言，大体表现出两种特点。一种是仍然坚持语言表达的民族风格，并随着时代的发展变化使之更加丰富生动起来。他们的语言，不仅缘于题材选择的民间性、地域性，以及人物、故事的原生性，更缘于吸纳了民间语言的鲜活元素，在叙述、描写等诸多方面更多地体现了植根于本土的语言活力。另一种虽然也注重题材的地域性选择，但在语言表达中更多地呈现出一种开放的意识，比较侧重吸纳外来语言中的合理成分。如修辞的繁复，语句的长结构，象征意象的频繁使用等等。虽然这两种追求表现出各自不同的倾向，但他们随着时代的发展而推动现代汉语不断进步的努力是一致的。

需要我们重视的是，山西作家在自己的创作中表现了中国文化的原生态及其变化。这种原生态不是指文化最初形成的形态，而是指数千年来一直呈现出来的未经现代化浸染、改变的文化。从某种意义来看，它已经成为生活在这样的历史环境中每一个人不自觉的潜在意识，并支配着人们的思想与行为。文学的表达虽然是语言与形象的表达。但是隐藏在语言与形象背后的却是生成这种语言与形象的文化。如果一种文学性的描写没有隐晦地展示出某种文化及其价值观，我以为就是一种表面性的甚或肤浅的描写。山西作家在自己的创作中表现出一个非常突出的特点，即对自己生活的土地、家园有一种执着的关注。而就山西这一地域来说，其文化又具有某种典型性。这就是生根于黄土高原的农耕文化。在中国现代化的进程中，一个非常艰难的任务就是要改变这种文化，使之蜕变为一种新的文化：现代化。这一过程是非常艰难的，也是非常痛苦的。数千年的农耕劳作，已经形成了一种自足的完善的文明体系。但是，就在这种文明体系达到顶峰的时刻，我们突然发现她已经不能适应现代化的要求。于是，开始不自觉地改变自己。这一过程伴随着战争、灾难、屈辱、失去国土与家园等等。在经受这种外在考验的同时，还有我们内在的情感、思想、精神等诸多方面的考验。一方面，救亡与重生成为一种时代的必然使命。另一方面，精神与文化的重建、新生也面临着更大的挑战。就前者而言，山西作家的创作并不是真正的重点。而后者却是其在描写社会变革进步中隐藏的中心。山西是中国最早开始工业化、现代化建设的地区，但是我们很少能够看到山西作家所描写的这方面的作品，而曾经作为抗日战争敌后根据地中心的山西，实际上也没有太多的文学作品来表现。反倒是有许多作品在这样的社会背景下来描写当时的人们如何生活，并参与了这一影响世界文明进程的历史。可以说，这些作家们表面上看起来对社会变革更关心。但是一到拿起笔的时候，就情不自禁地流露出他们对于特定文化及其价值观的不自觉的关注。这实际上成就了他们，也局限了他们。如果就当代文学而言，最早的表达在于农民群体的觉醒。他们感受到了时代的变化，并参与、推动了这样的变化。比如小二黑，虽然具有了杀敌英雄的身份，但作家所要说的却是旧的文化观念，以及由此形成的生活方式对人性的伤害——当然是从爱情的角度切入的。作家的贡献不仅在于表现了时代变化中人性尊严的重新确立，更重要的是，作家生动地再现了这种旧的文化制约在人们劳动、生产、生活、情感，以及社会关系诸多方面的表现。也就是说，作家不是把一个关于追求自由恋爱、自主婚姻的故事作为一种孤立的现象展示出来，而是生动地表现了这种文化观念在旧的生活方式中的普遍性，以及其荒谬性。也就是表达了必须改变这种文化观念的必然要求。这当然是非常符合时代需要的，也是中国在现代化进程中必须跨越的。在山西作家的创作中，相当多地表现了劳动者——当然主要是农民，以及农民出身的、具有农耕文化背景的其他身份的人们对劳动的热爱，对土地的执着，对家庭的重视等等。从历史的层面来看，这些内容都构成了农耕文明的重要组成部分，也是这一文明能够发展、生长的原动力。但是从时代的要求来看，这种文化又成为那些最终必然要离开土地，不再是农民的人们内心世界与精神领域的时代痛苦。比如在改革开放之后，工业化的浪潮漫卷一切。在最具现代化特点的大型露天煤矿当工人的吴福却难以适应这种快节奏的标准化的生活方式。他无限怀恋地回到了自己的家乡。但是家乡已经不再是曾经的家乡，吴福也不再是过去的吴福。他身跨两界，无所归依，内心充满了痛苦。这是一种时代转换、文明更替的痛苦，是一种具有重大典型意义的内心再现。而在现代化程度日益加深的历史时期，农村也已不再是传统意义的农村。农民也不再是仅仅从事农业生产的农民。更大的市场与财富吸引了更多的农民，城市成为新的生活中心。虽然从某种意义来看，城市化可以作为现代化程度的一种标志。但是城市化也同时带来了传统文化的消失、传统生活方式的改变，以及传统人际关系的新建。老甘，这个仍然坚守在内心世界的"过去的农村"中的农民，痛苦地怀恋着昔日活色生香的农村及农村的生活。但是，过去的一切似乎已经义无反顾地过去了。他的农村已然不再。如果说这样的农村随着市场化程度的提高有新生的希望的话，也与过去的农村大不一样。老甘的痛苦同样是一种时代的痛苦，是我们在走向现代化进程中不可回避的痛苦。当然，山西的作家也描写了这种进程中人们的希望、新生，以及由此而来的快乐、自信。宋老大进城送公粮时那种发自内心的自豪感、主人感，那种终于直起了腰板的幸福感将永远感动我们。而在首都打工并学会说普通话的小雪也动人地透露出新一代农民美好的未来。

山西的作家们也企图从比较宏大的层面来揭示中国文化的品格，以及由此而反映出来的中国精神。这些描写不在意于对现实生活具体人事的再现，而是企图通过某种具象化的人事具有隐喻意味地表达作家对民族性的理解。他们营造的人物生活环境不太具体，而是具有某种概括性，超越了具体的、实指的时间、空间。其中人物的行为，以及由这种行为所表现出来的文化内涵、价值选择体现出一种超越了具象的恒久性。由此可以使我们领略一种民族的生存状态与价值操守。其中的一部分作品甚至具有进行人生意义、价值意义探求的哲学性努力。这时，作家关注的不再是现实生活中具体的人事，以及其中透露出的社会文化内涵，而是超越其上的价值追寻。在临危受命的戴夫人身上，作者赋予她民族人格最为优秀的内涵。她不仅具有一般人所可能具有的大局观，以及人性的智慧，而且作为生命个体，她具有了一种古人所言的"浩然之气"。她在漫长艰难的商旅途中，没有感受到生命的渺小，而是站在太行山顶吟诵前人的诗篇。她感受到的是生命的博大、伟岸，以及大自然的神奇、浩渺，是一种天人合一、物我两忘的至高境界。这不仅是她个体生命的壮美华章，也是民族文化中价值体系的完美内化。张马丁的遭遇则从另一种角度表现了不同文化短兵相接所引发的一系列事件，以一种宏阔的视野描写了文化境遇背后各异的价值体系之间的交锋、错位、融合。还有许多作品通过对具体人物生命境遇的描写，表现了具有历史意味的在潜意识中特定价值观支配下的民族精神世界。

读山西作家的作品，事实上也可以看到中国从农耕文明的顶峰跌落到重新崛起，实现现代化的历史进程。在当代文学中为数不多的抗日战争题材的作品中，我们可以看到以中国北方农民为主的人们如何从屈辱中觉醒、抗争，并取得了历史性意义的胜利。抗日战争的胜利，不仅仅是军事的胜利，而且是中华民族在经历了无数的失败、屈辱之后终于走向独立、自主，重新以一个文明民族的形象自立于世界民族之林的标志；也是中国在经历了种种探索，尝试了不同发展道路之后，终于表现出走向正确发展道路，迈出实质性转型步伐的标志。

尽管一直以来我们都有这方面的创作，但是具有宏观性、历史深刻性的作品还不多。新中国的建立是中华民族终于在百余年的努力之后有了自己独立政权的大事，也是中国开始以超人预料的成就向现代化迈进的起点。山西的作家以自己敏锐的笔触描写了这一关键时刻中国普通人内心世界的喜悦、自豪，以及对未来的憧憬。还是在 1949 年 10 月 1 日，诗人高沐鸿就创作了诗歌《这是我们人民自己的胎生》，为新中国的建立而欢歌。之后的一系列文学作品生动地表现了站起来的普通民众内心世界的巨大变化，特别是其人格世界的变化。他们实实在在地感受到了新社会的进步，以及当家做主的自豪。他们不仅在经济上得到了解放，在政治上得到了翻身，而且在精神世界上发生了积极的蜕变。一个新的时代带来了新的发展与进步。也正是这些作品成就了这个新文学史上一个最具典型意义、产生重大影响的文学流派——"山药蛋派"。他们有共同的创作追求，有共同的题材选择，有以赵树理为代表的领军人物。这个流派出现的意义，不仅仅是属于文学的，更是属于中国文化的。他们在尊重并表现中国优秀传统文化价值观的前提下，呈现在这种价值体系影响下中国民众，主要是农民如何生活、生产、思考、发展。读这些作家的作品，不仅使我们能够了解到特定历史时期中国发生的事情，而且将使我们了解中国人是怎样的一种生活方式，中国人在新的历史时期发生了怎样的变化。在 20 世纪 70 年代末、80 年代初，山西的作家们非常敏锐地感受到时代将要发生的巨变。这种感受不是源于理性的分析研究，而是源于他们对现实生活的关注与热爱，是他们从具体的生活中感受、发现了时代变革的动力。其中有他们对极"左"路线的批判，以及对中国变革发自内心世界的呼唤。这首先是已经成名的一批被称为"老作家"的人们走上了历史的舞台。而另一批将在中国文学园地表现出勃勃生机的作家以自己的敏锐发现了生活的变化。至 20 世纪 80 年代中期，以《当代》发表一组山西作家的作品为标志，文学"晋军崛起"成为中国文坛的一个重要事件，引起了广泛关注。这批作家一进入文坛即表现出不俗的活力，显得生龙活虎，风生水起。他们首先成为对极"左"路线的批判者。通过一系列生动的、充满生活意蕴的人物形象来揭示中国曾经走过的弯路，以及即将出现的变革。而后，出现了一系列呼唤改革的优秀作品。一些小说被改编为影视作品，在当时传媒欠发达的条件下产生了极大的轰动效应，甚至有万人空巷之叹。其中的朱克实、李向南、李高成等成为新的历史条件下拨乱反正、推进改革的典型人物。这些作品既是文学的，更是时代的、历史的。它们表达了中国人内心深处希望变革的期待，也呼唤着一个新的历史时期的到来！

中国的改革是中国从传统的农耕文明出走，迈向现代化的重大事件。随着改革开放的不断深化，中国表现出强劲的发展态势。同时，也遇到了许多需要解决的问题。一方面是现代化程度的不断提高，另一方面是这一进程的艰难演进。一个时期，那种充满浪漫主义色彩的乐观情调被现实生活中的艰难前行所生发的复杂性代替。改革并非一帆风顺，充满了困惑、曲折，有许多困难需要智慧与勇气来克服。这一时期，山西的文学创作沿两条主线展开。一方面是直面现实，表现新的发展时期人民的智慧力量，及时代的进步，如农村改革，国企改革，全球化背景下的商业博弈，以及反腐倡廉、环境保护、民主选举、基层生活、重大事件等等。总的来说，山西文学表现出社会的艰难进步，这种进步首先是积极的、正义的、人民的力量战胜了消极的、不义的、损害人民利益的力量。同时也表现出了中国传统社会在时代的发展进步历程中逐渐变化：如传统农村的式微与新盛；农村人口向城镇的转移；土地的工业化、商业化等等；商品经济的蔓延，城镇化的发展；以及身处其间人们内心世界的彷徨、痛苦、选择；人对土地以及建立其上的生产生活方式的依恋；对改革进程中传统国有企业的情感等等。从这些作品中，我们可以观察、感受到中国正在发生的翻天覆地的变化。另一方面，许多作家企图从超越现实的具有形而上意味的层面来探求中国的民族精神。一些作品甚至具有了某种哲学性品味。他们可能借助于某一历史事件，或者设计一个与现实生活隔离的故事来表现自己理解的民族精神。这一类作品可能表面上与现实生活没有直接的关联，但是对我们认识民族文化、民族品格具有积极的意义。事实上这些作品为我们提供了一种思想文化资源，是对现实生活中剧烈变革引发人的价值观的迷茫进行的某种文化性指引。它不涉及现实问题，不为我们思考感受现实生活提供具体的形象。但是，为我们提供观照现实、解决现实问题的精神力量、价值选择和思想资源。这其中也有一个如何认识人生、如何认识民族、如何面对个人价值的问题。

总之，不论是对现实生活的直接表现，还是以隐晦的笔法对现实生活提供精神资源，都可以看到山西作家对社会生活、人生价值的一种积极的态度。他们试图以自己的描写来表达某种具有积极意义的思想内涵，为今天的人们提供精神力量，以推动中国社会的发展、进步，以及在历史蜕变中人的完善。这些努力也可以视为是在现代化进程中对民族精神的一种回顾与追寻。读山西作家的作品，可以使我们从一个侧面感受到中国走向现代化的历史进程。

山西作家在艺术创造上也进行了积极的努力。就山西文学的当代面貌来看，表现出一种从一元向多样的发展态势。当代山西文学受以赵树理为代表的"山药蛋派"影响甚重。一代一代的作家不仅受到这一流派作家关注现实生活、关注社会民生的创作理念的影响，而且在表现手法上也多承续这一流派。因此，直至改革开放前，山西文学基本呈现出一种"山药蛋派"式的一元状态。但是，进入改革开放的新时期后，这种局面开始发生变化。一些人更注重语言描写、心理表达等等。不同于"山药蛋派"风格的作品开始大量出现。首先是题材选择表现得更加多样，其次是表现手法更加多样，再次是创作观念也呈现出多样化的格局。山西文学终于形成了从一元走向多样的创作态势。那些坚持以农村为主要创作题材的作家们也积极地吸纳了其他的表现手法，使农村生活的表现领域大大拓展。另一方面，山西也出现了典型的所谓"现代派"小说。心理结构、借鉴侦探小说手法的"悬念"结构、无情节结构、意象结构、寓言式结构等等次第登场，宏大叙事与个人化叙事并存一体。这些作品有的已经产生了比较大的影响。无论如何，他们都是山西作家对文学自身进步的积极探索。

从某种角度来看，山西文学似乎为我们呈现出了中国走向现代化的百年变迁史。这不仅表现在人们广为关注的小说创作之中，同时也更加丰富地表现在文学的其他领域，如诗歌、散文、戏剧，以及逐渐从散文文体中独立出来的报告文学及传记文学之中。当我们追寻这种变迁的历史时，不能割断由山西而表现出来的中国五千年文明史。山西是华夏文明的主要发祥地，从远古以来，这一文明代代相传，承续不绝，其中涌现出众多的仁人贤士。作为个人，他们有自己所处的具体的历史环境、成长条件，对人类文明的进步作出了自己的贡献。但是，作为一种文化现象，他们似乎勾勒出中国文明发展进程的历史脉络。在他们身上体现了中华文明的历史贡献、价值选择，以及思维模式。对他们进行研究，并用传记的方式表现出来，使今天的人们了解并感受他们所具有的闪光的人文价值，不仅对今天的改革发展具有积极的意义，对我们现代化进程中的文明重建同样具有非常重要的意义。这将首先使我们看到历史发展进程中文化的影响力，进而使我们能够进一步确立文化的自信心与自觉性。在这些如星光一般闪烁的先人身上，我们将体会到中华文化的魅力、价值和绵延不绝的生命力。承续山西文学的精神品格，创作出新的能够表现时代精神的优秀作品，是我们这一代人的使命。而对五千年文明发展进程中那些曾经作出突出贡献的英杰才俊进行文学式的描述，也将是我们传承民族精神的一种努力。因此，组织编辑出版山西文学"双百工程"，有着非常积极的现实意义。

这一"工程"包含两个序列三个方面的内容。一是"百部长篇小说"，其中一部分是已经发表出版并产生了较大影响的现当代小说。通过集中编辑出版，可以使我们比较全面地回顾审视山西文学某一方面的成就与贡献。另一部分是新创作的长篇小说。其目的是推动山西长篇小说的不断繁荣。把它们列入这一工程，即是对文学发展的新推动，也可以延续已有的成果，使人们看到山西文学创作的最新成就及更加生动的面貌。二是"百部山西历史文化名人传记"。山西的报告文学近些年来表现出非常活跃的态势。不仅参与创作的作家比较多，出现的作品比较多，而且产生的影响也比较大。其中一些作家应该说是中国报告文学领域的领军人物。同时山西也是华夏文明的重要发祥地，在五千年的文明发展历程中涌现出许许多多的对中华文化发展进步作出重大贡献的英杰先贤。以传记的方式把这些先人在中华文化发展进程中的贡献表现出来，有助于我们重新认识中华文明对人类的重大贡献，有助于我们进一步追寻中华文化的精神、操守、品格，并使我们从先人的风采中找到自己前行的楷模和动力，激励我们推动中国的改革发展进步。所以，这也就成为我们的一种责任。相信通过这一努力，既将促进山西文学的进一步繁荣，也将进一步增强我们的文化责任，重塑我们的文化形象，展示中华民族在漫长发展历程中表现出来的精神力量与智慧，为实现民族复兴的中国梦作出积极的贡献。

目　录

楔子：谜一样的司空图

司空图的生平，旧、新《唐书》都有传记传世，字表圣，自号知非子，又号耐辱居士。生于唐开成二年（837），卒于后梁开平二年（908）。祖籍临淮，又名泗水，今属安徽泗县东南，或江苏盱眙县。他出生于一个仕宦之家，诗书门第，自幼随家迁居河中虞乡县（今属山西永济市）。他以高隐大节的晚唐名臣传闻后世，尤以不朽的《二十四诗品》及其他重要诗论作品享名文学艺术界。

司空图的一生大致可分为三个时期。

居家求学科考的青少年时期。司空图主要居住在王官谷别业，从才情不为邻里所知到立志求学，到唐懿宗咸通十年（869）三十三岁以第四名考中进士，可谓大器晚成。

仕宦时期。唐僖宗乾符四年（877），恩师王凝任宣歙观察使，表请追随身边的司空图为幕僚。乾符五年（878），朝廷召司空图为殿中侍御史，司空图因不忍离开身患重病的王凝，延误了赴任时限，被左迁为东都光禄寺主簿。而后又因得到宰相卢携的赏识，相继担任礼部员外郎和礼部郎中，并开始编著唐诗选本《擢英集》，显现鉴赏论诗才华。唐僖宗广明元年（880），黄巢起义军占领长安。司空图在参加义军的旧日家仆段章帮助下，逃出长安，回到故乡河中，结束了他这段期待有所作为的仕宦生活。

亦官亦隐的著述时期。面对宦官专权、藩镇割据、大厦将倾的不堪局面，头脑清醒的司空图选择了明哲保身的生存之道。自黄巢起义被平息之后的中和五年、光启元年（885）被唐僖宗封为知制诰、中书舍人起，到天祐元年、天复四年（904）最后一次辞兵部侍郎，直至后梁开平元年（907）辞朱全忠朝的礼部尚书，在长达二十多年间，他一直处于屡次借病辞官、避居家乡王官谷、华州华阴乃至淅川郧乡的亦官亦隐状态。正是在这样的生活情形之下，他不但写下许多记录时局动荡的诗文作品，进而选择了"第一功名只赏诗"的工作来寄托情怀，陆续创作出《题〈柳柳州集〉后》《与王驾评诗书》《与极浦书》《与李生论诗书》和最为重要的以诗评诗的诗论著作《二十四诗品》。司空图以角度独特、境界独到、表达新颖、耐人咀嚼的艺术形式，分品总结、评价了一代唐诗，从而确立了他晚唐诗论家的地位，在中国古代文学史册上留下了不可磨灭的浓重一笔，也由此成为历代文学批评家和诗评者持续关注和研究的对象。

后梁开平二年（908），当朱全忠毒杀唐哀帝李柷的消息传来，彻底绝望的司空图，最终选择绝食殉唐，终年七十二岁。

当笔者试图将这位唐末诗评家的轮廓勾勒出来的时候，却发现他的生平行迹，犹如一个飘忽不定、扑朔迷离的谜。

依照《旧唐书》《新唐书》《五代史阙文》《唐才子传》等几处大同小异、互为补充的简约传记文字读来，传主不仅是三十多年的青少年时期近乎渺无影踪可循的空白，即使是在他中进士后的近四十年宦海行踪，也都只知大概入仕至归隐终老的时段，可以确定具体时间、地点者甚少，几如苏东坡诗句中踏雪泥的飞鸿，只是偶然留指爪，云山雾海，时隐时现，飘忽如仙人一般。至于家庭成员诸如与妻子何时婚配？女儿生辰名姓及何时嫁与姚颉？具体过继了哪个表姐妹的孩子荷为子嗣的？还有许多亲朋故旧、朝臣同僚的具体名姓与故事，也都付之阙如。一生轨迹和生年死月，也多是通过史书传记和诗文作品资料，才考证出个大概，尚有诸多的悬疑与不确定性，给后世研究者留下了太多遐想的空间与探究的余地，实在是谜团多多。设若不是他最后几近决绝的殉唐义举，或许连《旧唐书·文苑传》《新唐书·卓行传》这两篇简约的传记作品也恐难留下，后人更无从知晓他数征不起、卓尔不群、特立独行、近乎怪异的非凡品行了。

同样像谜一样耐人琢磨的，当然还有他所著述的以诗论诗的诗论佳作《二十四诗品》。它犹如人们对莎士比亚名剧《哈姆雷特》的评价——一千个读者眼中就有一千个哈姆雷特那样，几乎所有的臆说、诠释、解读之作，都给出了不尽相同的艺术镜像。但是通过对司空图生平事迹的了解，笔者从中读出了传主借助贯穿二十四品目的"美人""幽人""畸人""高士""佳士"等形象，所传达出来的深隐其中、别有怀抱的人生委曲。

也正是这一团团"谜"雾，引起了笔者的兴趣。

恰逢山西省作家协会推出百部名人传记工程，自己得以承担为司空图著述传记的任务，故而不揣冒昧，知难而进，克服传主史料有限的不利因素，通过最大限度地广泛占有能够获得的资料信息，在对前人及现当代学人研究考辨成果的研读辨析的基础上，结合传主曾经的人生轨迹、遗存所在，和比较丰富的诗文资料，全力追寻其人生踪迹，渐渐拨云见日，面对了这位隐藏在历史"谜"雾后面的隔世老乡，瞩目神交，似乎探得了他隐伏在诗文作品字里行间的难言苦衷。

试想，一个生逢唐王朝走向末路的人，而立之年考取进士刚刚涉足朝堂，胸怀治国图强的宏愿尚未施展，就被王仙芝、黄巢领导的几乎灭亡了唐王朝的农民大起义击碎了。而后历经七朝傀儡皇帝非命更替之险局，眼见权臣、宦官和地方坐大的割据诸侯们，在一波又一波相互倾轧的血腥斗争当中惨遭杀戮，而他，竟然只凭借称病辞官、避居山野、屡征不起、逍遥遁世一招，就得以躲闪腾挪于险象丛生的朝野夹缝里，终得苟全性命，甚至连死亡的时日都由自己选择。若非具有大智慧者，安能如此善始善终地走完自己并不完满的人生历程！或许正是保持低调、远离尘嚣、让人们忽略乃至遗忘自己的边缘化的生存之道，才把自己隐匿成一个扑朔迷离于当时与后世的谜团。

但是不容否认，正是司空图雪泥鸿爪般的人生"谜"史，让历代学人对他的研究，多侧重于作品本身而忽略了生平事迹的关照。也正是这个因素，竟然导致当代一些学人孤立地以《二十四诗品》本身的描述意象，主观臆断地割裂司空图与这部作品的关系。所以，为了让更多的学人读者全面了解、把握《二十四诗品》创作的时代背景、创作环境和创作者的心境意趣，从而更加准确地理解、诠释这部在文学批评史上具有划时代意义的诗论杰作，迫切需要给人们还原出一个真实可感的司空图。

为此，笔者尽力从文学叙述的角度，在这氤氲着历史"谜"雾的史料与史迹当中，为读者梳理、还原、重述出一个感性、立体的司空图来，以便大家通过他的生平履迹，从其家世渊源、情趣爱好、人生志向、时局动荡、仕途起伏等层面，感知其艺术观念与思想精神变化、确立的脉络，进而通过他的人生故事，更好地了解、把握、研究和考辨这位对中国诗评理论做出过不可或缺之重要贡献的诗评诗论家。

第一章　出生与迁居

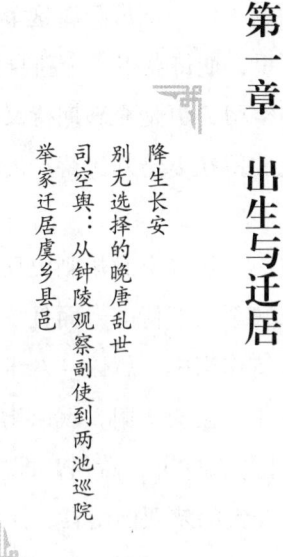

降生长安
别无选择的晚唐乱世
司空舆：从钟陵观察副使到两池巡院
举家迁居虞乡县邑

　　自开成丁巳岁七月，距今以是岁是月作是歌，亦乐天作传之年，六十七矣。……天复癸亥秋七月二十七日，耐辱居士司空图记。

——摘自《全唐文·休休亭记》

降生长安

　　唐开成二年七月二十七日，也就是公元 837 年，在大唐都城长安司空象的寓所中，或许是白天，或许是夜晚，甚至是子夜时分，这位朝廷命官和老伴、儿子司空舆一起静静地等待着，等待着一个新生命的诞生。

　　司空象作为水部郎中，是朝廷六部之一工部的从六品上的官员，掌管国家所有河流湖泊疏导筑堰的政令传达与执行，但凡船舶航运、引水灌溉等营运及税务方面的工作，也都归属这个部门管辖。而此时，他和夫人候在北屋上房的客厅里，期待获得一个新身份：祖父，祖母；爷爷，奶奶。

作为儿子的司空舆，更是充满期待又心神不宁地在庭院里来回踱着步子，并不时把目光驻留在妻子刘氏待产的卧室窗户上，聆听着里面些微的动静。

前一年，司空舆才随着由商州刺史任上荣调尚书左丞的卢载，一起返回京城。卢载后来官至兵部侍郎，而且于当时已颇有诗名，同时期的诗人张祜在《寄卢载》诗作当中，就以"八米诗"誉称他。早在元和、长庆年间（806-824），青年才俊司空舆，就以出众的诗才，获得卢载的赏识，得以作为从官，一同去了商州。商州，即古秦地商於，上洛郡，唐朝为商州，属中州，亦即今天的陕西商南县、河南淅川县和内乡县一带。

随着一声新生儿的嘹亮啼哭，司空图来到了人世间。此时此刻，没有人会知道，他，将要肩负起一个重要的文学使命，并因此而名垂青史。

等接生婆从产房出来给出准信，当上爸爸的司空舆，喜不自胜地奔进上房，告诉急切等候消息的父母大人：儿媳妇给二老生了个儿子！

喜得孙子的司空象，赶忙命儿子和家仆们把预备好的弓箭悬挂到大门的左侧，向邻里报告家里添丁进口啦！这家里生了孩子在大门两侧悬挂不同器物的习俗，由来已久。《礼记》中就有记录："子生，男子设弧于门左，女子设帨于门右。"也就是说，如果生的是男孩，就在家门左边挂一张弓；如果生的是女孩子，就在门右边挂一方手绢。这样，路过的人不用进家门，就一目了然了。

所以左邻右舍的同僚友人闻听喜讯，自然是备了贺礼，携夫人女眷们纷纷登门恭贺司空家这"弄璋之喜"。

这"弄璋"之说，典出《诗经·小雅·斯干》："乃生男子，载寝之床，载衣之裳，载弄之璋。……乃生女子，载寝之地，载衣之裼，载弄之瓦。"璋是好的玉石，瓦是纺车上的部件纺锤。男孩弄璋，希望他将来有出息，建功立业；女孩弄瓦，则是指望她将来能胜任女工，做个贤妻良母。

家里宾朋你来我往，有父母大人迎送。司空舆此时最主要的任务，就是直奔岳丈家去报喜。

司空舆的岳丈刘濛，此时已经在朝中担任度支郎中。而刘家的家族背景，更是不可小觑。他的爷爷，就是"安史之乱"后唐代宗李豫时期的著名理财宰相刘晏，亦即《三字经》里面七岁就被唐玄宗李隆基授予太子正字官职的那个神童。据《旧唐书》卷三十一《音乐志四》记载，刘晏还具有音乐才华，曾为皇室祭奠演奏创作《惟新》之舞。

刘晏一生经历了唐玄宗、肃宗、代宗、德宗四朝，担任财务要职达几十年，尤其是针对安史之乱导致的经济萧条和财政困难，他通过改革漕运、盐政、粮价，推行常平法，发展生产，开源节流，使唐代财政逐步好转，扭转了千疮百孔的颓势，被誉为"广军国之用，未尝有搜求苛敛于民"的著名理财家。建中元年（780），遭奸臣杨炎陷害被杀。后来得到平反昭雪，追赠郑州刺史，又加司徒；长子刘执经获授太常博士，次子刘宗经授官秘书郎，皆为朝官。

在《新唐书·刘晏传》所附刘宗经儿子《刘濛传》中，记述刘晏的次子刘宗经最后官至给事中、华州刺史。儿子刘濛字仁泽，举进士后，因才干出众，很快升迁到度支郎中的职位上。后又得到宰相李德裕的赏识，在会昌初年（841）被提拔为给事中。虽然曾被作为李德裕同党贬为朗州（今湖南常德市）刺史，最后仍然官至大理卿。

很快，岳丈岳母大人连同内弟刘权，就来到了喜气洋洋的司空家中。司空象陪同亲家公落座寒暄，夫人则陪同亲家母前去探视做了月婆的女儿，还有嗷嗷待哺的小外孙司空图。

别无选择的晚唐乱世

就在司空图出生的前一天，京城刚好下了一场雨，不单是解了暑热，更解了持续很久并引发周边地区蝗灾的旱情。相对于前一年年初京城曾经发生的地震，当年二、三、四月持续出现的被人们视为不祥的彗星而言，这场透雨，可算是一个不小的吉兆啊！

不过，当司空图降临到唐王朝治下的京畿地面上的时候，所要面临的，却是不幸步入唐帝国晚期的动荡岁月。就让我们站在司空图出生的开成二年（387）七月这个时间节点上，看看在长安都城里和周边藩镇地面上，已经发生和正在发生着怎样的腥风血雨与兵戎乱象。

在司空图降生的前一个月，距离朝廷不远的河阳藩镇（亦称方镇），发生了一起兵变。当时，靠贿赂当朝权贵混入禁军、获授河阳（今河南沁阳）藩镇节度使的李泳，因为贪腐成性，残酷不法，被发生内讧的军士赶跑，还烧掉节度使办公府署，疯狂劫掠好多天，惊动了朝廷。六月十五日，唐文宗李昂下诏将李泳贬谪为澧州（今湖南澧县东南）长史，十六日又诏命左金吾将军李执方为河阳藩镇节度使，以安抚军士，熄灭兵变。李执方赶赴河阳，面对军士们情绪汹汹、暗流涌动、密谋更大叛乱的危险乱局，他表面上安抚大家，暗地里则查明聚众哗变的首恶七十余人，以军法予以斩杀，再把那些追随的余党打散发配到其他藩镇，安定了局面。

或许，这一小小的藩镇兵变，不算什么大事。那么再说一宗发生在司空图出生前的太和九年（835）的宫廷大事变。

对宦官专权向来不满的唐文宗，在太和四年、五年（830–831）间与朝臣宋申锡密谋诛除宦官的事情败露后，又于太和九年七月开始与朝官李训、郑注密谋此事。在杖杀曾参与杀害唐宪宗的宦官陈弘志、赐死宦官王守澄之后，李训、郑注进一步谋划出企图对以仇士良为首的宦官群体斩草除根、一劳永逸的大行动。

十一月二十一日清晨，唐文宗御临紫宸殿，配合李训、舒元舆、郭行余、王璠、罗立言、韩约等朝臣，在预先布置好伏兵后，以左金吾大厅后院石榴树上夜降甘露祥瑞为由，移驾含元殿，诱使神策军中尉仇士良、鱼弘志等前去验证。但是由于陪同前往的韩约神情紧张，加上阵风吹起院中帷幕，暴露出藏于幕后手执兵器的士卒，仇士良等宦官大惊失色，迅即奔回含元殿，趁李训等人应对失措的混乱当中，挟持唐文宗逃入后宫，封闭宫门。

仇士良等宦官知道唐文宗参与了李训的密谋，十分愤恨，立即命令左、右神策军副使刘泰伦、魏仲卿等各率禁兵五百人，持刀露刃从紫宸殿冲出，关闭宫门，讨伐李训等肇事魁首，先后杀死中书、门下两省和金吾卫的士卒和官吏六百多人，各司的官吏和担负警卫的士卒，以及正在里面卖酒的百姓和商人一千多人也全部被杀，尸体狼藉，流血遍地。仇士良等人又命左、右神策军各出动骑兵一千多人出城追击逃亡的贼党，同时派兵在京城大肆搜捕。京城的恶少年也乘机报平日的私仇，随意杀人，剽掠商人和百姓的财物，甚至相互攻打，以致尘埃四起，漫天蔽日。

截至二十四日，除了李训、郑注被地方军吏捕杀外，仇士良等宦官以谋反之名，借唐文宗之手，先后诛杀了宰相舒元舆、王涯以及王璠、罗立言、郭行余、贾𬤇、李孝本等人，他们的亲属不管亲疏老幼，全部处死。妻子女儿没有死的，也被收为官家奴婢。

这就是血腥残酷的"甘露之变"。

在司空图出生第二年二月初，又发生了一场牛李党争的核心人物李宗闵得到升迁的朝议事件。牛李党争，就是指以牛僧孺、李宗闵和李德裕、郑覃等各为领袖的两派朝臣水火不容持续争斗数十年的弊政。

事情的起因，是宰相杨嗣复想尽快起用被贬出朝廷的衡州（今湖南衡阳）司马李宗闵，又怕宰相郑覃阻挠，就预先通过宦官把这个意思转达给支持他的唐文宗。及至临朝议政，当唐文宗刚提及应该给贬谪流放多年的李宗闵授一个官职时，郑覃、陈夷行二位果然以李宗闵因朋党乱政，反对再次予以擢任。而杨嗣复和另一位朝官李珏，顺着郑覃他们挑明的理由，奏称与李宗闵同一年贬官的李德裕，现在已经重新升任到淮南（今江苏扬州）节度使，而李宗闵仍然屈居贬所，实在不够公道啊！于是，朝堂之上，双方互相攻评对方是朋党中人，互不相让。最后，还是唐文宗带有偏袒的表态终止了争吵：可以考虑援例授予李宗闵一州刺史的官。九日，李宗闵被提升为杭州刺史。

之所以要在司空图出生的年份这样一个时间节点上，叙述这样三起发生在地方藩镇（方镇）和朝廷、彼此似乎没有什么关联的大小事变与事件，是因为透过这些颇具代表性的事件，就能给我们折射出这一时期唐王朝朝野的一种常态，即自唐穆宗长庆元年（821）唐王朝步入晚期以来，所深陷其中的三大弊政——祸乱朝政的宦官专权、乱象蔓延的藩镇割据、势同水火的朋党争斗的危害炽烈程度。在朝廷内部，因为专权用事而日益骄横的宦官集团，挟持懦弱的皇帝，与朋党营私的朝臣彼此利用，相互倾轧，争权夺利，让朝廷成了权臣宦官与傀儡儿皇帝交替表演阴谋政治的舞台，谋杀、改立、操控、反抗、再谋杀、再改立的活剧，一幕接一幕地血腥上演着。而在地方上，自安史之乱以来，随着藩镇割据势力的坐大和蔓延，他们和朝臣、宦官相互勾结，相互制衡，借以操控皇帝，屡屡挑战着唐王朝的统治权威，在兵祸相连当中，将日渐赢弱的唐王朝一步步推向灭亡的深渊。

如果说宦官作为封建家天下体制当中的一个怪胎，依附在统治肌体之上，像癌细胞一样恃宠而骄，侵蚀权力中枢，最后以主仆颠倒的骄横跋扈，助推着一个个封建王朝走向腐朽和败亡，无法根除；如果说持续数十年的牛李党争，也是任何一个封建朝代须臾不可或缺的权力争斗游戏的不同体现形式，同样无可根除；那么藩镇割据这个毒瘤的形成，则完全是唐王朝自己恣惠豢养的恶果。随着唐帝国由盛转衰，阶级分化严重，地主阶级疯狂兼并土地，其结果，便是大批的农民流离失所，均田制度遭到破坏。而依凭均田制存在的府兵制，随即被募兵制所取代，致使许多丧失土地的农民汇入军队，造成兵随将走，将领拥兵自重的凶险局面。那些本来是作为王朝拱卫力量的地方节度使，自然就一步步恶性发展演化成了对抗中央政府、各行其是、尾大不掉的藩镇割据局面，进而威胁到王朝的安危存亡。如果说"安史之乱"只是一次推翻唐王朝的血腥预演，那么随后的割据势力，则要争先恐后地争做取代唐王朝的掘墓者了。

而我们的传主，就要在唐王朝晚期大不幸的动乱环境当中，蹒跚迈开自己前途未卜、颠沛流离、生死难料的人生步履。

司空舆：从钟陵观察副使到两池巡院

虽说司空舆得了儿子，享受到了为人父的幸福感，但是正值追求功名的壮年时期，他还不能过多留恋儿女情长，他需要继续争取功名，为筚路蓝缕的司空家族续写荣耀。

司空作为一个姓氏，始于官职，可谓源远流长。据《史记·夏本纪》记载，尧帝驾崩后，继任者舜帝询问四岳："有能成美尧之事者使居官?"皆曰："伯禹为司空，可成美尧之功。"到了西周，司空的官职位次三公，与六卿相当，与司马、司寇、司士、司徒并称五官，掌水利、营建之事，金文皆作"司工"。后来成为著名教育家的文圣孔子，也曾任过鲁国的司空。由于大禹担任过司空之职并治水有功，被后代子孙尊奉为得姓始祖，成为这一姓氏的最早来源，堪称尊贵。但是这一姓氏的稀少，也是事实。而他们这一支司空家族，祖籍远在临淮（今天的安徽泗县，或者江苏盱眙县）。到了司空舆的祖父司空遂，经过一番奋斗，曾任河南密县县令，向唐帝国的文化中心，靠近了一大步。而父亲司空象，则百尺竿头更进一步，通过自己的用功进取，终于把官做进了京城。而后又通过与同僚刘濛联姻，让司空舆成为已故名相刘晏的曾孙女婿，有机会结交仕宦显贵，在京城获得一个较高的仕途起点。前面提到的卢载便是其中的一位，而另一位，则是裴休。

裴休，河内济源人（今河南省济源市），祖籍河东闻喜裴氏，是河东的一大望族。现在我们说裴氏一族历史上仅宰相就出了五十九名，裴休就是其中之一。《金山寺志》记载法海就是裴休的儿子。据《宣和书谱》卷九中"裴休"条的记载，裴休"刻意翰墨，真楷遒媚，作行书尤有体法"，为晚唐名家之一。

恰好司空舆也非常擅长书法文章，所以通过题记唱和的交往，与已经身为中书舍人的裴休相交甚厚。会昌元年（841），当裴休出任江西观察使的时候，就奏请以司空舆为副使，同赴钟陵任所。这里提到的钟陵，后废入南昌，故城在今江西进贤县西北。

这一年，司空图五岁。身居京城的他，当然还不知道宫城里面的种种凶险，平日里或在爷爷奶奶家，或随着母亲去外公外婆家小住，还有舅舅刘权陪着自己玩耍，无忧无虑。期间自会得到爷爷和外公的启蒙教育，古往今来适合记诵的诗歌佳作，应该成为司空图小脑袋瓜子里面最熟稔的课文了。

这期间，对他影响颇大的，还应该是因为身体虚弱居家的舅舅刘权。因为他这个舅舅非常像自己的高外祖父，属于早慧儿童，四岁的时候，就能讽诵评价其舅的作品《水轮陈君赋》；十六的时候，已经写出了《刘氏洞史》二十卷；还以高祖父刘晏的事迹为题材，撰写出《赞祖彭城公中兴事》。以这样出众的才华，对正值开蒙求知阶段的司空图而言，耳闻目睹的学识濡染，自不待言。

三年后的会昌四年（844），裴休转任湖南观察使，司空舆则北上回京，旋即被朝廷任命为河东道盐铁处安邑、解县两池榷盐院巡院官职。这里需要交代一笔，司空图的外祖父刘濛，因为得到宰相李德裕的赏识，之前已经拔擢为给事中，这一年，又转任巡边使。司空舆新官职的获得，有没有这层关系的关照，值得推敲。

安邑、解县两盐池，位于今天的运城盆地南端，自东向西延伸，呈条状分布，唐代号称"幅员百里，澄澈万顷"，今测长约三十公里、宽约三至五公里，约一百三十平方公里，唐朝属河东道河中府辖制。河东盐池，最大的特点是自然天成，也就是通过风吹日晒，令池中的卤水产生化合作用，生成白花花的盬盐——河东盐的专有名词，真是地宝天成，从而成为孕育滥觞中华民族文明的重要发祥地。到了唐代，又发明、推广了垦畦浇晒法，令产盐量大幅提升。依照《新唐书》记载，当时唐朝总共有盐池十八个，其中安邑、解县就占了其中五个，总称"两池"，每年生产池盐万斛，用来保障首都长安的供应。两池盐利，岁收一百五十万缗。斛为古代计量，宋以前十斗为一斛，宋之后五斗为一斛，万斛应该是极言产量之丰。缗为古货币单位，一缗为一贯，当时一贯等于一千文，也就是用绳子穿起来的一千枚方孔铜钱，值银子一两。由于在封建时代，盐铁作为重要的战略资源，绝大部分时期都属于国家专营，是政府非常重要的财税收入之一，所谓课税大宗。朝廷为此设置的榷盐使，以及下面"别置院官"的巡院——也就是"其职视诸道巡院"的意思，自然也就被官员视为肥缺了。

就在司空舆赴任两池巡院官的第二年五月，朝廷传出诏令，禁毁天下佛寺。因为年轻气盛的唐武宗李炎特别崇尚道教，而在他身边，又有一个道士赵归真极力渲染佛教的危害，诸如不是本土宗教，其教义实属蛊惑，既耗费天下财力，又使国家失去众多的贡赋之人，进而怂恿唐武宗彻底禁除佛教。听信蛊惑的唐武宗，遂同意打压佛教在各地的影响力，要求除上都长安、东都洛阳及节度使治所和同州、华州、商州、汝州按规定各留一寺外，其他所有寺院、招提、兰若立即拆毁，僧尼统统还俗。

这里提到的"招提",即梵文拓鬪提奢,指四方僧物;后人传写之误,以"拓"为"招",又省去"鬪、奢"二字,只称招提,即十方寺院的意思。"兰若",梵文阿兰若,"无诤""空静处""远离处""离诸忿"之意。按照那时候的规定,民间僧人私自建造的寺庙,只能叫招提、兰若,只有得到皇帝颁诏赐名,才能称寺。

这一诏令,自然也包括虞乡县王官谷中的一座佛寺。

这座佛寺所在的王官谷,位于解县县城与虞乡县城之间,是中条山北麓的一条山谷。《大清一统志》卷一百〇一《蒲州府志》记载说,在它的近旁,因有一座春秋时期的著名城堡"王官城"的废垒,故名王官谷。《左传》文公三年记载:"秦师济河取王官及郊。"成公十三年亦有记载:"吕相绝秦曰:俘我王官。"文中所言"王官",即指此处的王官城。

由两池往西四十里,便是虞乡县城,即今天的山西省永济市虞乡镇。虞乡县自北周武成二年(650)设县到唐末,并、撤、恢复过多次。贞观年间,解县还曾经并入过虞乡县。因为两地相距不远,交通便利,所以司空舆已于前一年,经过一番卜神问卦,认真谋划,很隆重地在虞乡县城置办宅院,安下家来。这样,当他平日里从两盐治所往来虞乡公干之余,自然会有机会与同僚文士结伴,于途中拐进王官谷游览山谷胜景,当然也会造访里面的佛寺,消解疲惫,愉悦身心。

大概正是基于对王官谷山景秀美、瀑流清幽、鸟语花香、梵音缭绕的美好印象,现在遇到唐武宗毁佛的难得良机,司空舆便决定买下原来属于佛寺财产的王官谷,连同山谷外方圆数十顷良田,做了自家的别业和永业田,与虞乡县城的家室遥相呼应。

举家迁居虞乡县邑

应该就在会昌五年(845)前后的某一个阳光明媚、风和日丽的黄道吉日，已经是八九岁"总角"少年的司空图，随着父母家人，伴随着一车乔迁的家当，由长安朝着虞乡县城迤逦东来。

远远的，隔着横亘眼前的宽阔黄河，一座隐现在河雾岚气之间的楼影，渐渐浮现在眼前——鹳雀楼！顿时，父亲或者祖父或者外祖父教会的那首唐诗便自然而然地脱口而出：

白日依山尽，黄河入海流。
欲穷千里目，更上一层楼。

此时，虽然人还置身于泥黄色的黄河西岸，但是少年司空图的心，已然遏制不住地飞上了鹳雀楼的最上层，心眼已经穿越雾岚，骋目云天之外那黄河的源头了！心胸则随着奔腾东去的黄河水，翱翔在了浩渺的大海之上！对于司空图来说，王之涣的《登鹳雀楼》，早已经让这座楼很诗意地驻留在心间，也神往已久了。

紧接着，一座随着黄河波浪微微起伏的大浮桥伸展到脚下。这就是唐玄宗在开元年间的一大杰作，动用全国过半钢铁产量浇铸锻造而成的八尊大铁牛，牵引着黄河蒲津渡彩带一样的浮桥，好生壮观啊！

当他扶着硕大粗壮的铁索，走过有点晃悠的蒲津渡浮桥，他的视线，应该赞叹过两岸八尊浑朴雄壮的镇河大铁牛，更应该仰望过蒲州城如堵的危危高墙。但是，从天际飞过的鹳雀们，应该把他的目光重又吸引到它们起落栖息的越近越显得高耸入云的鹳雀楼上。他应该会在默诵着"更上一层楼"当中，攀上鹳雀楼的最顶层，寻找体味那"欲穷千里目"的超远心境……

他还知道，在这片中华民族文明发祥的神奇地域，且不说妇孺皆知的引导中华民族走向文明的三皇五帝，春秋时期和西秦奠定"秦晋之好"的五霸之一晋国，战国时期七雄当中有其三的韩、赵、魏，汉武帝任上建起来的供皇家祭祀土地的后土祠庙，只这大唐以来层出不穷的诗歌大家和他们让人不忍释卷的作品，便令非常喜爱诗词歌赋的司空图倾慕向往，为之倾倒啊！他们就是自己心目当中的灿烂星河，像诗佛王维的《九月九日忆山东兄弟》《相思》《送元二使安西》……大历十才子卢纶的《塞下曲》、耿湋的《入塞曲》……还有畅当的别是一番境界的《登鹳雀楼》，杨巨源的《城东早春》，更有柳宗元的绝世名篇《江雪》、吕温的《回风有怀》，还有许许多多河中诗人的佳作，自己早可以耳熟能详、倒背如流了。以往只是面对作品，没想到此时此刻自己竟然行走在这片抚养、孕育出如此优秀伟大诗人群体的土地之上，感受着如同河雾岚气一般氤氲弥漫着无限诗意的河中府，还有蒲州城里那聚集着更为浓厚文化氛围的"绿莎厅"，这真让特别喜欢乃至迷恋唐诗的早慧少年司空图喜出望外，大有"漫卷诗书喜欲狂"般不能自已的兴奋与陶醉啊！

这样的情状，应该就是"景行行止、高山仰止"的感觉吧！

永济虞乡籍当代作家、文化学者王西兰先生，在他的文化散文《大唐蒲东》当中，曾经用颇为形象的比喻表述道：这些每一个名字都如雷贯耳的诗名，犹如世界屋脊喜马拉雅山，他们以代表唐诗巅峰状态的高度，簇拥着王之涣这座代表着唐诗最高水平的珠穆朗玛峰！

或许就在这一时刻，既秉承着高外祖父刘晏的早慧基因，更被满腹经纶的聪慧舅舅刘权激励着的司空图，心中就萌生出一个心高气傲的伟大志向，想要把最为优秀的唐诗作品都汇集到一起，并加上自己的艺术品评，传之后世，也未可知吧。

第二章　志学壮游的青少年时代

「涤烦清赏」的山居光景
家庭成员探微
司空图的性情与交游
父亲司空舆的仕途进退
「业久于山，援古勘今」图报国
壮游边关作《塞上》

中条就蒲津东顾，距虞乡才百里。亦犹人之秀发，必见于眉宇之间。故五峰颎然为其冠珥，是溪蔚然涵其浓英之气。左右函洛，乃涤烦清赏之境。

——摘自《全唐文·山居记》

"涤烦清赏"的山居光景

定居虞乡的少年司空图，虽然远离了繁华的京城长安，也远离了外公外婆，还有一个好像什么都知道、总也问不住难不倒的舅舅刘权，但这里不但有了一个虞乡县城的家，还有一个王官谷别业，青山绿水，鸟语花香的幽美环境，让住惯了城市的司空图耳目一新，感到无比新鲜，流连忘返。所以他也就很快淡化了离开长安时所产生的心理反差，开始了自己无忧无虑、天马行空的少年时光。

前文提到，司空图的父亲在买下王官谷的同时，还购置了山外数十顷良田作为永业田，以供家居生活之需。司空图的青少年时期，就是在这样幽美清雅的环境当中度过的。现在就让我们通过当年司空图的目光，感知一下他生活其中的王官谷别业、虞乡县城以及周边的山光水色、风土民情吧。他撰于光启三年（887）丁未岁的《山居记》开篇，就具体交代了王官谷的地理位置与远离尘嚣的优美环境：

> 中条就蒲津东顾，距虞乡才百里。亦犹人之秀发，必见于眉宇之间。故五峰颓然为其冠珥，是溪蔚然涵其浓英之气。左右函洛，乃涤烦清赏之境。

短短几句话，就把中条山自黄河而起，向东绵延，犹如美妇人的秀发，近在眉宇之间，五老峰峨峨如发饰与耳环，形象地展现在我们面前，与千年后的今天别无二致。文中提到的溪流，也就是司空图后来改称的祯陵溪，也叫祯贻云。祯陵溪发源于中条山深处的黑龙潭，当流抵天柱峰，被屹立的峰巅分作东涧西涧两条飞瀑，以"东瀑飞流""西瀑喷雪"的壮丽景观，直泻王官谷，汇聚成溪。沿途仍不断有若干瀑流或山泉滋润着两岸苔绿如毯、植被葱郁的崖壁，令其间水流或如白练飞湍，或似游丝珠帘，汇入竹影婆娑、树荫如云的蜿蜒溪流，景致幽美绝伦。司空图之前的文学大家韩愈、柳宗元、卢纶等，也都曾在这里留下他们游历的足迹。而祯陵溪，至今仍汩汩流淌着对这位绝响后世的故主的绵长思念。

司空图的《王官二首》，则为我们描述出当时朴素自然、园林一般的家居环境：

> 风荷似醉和花舞，沙鸟无情伴客闲。

　　　　总是此中皆有恨，更堪微雨半遮山。

　　　　荷塘烟罩小斋虚，景物皆宜入画图。
　　　　尽日无人只高卧，一双白鸟隔纱厨。

　　《虞乡县楼》的独特视角，让我们也如同行旅之人，随着诗人的诗意再现，隔着车窗，瞟见了那一闪而过的一千多年前的虞乡县南城楼：

　　　　官路好禽声，轩车驻晚程。
　　　　南楼山最秀，北路邑偏清。

　　然后，我们读着《上陌（柏）梯寺怀旧僧二首》，跟随诗人的脚步，攀上了中条山深处曲径通幽的柏梯寺：

　　　　云根禅客居，皆说旧无庐。（"无"或作"吾"）
　　　　松日明金像，山风向木鱼。（"山风"或作"苔龛"）
　　　　依栖应不阻，名利本来疏。
　　　　纵有人相问，林间懒拆书。

　　　　高鸦隔谷见，路转寺西门。
　　　　塔影荫泉脉，山苗侵烧痕。
　　　　钟疏含杳霭，阁迥亘黄昏。
　　　　更待他僧到，长如前信存。

　　柏梯寺在虞乡县西南，始建于北周保定二年（562），唐乾元元年（758）重建。因为山上柏林蔽日，石阶百级，故名柏梯寺。又因寺内大殿供奉石雕巨佛群像多达百尊以上，又被称作"石佛寺"。而且，中条山作为道教"七十二福地"之"第六十二"，这里当然还有道观供司空图游玩。晚唐诗人郑遨就有《题中条静观》诗："松顶留衣上玉霄，永传异迹在中条。不知揖遍诸仙否，欲请还丹问昨宵。"

作为仕宦人家的子弟，养尊处优的司空图目光所及，理所当然都应该是诗情画意般的发现与感知。而他的许多诗作，也的确给我们留下了古风悠悠的文学镜像。比如以下辑录的一组诗作，就给我再现出了司空图眼中充满诗情画意的家乡春景：

偶题
水榭花繁处，春晴日午前。
鸟窥临槛镜，马过隔墙鞭。

春中
伏溜侵阶润，繁花隔竹香。
娇莺方晓听，无事过南塘。

独望
绿树连村暗，黄花出陌稀。
远陂春草绿，犹有水禽飞。

杂题
孤枕闻莺起，幽怀独悄然。
地融春力润，花泛晓光鲜。

鹧

　　不是流莺独占春，林间彩翠四时新。

　　应知拟上屏风画，偏坐横枝亦向人。

　　司空图这一时期还做过一篇《情赋》，他后来特意忆起其中的五句，值得玩味：

　　　　暖融溶兮傍曲塘，扶兰心兮牵藕肠。

　　　　雨丝丝兮幂暗芳，阻佳期兮日难忘。

　　　　情烟绵兮悄自伤。

　　有学者把诗句中的"佳期"，理解为能出仕济时，似乎有些勉强。因为司空图追忆出这几句诗作的时间，是在经历乱世、身心俱疲地返回被陕军烧毁的家园后，试想他还有心境专门去追忆、回味甚至是留恋曾经期待出仕济时的青春抱负吗？读读那些极富情爱寓意的"兰心""藕肠""雨丝"以及"情烟绵兮"的缠绵悱恻之意，"佳期"怎么可以联系到出仕济时的意思呢？所以笔者以为，它应该是诗人对青年时期一段难忘恋情的追忆与怀想，而且也可能是仅有的一首记录诗人情爱生活的诗作。

　　当然，诗人的笔下并不仅限于这些浪漫情调，且让我们读读这首《虞乡北原》吧：

　　　　泽北村贫烟火狞，稚田冬旱倩牛耕。

　　　　老人惆怅逢人诉，开尽黄花麦未金。

　　诗人通过白描速写的手法，活生生地重现了当时农村百姓面对天旱无雨、青黄不接、借牛耕田、忧心忡忡的焦虑心情，也让我们读出了年轻司空图关注现实生活、心怀忧国忧民情怀的另一面。

家庭成员探微

那么司空图又生活在怎样的一个家庭环境当中？家庭成员都有谁呢？因为信息太少，或影影绰绰，很难言说。

现在的史书传记里面，只有他的父亲司空舆，还算多介绍了几句。祖父与曾祖父，都是一笔带过。至于传主与母亲、祖父祖母、外祖父外祖母，可能有的兄弟姐妹，以及确定有的女儿，都是如何相处的，皆无明确记述。唯在一些诗文当中，似乎隐现着一些亲人的踪影。比如在一首《乐府》诗中，就好像提到了他的母亲：

> 五更窗下簇妆台，已怕堂前阿母催。
> 满鸭香薰鹦鹉睡，隔帘灯照牡丹开。

但是根据诗作描述的情景，诗中那个面对妆镜台的人不像是作者，似乎应该是个女子才对，会是传主的姐妹，或者是自己的妻子？而且这个"阿母"，还出现在另一首诗作《步虚》当中：

> 阿母亲教学步虚，三元长遣下蓬壶。
> 云韶韵俗停瑶瑟，鸾鹤飞低拂宝炉。

因为这是一首表现道教文化的诗作，根据唐代诗人刘禹锡的同题诗作中"阿母种桃云海际，花落子成二千岁"句意，这"阿母"应该是指神话传说当中的西王母。而第三个"阿母"就明确出现在《游仙二首》其一当中，其生活情形，犹如以天界为背景的家庭生活一般温馨亲切：

蛾眉新画觉婵娟，斗走将花阿母边。

仙曲教成慵不理，玉阶相簇打金钱。

与后面两首相比，第一首的"阿母"虽说不是指西王母，假如也是虚拟的情境，那是不是指司空图的母亲，就有待商榷了。而在《即事九首》第七首里面，虽然出现了"家人"，但也仅限于此：

林鸟频窥静，家人亦笑慵。

旧居留稳枕，归卧听秋钟。

在《新唐书》司空图本传中有一句"图弟有奴段章者"，似有兄弟。但是根据司空图的《段章传》所述，这个段章，其实是司空图自己于咸通十年（869）在长安考取进士后雇佣过的马夫，并非是他弟弟的仆人，应该是记载有误，有没有弟弟，还有待考证。又根据《旧唐书》《新唐书》两篇传记的末尾都提到他因无子，过继了一个外甥。据此推测，他可能没有兄弟，但至少应该有一个姊妹，才会发生违规过继外甥荷遭到御史弹劾的故事。再根据陶礼天先生在《司空图年谱汇考》里面推断，司空舆七十多岁去世的时候，司空图才二十多岁的样子，那么他不是家里的老大，他是过继姐姐之子的可能性更大些。而在司空图的《灯花三首》第二首里面，果然出现了"姊姊"：

姊姊教人且抱儿，逐他女伴卸头迟。

明朝斗草多应喜，剪得灯花自扫眉。

因为第一首首句有"蜀柳丝丝幂画楼"，第三、四句又是"几时金雁传归信，剪断香魂一缕愁"，可以推断为司空图后来从华阴躲避战乱逃到淅川郧乡期间的作品。诗中提到的姊姊，和司空图会是什么关系？能先后两次前往避难，关系非同一般。当笔者读到传主文集当中的《今相国地藏赞并序》的序文时，眼前不禁为之一亮：

南阳公夫人彭城郡君，忧纪既祥，追奉皇考吏部公，绣地藏菩萨一躯，瞿慕戚容，力成至愿。图于夫人为内兄，得请而赞。

依照序文当中提到的"南阳公夫人彭城郡君"，已言明"南阳公夫人"的家在南阳府。而"图于夫人为内兄"的亲属关系，又表明南阳公夫人和司空图不是亲姊妹关系，那这位表妹就应该是母亲的外甥女了。而司空图的舅舅刘权就曾为曾祖父刘晏撰写过《彭城公轶事》，可知其祖籍应该是在彭城。如此说来，司空图过继的司空荷，应该是表妹南阳公夫人的孩子了？说起孩子，在司空图的诗作里面，还两次出现了一个名字"小娥"，绝无仅有。其一是《暮春对柳二首》第二首：

洞中犹说看桃花，轻絮狂飞自俗家。
正是阶前开远信，小娥旋拂碾新茶。

最后一句当中提到的正在围绕着石碾旋拂碾压新茶的"小娥"，似乎是侍女的身份。然而在《杨柳枝寿杯词十八首》第六首中再次出现的"小娥"，却耐人寻味起来：

偶然楼上卷珠帘，往往长条拂枕函。
恰值小娥初学舞，拟偷金缕押春衫。

这个"小娥"，不但初学舞蹈，还打算悄悄偷走金缕钗穗，去抵押春天穿着的衣衫。她到底是个什么身份？诗人怎么还能容忍她打算偷东西的举动？会不会是司空图在描摹自己小女的可爱娇态呢？可是这首诗现在却被收入传统的谜诗集中，它的谜底竟是"蜘蛛"。难道这果然是司空图当年戏作的谜诗吗？

据以上信息，似乎可以粗略推断，当年随司空舆移居虞乡的家庭成员为数并不是很多。就司空图过继外甥为子的信息判断，司空图应该没有兄弟，也仅有一女，后来还远嫁给了曾居住华州的长安万年（今陕西长安市）人姚顗。过继为子的司空荷，后来当过永州刺史，或许也随官职升迁而迁居他处了，以至于虞乡的司空家族后继乏人。据调查，现在的永济市已经没有姓司空的人了。

司空图的性情与交游

接下来再说说司空图的性情。

就现有史书及司空图本人诗文当中，涉及这方面的记述不多。在《旧唐书》《新唐书》的《司空图传》中，有关司空图出仕前生活影像踪迹的文字内容，只有引自司空图《休休亭记》一文里面自述的"少而惰"和转述的"少也堕"一句。王禹偁《五代史阙文·司空图传》中，有一句"少有文采，未为乡里所称"。再就是司空图在《与李生论诗书》里自称"愚幼常自负，既久而愈觉缺然"，《上谯公书》开头提及的"近皆相笑率指愚为狂"。此外，再无一字提及。

那么综合以上相关文字，我们大致可以勾勒出传主的性情模样：少年早慧的司空图，已经因才华不俗而颇为自负。至于不被乡人闻称，要么缘于作为外来户，少有交际，恃才傲物，故不为外人道；要么就是虽说天赋不错，出手不凡，但是不够勤奋，一任性情，作品少，才美不外现，未能引起广泛的关注与赞扬。或许正是这样的缘故，我们才无法在现有的史迹文献当中，找出有关他青少年时期的非常事迹以及奇闻轶事，类似于他高外祖父刘晏七岁即以神童的身份得到唐玄宗授官，或者像他的舅舅刘权四岁就可以讽诵其舅的作品《水轮陈君赋》、十六岁就著述《刘氏洞史》三十卷那样。不过，司空图在自己的文集著述当中，还是给我们透露出一个与性情相关的重要信息。比如《注〈愍征赋〉述》关于他与诗人卢献卿的交往记述：

> 《愍征》则会昌中进士卢献卿著明所作。华胄间生，冠五百年高视。……况愚通家着分，总角忘年。众中则韵仰神仙，席上则价饶鹦鹉。破琴伤逝，无复知音。

也就是说，他在大约八九岁到十三四岁的"总角"少年时期，曾经结识了与他父亲属世交之谊的才子卢献卿，并引为忘年知音。司空图认为，卢献卿的才华，向上五百年的文士没有超过他的。

卢献卿，是唐代范阳（今北京市以南和河北省保定市以北）人，生卒年不详，但他洒脱优美的辞藻，颇为同时期文士推崇仰慕。大约在会昌至大中年间（843-859）接连举进士而不中，据说是因小人谗言诽谤而遭到朝官斥责，难伸平生之志。

卢献卿当时遭遇了怎样的不公待遇，已经无证可寻，只是知道承受打击的卢献卿，在悲愤郁闷当中，奋笔书成了千百言的《愍征赋》。该赋对士兵常年征战、风餐露宿、马革裹尸的悲壮与惨烈，掬以道义上的同情，引起强烈反响，被誉为南北朝诗人庾信《哀江南赋》第二。大约就在这期间，与司空图父亲过从甚密的卢献卿，有机会认识并赏识年少的司空图，持续交往了相当一段时间。

《愍征赋》虽已逸失，但从司空图在《注〈愍征赋〉述》中的盛赞之词，可知非同凡响；更从《注〈愍征赋〉后述》所喻之"亦犹虎之饵毒，蛟之饮镞"，"虽震邱林鼓溟涨，不能决其咆怒之气"和"以是掷笔狂叫，寄之他生"等情绪化的表达，可以想见，作品应是作者激荡胸间不平之气的尽情宣泄、一吐为快之作，由此也足见卢献卿对少年司空图性情塑造所产生的巨大影响。这一点，也可以从传主创作于这一时期的《春愁赋》当中窥见一斑："千古今此时此地，慇输忠而见逐。"

这样一位不世之才，后来竟然在郁郁寡欢的游历途中，染病辞世于郴州。诗人李商隐和皮日休，都曾经赋诗哀悼缅怀。司空图更为失去这样一位忘年交，而悲伤莫名。这也成为他后来将《慇征赋》收入他编著的《擢英集》中，并于礼部任上为该赋做注的情由所系。

父亲司空舆的仕途进退

司空图在学习交游当中，欢度着自己无忧无虑的青少年时光，而他的父亲司空舆，则正经历着仕途进退的关键时期。

大中元年（847），朝廷的茶、盐之法虽日益严密，可是盐利却日见减少。与此同时，民间私自盗采的现象日益猖獗，而官吏们却睁一只眼闭一只眼，甚至与盗采者沆瀣一气，贪赃枉法。尽管朝廷追究贬谪的观察使、判官不下十人，但形势仍未见好转。这时候，被责令负责这方面工作的户部侍郎、判度支、领盐铁使卢弘正（又名卢弘止），作为"大历十才子"、官至监察御史检校户部郎中卢纶的儿子，决意将整顿家乡地面上的两池盐务作为突破口。他针对两池盐法松弛形同虚设的弊端，派遣巡院官司空舆亲临两池认真检查。

司空舆通过深入调查研究，对旧有盐法逐条进行分析检讨，发现旧法过于宽松，漏洞百出，便干脆结合实际，重新制定了有针对性、切实可行的十条新法。比如根据四方豪商黠贾杂处解县、安邑，周边盐民虽然户籍归于两县，但是县令却不能以辖内人口进行有效管理、问责加刑的治安环境。司空舆从加强盐池防范的角度，明确规定：盐池周边的壕沟篱笆，就是严禁侵犯的法定界限，有胆敢破坏逾越、贩卖盐卤者，皆死罪；携带弓箭等凶器偷盗盐卤者，亦为死罪……司空图的新法经卢弘正奏报朝廷后，兵部侍郎、判度支周墀又建议增加了"两池盐盗贩者，只要追踪到其居家所在的里巷村社，当地的保甲、里社一并追究法律责任；凡倒卖池盐五石、买二石，专门从事生产盐卤的亭户偷盗二石者，皆死罪"等条款，获得诏准执行。

新法执行的当年，两池盐利即收倍增之效。之后在司空舆任职的三年当中，仍然成效显著。其后的继任者，皆因该法条款简洁明了、切实可行、富有成效而一直沿用了下来。凭借这一突出的工作成绩，司空舆被卢弘正举荐为两池榷盐使、检校司封郎中。

大中五年（851），已经外放回朝的裴休，以礼部尚书充任诸道盐铁使。作为老部下，司空舆积极协助裴休的工作，帮助他完成了进一步治理盐务的《盐法八事》。转年八月，裴休以礼部尚书荣升宰相，不久即拔擢司空舆赴任商州刺史。大中八年（854），司空舆在商州刺史任上三年届满，奉召入朝，任职司门员外郎。稍后，又升迁为户部郎中。大中十年（856）十月，裴休因为建议早立太子，引起唐宣宗的不满，致使被罢免宰相再次降职外放。司空舆也在这一年的十月前后辞职离任；虽然朝廷随后又以侍御史征召，但他没有接受任命。

大中十三年（859），唐宣宗因为服用道士炼制的丹药，导致背上生疽，危及生命，八月七日在大明宫驾崩。唐宣宗临死前曾密授枢密使王归远、马公儒与宣徽南院使王居方，拥立自己喜爱的夔王滋为太子即位。结果却被左神策军中尉王宗实抢先下手，杀掉这三位顾命大臣，立郓王温为皇太子，改名漼，旋即登位，是为唐懿宗。

应该是朝廷血腥凶险的权争乱象，让司空舆在这一年选择离开京城，退隐王官谷。

当时司空舆的好友李戎曾经前来拜望，并将自己珍藏的著名书家徐浩的书屏四十二幅真迹赠送给了这位老书友。司空舆非常喜欢这一书法珍藏，一连数日，司空舆大清早一起床，就进入书房，闭门谢客，十分投入地欣赏把玩这一屏屏书法真迹，目不移睛，爱不释手，几乎到了废寝忘食的地步。

徐浩（703–782）字季海，越州（今浙江绍兴）人，官至太子少师。他的书法得到父亲徐峤传授，最擅长楷书，圆劲肥厚，自成一家。唐肃宗非常喜欢他的书法，当时的四方诏令，多出于其手。徐浩这屏真迹共四十二幅，甲金篆隶草楷行等八种书体都有，书写的内容多是《文选》当中的五言诗。其中的"朔风动秋草，边马有归心"十字，或草或隶，意趣所致，收放自如，艺术效果尤为精妙，令人叫绝。司空舆兴之所至，研墨提笔在这一屏的下方留下一段题记文字："怒猊抉石，渴骥奔泉，可以视碧落矣。"意思是说面对眼前的书法作品呈现出来的艺术意象，就像看到暴怒的狮子愤然刨石，又如饥渴的骏马奔向甘泉，这样的意境，几可以极目苍穹了。而这段批注，后来被引入《新唐书·徐浩传》中，成为现存的对徐浩书法最早的评论。

司空舆曾经很认真地和儿子司空图谈起自己的体会：以书法家徐浩这样既恣肆不羁又张合有度的笔力与艺术感染力，来表达西晋诗人王赞这首五言《杂诗》苍茫旷达的意境与情愫，以及所饱含的深刻思想内涵，真的是再合适不过了。二人的性情义气，恰似一对跨越时空的隔世知音，书法与诗作的和谐统一，简直就是我手写我心一般，真是一幅没有任何瑕疵可挑的旷世奇品啊！而且断定当世再没有可以超过它的啦！老父亲似乎仍然意犹未尽，又进一步告诫司空图：如此珠联璧合的绝世佳作，犹如坠夺于湍流的玉璧、扑朔于烈焰的飞铛，实属千载难逢、惊鸿一瞥的神品，绝非凡夫俗子可以世代拥有啊！

没想到老先生一语成谶，后来这屏绝世精品当真葬身陕军洗劫的兵燹当中，绝响于世。这是后话。

据《新唐书·艺文志三》记载，司空舆还把平生积累下的诊疗经验，总结编撰成一部医术著作《发焰录》。此外，他还修撰完成了一部司空家族的牒谱《照乘传》。

大约在大中十四年（860）前后，年逾古稀的司空舆，在儿子司空图和家人的陪伴下，安享天年，寿终正寝于王官谷别业。

"业久于山，援古勘今"图报国

当司空舆临终之际，看着已经二十多岁但还没有着力于求取功名的司空图，语重心长地给自己这位独子留下了谨言慎行、积极进取、考取功名、光宗耀祖的嘱托。

俗话说响鼓不用重槌。老父亲的话，让一直以来没有压力、随性情追求学问的司空图，意识到肩头所担负的家族责任，幡然觉悟，遂作《自戒》诗一首，自励发奋：

> 我祖铭座右，嘉谋贻厥孙。
> 勤此苟不怠，令名日可存。
> 媒衒士所耻，慈俭道所尊。
> 松柏岂不茂，桃李亦自繁。
> 众人皆察察，而我独昏昏。
> 取训于老氏，大辩欲讷言。

司空图深刻反省自己"少而惰""幼常自负"之"昏昏"，要学习老子大智若愚、大音希声的智慧，"讷言"内敛，成为一个心怀"嘉谋"、济世强国、荣耀家族的有用人才。自此，他开始了为考取功名而刻苦用功的求学阶段。

司空图在其《上谯公书》一文中，曾提及自己"业久于山""援古勘今，思有所发者"的勤于学业的情形。这也表明他不是之乎者也地一味死读书，而是通过广泛研读历史史籍，然后用来对照检讨他所面临的社会危局，有所思考，抒发成文。它们应该包括《将儒》《铭秦坑》《辩楚刑》《连珠》《春愁赋》以及诗作《效陈拾遗子昂感遇》三首等诗文作品。

以宋蜀本及《四库全书》本、《四库丛刊》本《司空表圣文集》均将《将儒》一篇置于卷首来看，可知这也应该是司空图编排的顺序，足见这篇作品在他心目当中的重要位置。因为在其"探治乱之本"的系列作品当中，《将儒》具有提纲挈领的作用：

> 儒以将道，肥其内也；武以将威，肃其外也。未有内自瘵而外能劝者焉。嗟乎！古之用儒，其所寄诚重矣。儒之将道，必欲张共治也。独将之不足侈其道，故分己之任以寄于人，亦犹资众力以夷大路，绰绰然其甚辟也。如有用于时者，天下不几于治哉？嗟乎！后之为儒，其力寖羸矣。简固以自持，窨默而多一。知所以任之于己，不知所以任之于人而责之。故虽用于时，道亦削然，不喻将儒之权耳。且古之言兵，必本之仁义。反是则一决之勇，未足为武。一智之谋，足以夺其机，矧兼吾道以制于未萌哉？嗟乎！道之不可振也久矣。儒失其柄，武玩其威，吾道益孤。势果易凌于物，削之又削，以至于庸妄，于武可也。必将反是，请先将儒。

司空图之所以把"将儒"作为一个命题展开讨论，是因为他眼见唐王朝中晚期以来，由于宦官把持神策军操控皇帝废立，节度使割据自立削弱唐王朝中央权威，几成走狗的文官权臣还朋党对立，蝇营狗苟，致使"儒失其柄，武玩其威"，"儒以将道"的局面早已荡然无存。所以司空图提出这样的主张，就是期待恢复文臣在朝廷、军队当中的权威地位，从而令"天下不几于治哉"。也正是基于这样的立论，司空图还撰写了一篇《铭秦坑》：

> 秦术戾儒，厥民斯酷。秦儒既坑，厥祀随覆。天复儒仇，儒绝而家。秦坑儒邪？儒坑秦邪？

"秦坑儒邪？儒坑秦邪？"言简意赅的智慧诘问，一如中晚唐文学家杜牧在《阿房宫赋》当中的著名论断："灭六国者，六国也，非秦也；族秦者，秦也，非天下也。"二者颇有异曲同工之妙。作者借着对秦朝灭亡根本原因的质疑——到底是秦坑了儒，还是儒坑了秦，从而把儒家的兴亡与国家的兴亡联系等同起来，严正告诫打压儒士文臣的严重后果。

作为一名期待入仕济时的儒生，司空图既期待有机会施展自己的政治抱负，也通过《天用》一文，提出儒者能获取成功的一个先决条件，那就是"用天之用"。然后在《文中子碑》当中，具体阐释了"不可斫之以就其时"与"致其道于后世"之间的关系，即儒者只是"道"这一"制治之大器"的"守其器者"，他们的行为，不能违犯"制治之大器"的要求，故"不可斫之以就其时"。如果不能为时所用，宁可"致其道于后世"。

壮游边关作《塞上》

司空图除了深居王官谷苦读深研，还选择走出大山，壮游边关。当时，唐朝士子的入世之道，除了科举，还有获取军功的途径。所以许多青年游边，也是为了功名而去，已经成为一种风尚。

早在会昌四年至会昌六年间（844-846），司空图的外祖父刘濛就被宰相李德裕荐举为巡边使，负责与节度使团练使商议黄河、湟水一带的边防事务，以及宣慰灵夏以北党项使等职责。大中三年至五年（849-851），又被宰相崔铉荐举为供军使，判度支河、湟军案。那个时候的少年司空图，有可能被疼爱他的外祖父带上一起去过河、湟边关，并赋得《河湟有感》，显示出"少有文采"的才华来：

一自萧关起战尘，河湟隔断异乡春。

汉儿尽作胡儿语，却向城头骂汉人。

这里需要交代一句，司空图的外祖父刘濛，大约于大中五年（851）前后，已经在大理寺卿任上过世了。不过，司空图还有一个叔外祖父刘潼。刘潼的祖父，是刘晏的兄长刘暹。刘潼字子固，进士出身，以功加官检校尚书右仆射，有胆有识，才能非凡。

大中六年（852），山南有饥民占山为王，劫掠一方，唐宣宗要派兵讨伐。宰相崔铉认为对这一小撮聚众草寇不值得动用军队，应该派遣京兆尹刘潼作为特使前去劝降方为上策。奉诏前往的刘潼，面对弯弓以待的众寇，让左右随从退后，自己坦然自若地迎上前去，告诉他们："我受皇帝的委派前来赦免你们的罪行，让大家重新恢复平民的身份。听说你们的弓箭能射两百步的距离，我现在往回走十步，如果你们仍然打算和朝廷对抗，就射杀我吧！"这群草寇闻声纷纷丢弃弓箭，请求投降。刘潼因功提拔为右谏议大夫。咸通四年（863），昭义（今山西长治一带）节度使沈询，因家奴与侍女发生奸情，准备处死家奴，却被家奴伙同牙将杀死，惨遭灭门。朝廷得到奏报，立即诏命刘潼代为节度使，赴任平乱。刘潼抵达之后，抓捕这个家奴，剖其心祭拜沈询的亡灵。不久，刘潼又被朝廷委任为太原尹、北都留守、御史大夫、河东节度使。

咸通六年（865）秋冬时节，司空图前往河东节度使治所太原，看望叔外祖父刘潼。司空图在《春愁赋》中，记下了这次抵达太原的情形："边鸿下兮边草生，拥玉帐兮滞龙城。""龙城"就是太原城的别称。随后，司空图又转赴辖区内的隋城边关重地，一览塞上风光，了解体验边塞将士艰苦卓绝的守边生活。他还和守将互赠诗作，遂得这首有感而发的五言律诗《塞上》：

> 万里隋城在，三边虏气衰。
> 沙填孤障角，烧断故关碑。
> 马色经寒惨，雕声带晚悲。
> 将军正闲暇，留客换歌辞。

司空图在作于天祐元年（904）或稍后的《与李生论诗书》中，列举得于"塞上"的诗作时，就引用了"马色经寒惨，雕声带晚悲"两句。因为不同版本《与李生论诗书》记述诗句的出处时，或为《塞上》，或为《塞下》，何故？其实，塞上即指边关以外，塞下即指边关以内。唐代众多诗人所作《塞上曲》和《塞下曲》，就是由汉朝的《出塞曲》《入塞曲》演变而来的。而塞内、塞外则是唐代以来的叫法，泛指长城内外。

司空图在这首诗作当中，还道明了他曾抵达的故"隋城"关口。据清雍正八年《岚县志》记载，隋城始建于隋大业十年（614），唐武德四年（621）改为州城，经唐、五代、北宋延续460余年，历为山西岢岚、岚城、宜芳、岚州、楼烦郡、东会州治所。宋元丰二年（1079）在旧城南筑新城，即今岚城，旧隋城遂废。今天的隋城遗址，就在距离岚县岚城镇岚城村北一公里开外的地方，属于山西省第四批省级文物保护遗址。

通过司空图的边塞诗作，我们不难读出他期待建立功名、进身报国、追求实现人生抱负的热切期待。

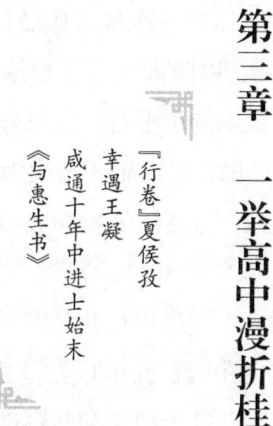

第三章　一举高中漫折桂

「行卷」夏侯孜
幸遇王凝
咸通十年中进士始末
《与惠生书》

三十功名志未伸，初将文字竞通津。

春风漫折一枝桂，烟阁英雄笑杀人。

——摘自《全唐诗·榜下》

"行卷"夏侯孜

司空图在太原见到叔外祖父刘潼的时候，表达了自己的心愿，打算秉承父志，考取功名，积极入仕，实现济世抱负。同时，也就当时进士考试的一些约定俗成的规则，道出了郁积心头的重重顾虑。

因为当时朝廷招考进士的试卷，是不封糊考生名字的。这样主考官对考生的了解，就不仅仅限于对考卷的审阅，还可以兼顾甚至是完全侧重于对考生平时作品以及声望的考量。这样，就诱发了考前攀附关系给主考官呈送作品的风气。比如第一次呈送作品叫"行卷"，过些时日还得再投送一次，谓之"温卷"，以防被主考官忘掉。因为不是所有考生都认识或者能够接近礼部侍郎级别的主考官，就只好通过托关系，找到与主考官关系亲密的人，送上自己的作品卷轴，请代为推荐，这叫"通榜"。

根据宋代洪迈在《容斋随笔》卷五《韩文公荐士》里面的记述，大文学家韩愈在贞元十八年（802），曾经一次向协助主考官权德舆做"通榜"的陆修推荐了十名考生。当年总共录取了二十三人，其中就包括韩愈推荐的六名，其余四人也在后来五年间全部考中。文中也提到，这样大的考前动静，会让主考官顾及社会舆论和监察部门的监督，大多都能很公道地审阅、考量、录取品学兼优的卓越人才。尤其是对于才华出众的不世之才，尽管还没有进入考场，主考官早已心中有数了。不过，也有一些考官或因畏惧权势，或为顾及情面，或是照顾子弟，不见得都能完全做到择优录取。

对司空图来说，虽说也算朝官之后，但是此时祖父、外祖父和父亲，以及患病的舅舅刘权，都已经相继过世了，叔外祖父又远在地方为官，自己哪有条件与高官结识接近呢？所以真不知道该怎么办了，甚至萌生放弃科举、选择从军的念头。

司空图的满腹苦衷，也引起了刘潼的感慨：朝中无人，举步维艰啊。且不说当时的官场风气在朋党政治和宦官专权的荼毒侵害下，已经败坏糜烂到何等程度，即使是在以往任何一个朝代，依靠人脉关系来铺垫仕途之路，进而实现个人人生抱负的行为，都是司空见惯的世情，皆封建专权体制导致的裙带依附关系使然。因为缺乏公开透明、公平竞争的人才生成机制，必然纵容了人际关系的放大，并决定着许多人仕途上的逆顺成败。其实我们今天所说的人情社会，正是这种传统社会风气的延续。

作为唯一能使上劲的叔外祖父，刘潼觉得理当设法助外孙儿一臂之力。他考虑再三，决定给自己相邻为官的河中节度使夏侯孜大人修书一封，请他念及在前宰相杜悰的引荐下建立起来的同僚之谊，关照一下他治下的这位莘莘学子。

叔外祖父请托的这位夏侯孜大人，大中十二年（858）就曾经入朝为相，咸通元年（860）出任西川节度使，咸通三年再次入朝拜相，进司空，封"谯郡开国公"。咸通五年（864），因为其他官员犯罪牵连，以同平章事的身份贬出朝廷，出任河中节度使。这里提到的同平章事，即宰相之职。

司空图返回虞乡家中后，就赶紧前往蒲州城，毕恭毕敬地将叔外祖父的信函呈递给节度使夏侯孜大人。应该是得到夏大人首肯，并嘱咐他将自己的作品整理好，呈交给他，所以就有了司空图收入自己文集当中的这封《上谯公书》：

> 再拜！愚伏以布衣犯将相之威者。近皆相笑率指愚为狂，是轻薄子不能以恢然之量待今贤杰也。相公得不念之耶。某迹拘世累，而业久于山，援古勘今，思有所发者，盖窃惟近朝据重位而勇蹈功名之列，耻天下有遗才，直吾相国也。又敢求吾相之心所以未忍弃生民之望者，固非濡濡于富贵，岂不以时持大柄、事或阻心、且复弛张，俾无遗恨于不朽耶！愚以是窃抃有以企天下之福矣。……此皆相公夙自践于沉实，而小子虽吃悸，不能面发，愿激扬于片时耳，非为挟利之资也。抑自古钓奇而售迹者，既多以分謇，动无所合，且实必侯临机方见其万一，非敢率易并渎尊威干犯之诛，则不复自同轻薄子以为疑惧。俟命，再拜。

这封信函的内容，虽以策士口吻议论人才拔擢使用问题，但在字里行间，切实流露出希望得到夏大人提携举荐的期盼之意，其实就是一封自荐书。司空图与这封信同时呈上的，自然还有自己的诗文作品，比如司空图文集当中的《辩楚刑》，很可能就是其中的一篇：

> 楚谓献璞者欺我，乃连刖之，酷哉！曰："彼独鉴之不胜耳。"然其嗜宝之心，皆达于卞子，故连刖之无怨，玉亦卒受于楚国。嗟乎！国之嗜贤，宜急于楚之嗜宝也。必嗜心则上心达于天下，则负材求进者，虽黜于见疑，亦未为怨。必有释其疑者，则其卒用于世也可几矣。不犹愈于易其知而嫉其进者耶？嗟乎！刑与辱，上之所以肆于下也。楚无嗜宝之心，卞岂受刑？上无嗜贤之实，士岂受辱？必待诚而绝愧哉！

文中期待得到赏识举荐的诚挚迫切心情，仍是溢于言表。换句话说，司空图通过本文当中"国之嗜贤，宜急于楚之嗜宝"的呼吁，就是期待这位达官贵人能够赏识他这块"璞玉"，进而向未来的礼部侍郎主考官"通榜"，"行卷"。

司空图的《上谯公书》，引起了夏侯孜的好奇心。

按说，投拜师门请求引荐行卷，所修书信理应谦卑恭谨，正面展现自己的品行、才华方面的优长，以求获得认可重视。可是这位已近而立之年的年轻人，在书信里面竟敢坦诚相告"近皆相笑率指愚为狂"。他难道就不怕本官先入为主，在印象分上打了折扣吗？既然毫不避讳，就说明他有足够的自信。与其说是为了辩解"是轻薄子不能以恢然之量待今贤杰也"，还不如说是对这个"狂"之评价的认可，甚至是引以为傲的刻意表露。从这个角度研判，这个青年人，若不是像时人评价的自负轻狂，那可能果真是一个胸有丘壑的非凡之才。

待展读司空图的作品卷轴，夏侯孜进一步了解到司空图学以致用、忧患时局的学问与见识，印象分不降反增，预感到朝廷将要得到一个可造之才。为了进一步考察方便，夏侯孜便让司空图留在身边，做一个见习文书。

咸通七年（866）十月，朝廷传来一个捷报：大将高骈率大军收复了为叛匪占据长达十年的安南都护府（今越南北部地区）。这个喜讯，让谪居河中府的夏侯孜兴奋异常，因为这个高骈，正是他在朝为相时，于咸通五年（864）举荐给朝廷的。高骈是元和年间平息蜀地之乱的高崇文之孙，因率禁兵在长武防御党项叛乱期间屡有战功，得以升迁。安南都护府的克复，对于藩镇割据乱象丛生的晚唐王朝，这无异于一剂强心针，朝廷自然要大肆宣扬。十一月，唐懿宗大赦天下，炫耀唐王朝军事力量的威武。随即又诏命重新在安南设置静海军，以高骈为节度使。高骈随即筑建安南城，周长三千步，盖起四十多万间房屋。既然筑起了安南新城，树碑立传也就不可或缺了，就如同裴度率领大军于元和十二年（817）平定淮西吴元济叛乱后，要在蔡州城（今河南汝南县）外竖立《平淮西碑》那样。

唐懿宗把撰写碑文的光荣任务，交给夏侯孜安排完成。也就是说，唐懿宗虽然对他有成见，并且贬出了朝廷，但还记着他知人善任、举荐有功的好，以示表彰。那这碑文的撰写，该安排谁去完成呢？夏侯孜想到了司空图。这个决定本身，既凸显出夏侯孜对司空图才华的赏识，或者还有一层意思，就是要通过任用办事，来实际检验这个年轻人究竟是不是一块可堪造就的璞玉。

就在司空图认真阅读高骈的事迹材料，全力以赴完成碑文创作的时候，夏侯孜却遭遇到更大的厄运。咸通八年（867），他被罢免宰相，改任更加偏远的剑南西川节度使。而司空图完成这通《复安南碑》碑文的时间，应不迟于夏侯孜离任之前。为了感念、铭记夏大人对自己的提携关照，司空图特意在这篇才情洋溢、蔚为壮观、长达两千三百多字的《复安南碑》末尾，郑重写上这样两句："元和中杜公黄裳举仆射崇文平蜀，今相国夏侯公用安南公骈遂复交趾故地。"

此时的夏侯孜，一方面对自己的政治前途感到万念俱灰，心绪落寞悲凉；一方面则在考虑着要重新为司空图寻找一位可以托付的同僚，以不负刘潼的厚望。本来，作为被贬出京城的官员，他本想期待皇帝开恩，有机会重返朝堂，到时候，为主考官推荐一个考生，自然不在话下了。可是现在，以举荐高骈收复安南之功绩，自己都未能换来将功折罪、重新回朝的机会，反而得到更为严厉的处罚，仕途前景愈加暗淡，恐怕也很难胜任给主考官"通榜"的角色了。那么又该把这位很有希望的青年人托付给谁呢？

夏侯孜终于想到了一个人，他就是一河之隔的同州防御使王凝。

幸遇王凝

王凝何许人也，夏侯孜为什么会把司空图托付给他？

王凝祖籍河北琅琊，河东府太原人，生于唐穆宗长庆元年（821），双亲早亡，少年时就成为孤儿，由舅舅抚养成人。十五岁以明经科当中的《礼记》《尚书》两经考取进士及第，大和九年（835）再登进士甲科，进入仕途。他由巡官做起，从地方官一路进入朝廷，历任数官，直到在宰相夏侯孜的举荐拔擢下，升至中书舍人。可惜好景不长，因为其他朝官与夏侯孜政见不和闹矛盾，却把王凝当作靶子，极力排挤打压，最后以御史中丞的身份，贬出朝廷，出任同州防御使。

夏侯孜隔河得知王凝在同州"励精为治，表率列城，吏民守阙，乞留遮道"，政绩斐然的时候，仍然毫不避讳地立即向皇帝做了禀报。因为也只有他这位深入基层的宰相，才最为了解情况了。

而王凝，确实成了司空图入仕道路上非常重要的一位贵人。

咸通七年（866）秋的一天，司空图带上夏侯孜的推荐书信，还有自己的作品，过河到同州府邸拜见王凝大人。

司空图求见王凝的情形，已经不得而知，但是司空图离开后的情形，却被传为佳话：王凝通过看门小吏的观察，知道司空图没有再去城中其他亲朋故友家里串门，径直返回河东去了。后来，王凝又听门吏说，上次来找他的司空图到同州走访亲朋了，尽管路过府衙，却没有顺道再拜访一下他。司空图这种注重礼节、用心专一的行事原则，反而给王凝留下了深刻的印象。

有学人指出，司空图此次拜见王凝，有可能是为了在同州先参加乡贡进士考试，以获得参加京城省试的资格。因为在当地，有一个有趣的迷信传闻，即"同、华利市"的说法。也就是说在临近长安的同州、华州两地考取的乡贡进士，在随后的省试当中，更容易高中进士。根据士子可以到原籍以外州府谋求乡贡进士资格的规定，一些考生就选择到这两个州府参加考试。所以司空图很可能是为了这事到同州寻求王凝帮忙的。

司空图在这次觐见王凝呈上"贽见之礼"之后，很快又写成一篇《太原王公同州修堰记》：

> 洛自西北趣大河，盖同源于积石，伏而乃发，离而复合耳。故其流皆浑而悍，暴而难制。然左辅土田，赖之为膏壤。堰虽劳，不可废也。而又振泥加厚，水势益抑。去故治之，治之勤日倍也。大中末，州南堰坏，久不能复。比岁旱蝗，关畿尤困。咸通五年，太原王公自中书舍人出牧是邦，思所以利人者，无易于此。乃省公用，节私费，傃徒赋役，躬亲率属，得健吏于班，授以成规。亦既集事，而中作雨甚。川壑会流，雷风蹴南而鼓之，益肆狂啮。虽有力者，坚百仞之阜，亘为其防，亦不能御，势明矣。必俟至诚克敷，旁资感效耳。公晨往河堰，跪陈牢醴。既而阴溃散，功倍人悦。翌日堰乃成，水折而光，皆若导而徙。令邑里交贺，合乐以迓之。流闻京师，中外以为国庆。时国家兵役屡与，漕鞔已绝。故自淮汴至于河潼之交，百敖皆刳，人无所仰视

之者。虽已鼎食，亦若衔馁而返。农饥卒怠，何以振其威力哉？关中不涸之辙，必本是堰。公果成之，以明大计。虽旋亦决败，而功绪足遗后人矣。七年秋，愚自蒲获展赆见之礼，出次近垌，备得其事，因著于篇，以彰勤济之志云。

这是一篇赞颂王凝政绩的作品，而且应是一篇急就章，内容鲜活，感情饱满。因为仔细研读这篇作品，以我们今天的文学体裁而言，是一篇典型的纪实之作。司空图也在篇末言道："出次近垌，备得其事，因著于篇，以彰勤济之志云。"他所走近的"垌"，正是王凝竣工的堰堤。由此得知许多关于王凝修堰的事迹，他深受感动，驱笔成文。

王凝任职的同州，位于长安东北，它的西边就是都城长安的京兆府，南面就是华州（今陕西省华县、华阴一带），是京师的重要屏障之一。同州南面的堰堤坍塌崩坏后，长时间都没有修复起来。随后由于连年大旱，蝗祸屡起，致使京畿之地生产生活陷入困境。而这期间，唐王朝连年战乱，兵役沉重，可是由于藩镇割据势力蔓延，江淮漕运已经彻底断绝，江南的米粮很难接济到京师长安。面对着农人饥馑、士卒懈怠、危机重重的局面，王凝发起了修复州南堰堤的工程。作品既记写他采取减省公费开支和节约私人用度的办法，筹措工程费用，然后召集民工开工建设，并率领府衙部属亲临一线，选得力干将勇担重任，严格管理制度，保证工程质量；更描述了工程修筑期间，曾经遇到特大狂风暴雨，导致"川壑会流，雷风蹴南而鼓之，益肆狂啮，虽有力者，坚百仞之阜，亘为其防，亦不能御"的险峻情势，最后王凝通过虔诚祭祀河伯，终于雨住云散，堰堤修筑的艰巨任务才得以大功告成。这一工程，既消除了京师一带的旱涝灾害，又极大地提高了当地粮食的生产自给率，其功至伟，口碑必当流芳后世！

作品对为国分忧、励精图治、忠诚干练的王凝礼赞有加，但又没有刻意虚夸的成分，其中精彩传神的细节描写，就是今天读起来，都不免为之惊心动魄，实属一篇表达不俗的文学佳作。相信此文当时也应该会加深王凝对这位特立独行、颇具才华的青年才俊的赏识程度。当然，当时的王凝，也只是考虑着如何能把这位有为的年轻人推举中第，为朝廷聚拢报国人才。

有时候，天意的成全，远远超过人们想象力所能企及的程度。别说司空图，就是在王凝重新回到朝廷任官之前，也应该不会想到，自己将会成为咸通十年进士及第的主考官！这大概就叫"无巧不成书"吧。老天爷这是成心要在唐朝的历史上，铺垫演绎一曲千里马与伯乐相遇、相知、相随，知恩图报、善始善终的感人故事。

咸通十年中进士始末

王凝的堰堤修复政绩，虽然得到唐懿宗"降玺书褒允"的嘉奖，但曾经受到朝臣之间权力争斗无辜伤害的他，却选择上表称谢，然后以患病为由，请求准许卸任，退居华州的敷水别墅静养身体。他的这种急流勇退的行为，反而在朝廷内外引发不小的议论。大家认为，注重德行修养、名声远播的王凝，如果不被赋予执掌文化教育工作的重任，实在是朝廷用人失察的一大缺憾啊。

所以到了咸通九年（868），唐懿宗特意征拜王凝为礼部侍郎，知贡举，主持下一年的进士考试工作。

这对于正在家中埋头苦读的司空图而言，真是喜从天降！就在这年秋冬，司空图整理行装，信心满满地前往长安，准备参加下年正月的进士考试。通过《登科记考》"凡例"的记述，我们或可揣度司空图当年应考的身影：

唐主司自改制后，以礼部侍郎任者曰知贡举，他官任者曰权知贡举，皆于上年之秋冬简任，次年正月入闱。……其应举者，乡贡进士例于十月二十五日集户部，生徒亦以十月送尚书省（唐晚期诗人温庭筠那年考试往尚书省的时间是十月六日）。正月乃就礼部试，试三场，先杂文，次帖经，次答策。每一场已，即榜去留。通于二月放榜，四月送吏部。

又据《新唐书》卷四十四《选举上》载：

先是，进士试诗、赋及时务策五道，明经策三道。建中二年（781），中书舍人赵赞全知贡举，乃以箴、论、表、赞代诗、赋，而皆试策三道。太和八年（834），礼部复罢进士议论，而试诗、赋。文宗从内出题以试进士，谓侍臣曰："吾患文格浮薄，昨自出题，所试差胜。"乃诏礼部岁取登第者三十人，苟无其人，不必充其数。

司空图在应试期间，还作了一首《省试》诗，洋溢着胸有成竹、稳操胜券、志在必得的愉快心情：

粉闱深锁唱同人，正是终南雪霁春。
闲系长安千匹马，今朝似减六街尘。

"省试"是指尚书省组织的考试，也叫礼部试。诗中的"粉闱"，还被称作"粉署"，是尚书省的别称，缘于汉代的尚书省曾经用胡粉粉刷墙壁得名。因为进士考试通常都在每年的正月间，所以诗中的"雪霁春"句意正好与时令相吻合，也让人联想到诗人祖咏当年参加省试时所作的《终南望余雪》诗："终南阴岭秀，积雪浮云端。林表明霁色，城中增暮寒。"

而司空图诗作的后两句，更会让人想起孟郊《登科后》诗的那两句来：
"春风得意马蹄疾，一日看尽长安花。"

及至榜出，司空图在状元归仁绍之后，以第四名高中进士。司空图的
《榜下》诗，正是他得知榜上有名之际欣喜心情的生动写照：

> 三十功名志未伸，初将文字竞通津。
>
> 春风漫折一枝桂，烟阁英雄笑杀人。

诗人说，三十多年来，自己求取功名的志向，一直没有实现的机会，
现在作为第一次应试的竞争者，居然就轻轻松松地名列前茅，连自己都觉
得太容易了，真真是让前辈英才大跌眼镜了吧！或者还包含着另一层心
迹，那就是已过而立之年，才取得功名，与凌烟阁上的功臣们相比，真是
相去甚远、不值一提啊。

也有学人根据首句有"三十"的年龄表述，结合五代北宋初学人孙光
宪在《北梦琐言》中记述司空图咸通七年（866）秋拜访王凝的时候提及
"于时司空图侍郎方应进士举"等记述史料，认为司空图早在咸通七年
（866）已经参加过一次考试，而且没有考上，才作了这首《榜下》诗。

笔者以为不然。首先，根据《唐才子传校笺》第五册梁启超补证《司
空图传校笺》里面说道："《五代史阙文》：'少有俊才，咸通中，一举登
进士第。'知图为一举登第。原笺未引。"而司空图在后来的《迎修十会斋
文》一文当中，也明确表述道："一举高中，两朝美宦。"因为司空图写
这篇文章的时候，的确是已经历仕了唐懿宗、唐僖宗两位皇帝，是实数，
那么也就可以反证出前一句也应该是实数，即在咸通年间只考过一次进
士，就一举高中了。其次，根据傅璇琮先生在《唐代科举与文学》第三章
《乡贡》的论述当中，就有把乡试称作进士试的例子。比如白居易在《送侯
权秀才序》中就提到了："贞元十五年秋，予始举进士，与侯生俱为宣城守

所贡。明年春,予中春官第。"这里的"始举进士",就是指在宣城乡试获得成功。以此类推,《北梦琐言》记述司空图"方应进士举",也应是为了谋求考取乡贡进士资格。

再一个可以引用的例证,就是随后将要述及的:当司空图于咸通十年考中进士后,因没有名气突然冒出来,而被其他学子嘲讽为"司徒空"的逸闻,也从侧面证明司空图之前没有参加过考试,所以才不为人知,引起这么强烈的反响。

如果再就这首诗作所表达的诗意进行解析,更能说明问题。其一,诗作的题目《榜下》,应该理解为公布考试成绩的意思,如我们今天经常说"考试成绩下来了",而非落榜的意思;其二,如果按司空图的周岁,这一年他三十二周岁的生日还没有过的,所以诗中提到的"三十"应是接近三十的概数而非实写;其三,因为持"落榜诗"观点的学人,是把第一句和第二句的句意颠倒过来,才获得他们解释的意思:"竞通津"——第一次参加考试,"志未伸"——却没有考取,有本末倒置之嫌;其四,如果确实是一首落榜诗,那"漫折一枝桂"就不好解释了,除非理解为司空图认为是考官漏选折损了他这名应该被考取的有为青年,太过勉强。

《与惠生书》

刚刚考中进士,对人生前途充满期待的司空图,澎湃的热情诚如喷薄欲出的朝阳,心气高涨,期待着有一番大作为。正是在这样一种意气风发、志得意满的情绪支配下,他在一篇《与惠生书》的书信中,抒发了自己"援古勘今"所探究出来的"治乱之本":

> 唐虞之风,三代非不敝也,赖圣人先其极,而变之不滞耳。
> 秦汉而下,时风益浇,视之而不知其弊,矫之而不知其变;文质

莫辨，法制失中。侮儒必止，沉儒必削，则士大夫虽有自负雅道者，既不足以振（镇）之，而又激时之怨耳。

司空图所援引的汉魏之际的"古"例，恰恰勘中了他所面对的晚唐藩镇割据、宦官擅权、朋党相争的乱象危情。然后，他开出了自以为是的治国"良方"——尚通，尚法：

故愚以为今欲应时之病，即莫若尚通，不必叛道而攻利也，隘则驱之以仇己。树政之基，莫若尚法，不必任察而嗜刑也，弛则怠之以陷入。舍此二者，伊周不能为当今之治。苟在位者有问于愚，必先存质以究实，镇浮而劝用。使天下知有所竟，而不自窨以罪时焉。

司空图提出的这些方略，如果放到太平盛世，或许可能行得通，但是置于病入膏肓、难以回头的晚唐情势之下，就未必了。只可惜他尚未入仕，对社会黑暗了解甚少，对唐王朝统治中枢内在病灶的严重程度还没有机会从内部去探究，就好像他只看到苹果表皮的一团腐斑，而不知道它里面已经从心上烂掉了。所以他的从"将儒"到"用天之用"等单纯、理想化的思想认知，颇有些书生意气、纸上谈兵的想当然成分，只能是一种不切实际的美好愿望而已。故而他才会在《与惠生书》里面自信满满地写道："俟知我者，纵其狂愚，以成万一之效。"字里行间无不充满了要将自己的经世之才"货与帝王家"的豪情壮志。

诚然，司空图虽有报国之志，但毕竟不是二十郎当岁的毛头小伙，虽然儒家的入世思想教育他应该服务于自己所从属的唐王朝，建功立业，但绝非一味冒进、盲目愚忠那么简单。换句话说，面对唐王朝一步步衰败羸弱的颓势，他还具有一种理性层面的考量与原则，即在《议华夷》一文中提出来的"量力救时说"。在《与惠生书》的结尾处，他以一个比喻，生动地诠释了他的这个观点：

> 夫百人并迫于水火，可皆救之，斯为幸矣。不可皆救，则将竭力救其一二耶？亦将高拱以视之耶？

作为已过而立的司空图，其成熟与智慧，已现冰山一角。这，或许就注定了他今后的人生走向，虽说心有抱负，期待功名，却又不会选择壮士一去，轰轰烈烈，而是要在审时度势当中，稳健而行，在努力保全身家性命的前提下，尽力展现自己的人生价值。

第四章 追随恩师王凝的岁月

王凝遭贬再外放
追从恩师
义服始终

去时憔悴青衿在，归路凄凉绛帐空。

无限酬恩心未展，又将孤剑别从公。

——摘自《全唐文·顷年陪恩地赴甘棠之召感动留题》

王凝遭贬再外放

司空图还没有从一举高中的喜悦当中回过神来，就陷入了一种流言中伤的漩涡当中，近乎羞辱。

当司空图以第四名高中进士后，一些同榜进士不但没有表达祝贺的意思，反而酸溜溜地挖苦他乃"司徒空"，即徒有其名也。更有轻薄者表现得尤为恶劣，嘲讽道："此司空图得一名也！""此司徒空得一名也！"即这个姓司空的，白白占了一个名额啊！

听到这个消息，主考官王凝的反应更是出人意料。他当即决定设宴招待所有考中的三十名进士，并在宴席上郑重声明道："我王凝有幸承担为国家选拔人才的重任，今年的进士考试，其实就是为司空先辈一人而进行的选拔！"因为王凝心里明白，那些对司空图恶言相向的家伙，其实是"项庄舞剑"，目标是冲着他来的。

原来，参加本年度进士考试的考生当中，有一个韦保殷，是当朝宰相韦澄迈的弟弟，自以为身份特殊，必会高中无疑。而朝官当中那些善于见风使舵、阿谀奉承的依附者，自然也是急于表现、积极奔走，向王凝保举韦保殷。更有一些官职高于王凝者，竟然冲着他颐指气使，指手画脚，让旁观者为之心寒。没料想王凝不但态度明确地谢绝了奸佞宵小的请托，更是义正词严地喝退了那些威胁者，凌然不可侵犯！最后根据考试成绩，韦保殷没有录取。这样的结果，自然引起朝议沸腾，以为这是进士录取当中，多年没有遇见过的公正评判。因为在以往的成绩录取当中，不乏主考官慑于朝臣淫威，或者接受了贿赂，让一些无才鼠辈玷污榜单的例子。

这样的结果和朝议，自然让韦澄迈颜面大失，怎么可能咽下这口恶气?！那些为韦澄迈鞍前马后效犬马之劳者，也是看着主子的脸色，狂吠不已：怎么敢不把当朝大臣放在眼里！这岂不是自找倒霉吗！但他们又忌惮王凝仍身居的朝臣高位，还不敢完全撕破脸皮，所以才唆使那些有些权势背景的新科进士们，采取这种卑劣手段，把名不见经传、父辈也早已谢世、叔外祖父刘潼也于前一年病故在西川节度使任上的司空图，作为攻击对象，以收指桑骂槐之效。

作为正人君子的王凝，偏不屈服这些权贵的淫威，以明知山有虎偏向虎山行的决绝态度，断然以公开力挺司空图的方式接招。他的态度不言而喻：我偏要把寒门学士中的国家栋梁之材选拔出来，那些只凭借权贵背景而没有真才实学的庸才草包，偏不照顾！

有了这样的缘故，发生在司空图身上的被攻击事件，就不再令人费解了，也不应该再认为《北梦琐言》记述的这则逸闻是虚假的编造，而是应该体味出时人曲笔记录当中所隐含的深意。

作为君子，坦荡荡的王凝虽然图了一时痛快，却躲不过韦澄迈的阴招暗算。因为此时的朝堂，权臣弄权、宦官干政、假公济私等腐败风气，已经形成了非常适宜牟私利者蝇营狗苟、心照不宣的生态氛围——但求目的、不择手段、党同伐异、血腥残忍。至于在王凝等忠臣良将眼里那坐在龙椅上仍然至高无上的皇帝，已经成为可以根据利益集团把持者的需要而肆意更换甚至弄死的摆设。如此，作为一位以维护唐王朝家国利益为人生追求的骨鲠之臣，王凝在权臣宦官眼里，那就是一个不通人情世故、不谙官场潜规则、成熟不了的生瓜蛋子！生不逢时的王凝，也就必然沦为各方权贵争斗的棋子，而任意摆布，生杀予夺。王凝一生几出朝堂、起伏宦海的遭际，便是证明。

咸通十二年（871），王凝再一次被挤兑出朝廷，降职为商州刺史。为了抵挡其他朝臣们的非议，权贵们还给他挂了一个御史大夫的虚衔。

追从恩师

司空图自咸通十年（869）夏天，和毛遂自荐做了马夫的段章一起离开长安后，一直在王官谷等候着被奏议举荐入仕的消息。

因为有关新科进士的任用制度，已于大中二年（848）发生了不小的变化。过去中进士当年即可试用做官，现在则必须等到第三年，才可以奏请任职为官，并经皇帝准奏，方可落实。

所以咸通十二年（871），正好是司空图考中进士后的第三年。可是他等来的，却是恩师王凝又被权佞之辈贬出京城的消息。与此同时，他也面对着一个艰难的选择：是另找门路，重新铺一条入仕捷径，还是追随王凝，以没有名分的从官身份奔赴商州？

中唐诗人白居易有"试玉要烧三日满,辨材须待七年期"的诗句,现在却要在王凝与司空图这对师生身上予以验证了。从咸通七年与恩师相识,到咸通十年被恩师录取进士,再到咸通十二年恩师被贬商州,对于司空图来说,是到了用行动检验他这块璞玉质地成色的时候了。

司空图没有让王凝失望。

面对王凝因为秉持公道而无辜遭贬的不公待遇,他犹如千里马面对识才爱才的伯乐,仰面长啸之后,便是义无反顾地从王官谷出发,翻山越岭,奔往穷乡僻壤的商州,选择了"忝列门下,义服始终",并且信心满满,期待有所作为。这样的情绪和心境,被诗人一览无余地表现在了诗作《商山二首》当中:

清溪一路照羸身,不似云台画像人。
国史数行犹有志,只将谈笑继英尘。

马上搜奇已数篇,籍中犹愧是顽仙。
关头传说开元事,指点多疑孟浩然。

第一首诗作中提到的"云台",是东汉明帝图画敬祀三十二位中兴功臣的地方。从中我们不难读出司空图此时的志向:欲以中兴功臣自期,希望能安社稷、拯苍生,干出一番业绩,扭转唐王朝的颓势。即使不能像汉代的中兴功臣那样画像云台,也要青史留名!第二首诗作中之所以提到孟浩然,应与商山是当年孟浩然从襄阳到京城长安的必经之地有关,因为沿途留下了许多这位诗人的旧迹与传闻故事。

前面我们介绍过,作为古雍州、古秦地所在的商州,正是当年司空图父亲司空舆追随卢载任职从官的"商於"所在,也就是今天的陕西商洛市、河南淅川县和内乡县一带,唐时属于京城长安的十大望州之一,虽然仅次于四大辅州同州、华州、岐州、蒲州，距离京师也不算远，但人口稀少、比较贫困。

　　那么王凝到商州后会有怎样的作为呢？因为商州靠近长安，驿站迎来送往的接待工作非常繁忙，可是作为山区，交通很不方便，差役非常辛苦。王凝遂设法调拨资金，尽力保证这项工作的正常运转。当时朝廷规定可以从地方赋税当中提取"赋羡银"，用来补贴州官的俸禄。王凝拒绝领取，而是用这部分银两为驿站购买增添了车马等交通必备之物。他的这一克己奉公之举，不但切实减轻了当地百姓不小的负担，更赢得了"谣颂溢境"的口碑。

　　正是王凝为政清廉、政绩显著的声誉，让朝中权臣不得不在第二年就将他升任检校右散骑常侍、潭州刺史、湖南团练观察使，但贬所更远了。

　　史书对王凝这次赴任情形没有片言只语的交代，但是司空图的诗作当中，却给我们留下了他们当年南下赴任的行迹。其一为《松滋渡》，描写他们经过湖北南部松慈县松慈河上的松滋渡口的见闻：

步上短亭久，看回官渡船。
江乡宜晚霁，楚老语丰年。

楚岫接乡思，茫茫归路迷。
更堪斑竹驿，初听鹧鸪啼。

　　依照诗中"楚老语丰年"和"初听鹧鸪啼"等描写，恰逢江南稻谷收获的季节，也吻合他们前往湖南赴任的时间。第二首是《武陵路》，诗中不但有橘树、江岸和悬挂着渔网的舟船等江南特有景象，亦有鹧鸪鸟的啼鸣声：

橘岸舟间罾网挂，茶坡日暖鹧鸪啼。
女郎指点行人笑，知向花间路已迷。

而另一首写于湖南、湖北两省交界岑水河上的七绝《涔阳渡》，从诗中描写的“芦花”“萧飒”等景象，又应该与他们离湘返京的秋冬季节符合：

楚田人立带残晖，驿迥村幽客路微。
两岸芦花正萧飒，渚烟深处白牛归。

通过这几首诗作给出的行迹，再与陕西、两湖分省地图对照，发现从商州（当时的治地上洛，即今商县）至潭州（今长沙市），应当取道商南至淅县（在河南），再向南穿过湖北至松慈（在松慈河南岸）进入湖南境，又跨岑水，然后或渡澧水经洞庭湖西部再过资水到潭州，或由洞庭湖东部经岳阳到潭州。有学者研究以为，由洞庭湖东部经岳阳到潭州的可能性更大，因为司空图作于天祐二年（905）的《丑年冬》一诗中，还出现了“灉湖”这个湖水名：

醉日昔闻都下酒，何如今喜折新茶。
不堪病渴仍多虑，好向灉湖便出家。

这个灉湖，在今湖南岳阳县南，《水经注》称作“翁湖”，史书上还有“滃湖”和“乾湖”的称谓。唐朝多有吟诵灉湖的诗文，其中王琚的《游灉湖上寺》、张说的《灉湖山寺二首》告诉我们，唐代在灉湖边上，有一座环境幽静、景色优美的灉湖山寺。而且张说在其诗中写道：“若使巢由同此意，不将萝薜易簪缨。”就是说，谁如果能得到灉湖和它边上的山寺，就是帝王家的宝座也没有什么可稀奇的了。而晚年的司空图，在对即将灭亡的唐王朝心意绝望、萌生出家遁世念头之际，忍不住想起了年轻时代随王凝在赴湖南途中参观过的灉湖山寺，觉得如果能到那里，才算最好的去处。

关于王凝在湖南的工作劳绩，司空图在《唐故宣州观察使检校礼部王公行状》中这样记述道：恩师通过微服私访，了解到纤夫们对府衙常年无偿征用拉驿船的役工，积怨已久，怨声载道，且有诗人王建的《水夫谣》为证：

苦哉生长当驿边，官家使我牵驿船。
辛苦日多乐日少，水宿沙行如海鸟。
逆风上水万斛重，前驿迢迢后森森。
半夜缘堤雪和雨，受他驱遣还复去。
夜寒衣湿披短蓑，臆穿足裂忍痛何！
到明辛苦无处说，齐声腾踏牵船歌。
一间茅屋何所值，父母之乡去不得。
我愿此水作平田，长使水夫不怨天。

所以王凝为此推出了由官府花钱雇佣纤夫的新章程，实实在在为乡民减负，并设法为乡民谋利益，不能再白干了。

他还对大小案情一概上报州府决断的办案规程做出修改，大胆下放普通刑事案件的处理权限，提高办案时效；除非案情复杂、冤情重大，才准许上报州府决议。从而杜绝了一个案卷常常拖延长达一年也判不下来的弊端，也在一定程度上减轻了当事人的负担。

作为从官的司空图，是如何配合王凝开展工作的，史书和他自己的文章里面都没有涉及，但是耳濡目染地受到恩师克己奉公、勤政为民、一片丹心等高尚品格的熏陶，应是必然。再者，前面述及的王凝那些政绩的背后，也一定包含了司空图上传下达、深入基层、体察民情、尽职尽责的辛苦付出。

义服始终

咸通十四年（873）七月十八日，唐懿宗驾崩，儿子唐僖宗即位。唐僖宗为了"讲求明德"，召回了在地方上政绩卓著、把潭州治理得像商州一样河晏风清、官民同悦的栋梁重臣王凝，委以兵部侍郎要职，旋即又加派为盐铁转运使。

值得注意的是，与王凝同时被任命的还有户部侍郎卢携，转年又以本官同平章事，即升任为宰相。王凝既然与卢携同朝为官，应该多有交集，也很有可能给卢携介绍过自己的得意门生司空图，这就为他们随后在东都的交往故事做好了铺垫，这是后话。

王凝以人品德服众望，所推行的盐法律条无不得到遵从，才半年时间，盐税收入就翻了一倍。但是到了乾符二年（875），却以秘书监闲职挤兑到了东都洛阳。因为他一门心思改革盐务提升政绩，损害到那些当朝权贵们的既得利益，自然难以容他。

唐朝廷在秘书省设秘书监一人，从三品；同时在东都洛阳也仿照长安中央政府另设一套职官机构，作为"分司"。说白了，东都分司的职位，就是为了安置罢免、退职官员的闲职，所以王凝这个秘书监其实就是个徒有其名的空衔。

这期间，司空图在哪里？《唐故宣州观察使检校礼部王公行状》中既然说是"忝列门下，义服始终"，自然也应该包括重返朝堂这一阶段了。他很有可能被王凝安排到盐铁转运使幕中任事，几乎重复了当年他父亲司空舆被卢弘正提携任职的故事。只不过司空图此时还只是一个尚无品秩可以记录的下层从官幕僚。

当司空图和其他一些门生安慰恩师的时候，王凝态度平和地告诉他们：因为工作获罪，有什么办法？我总不能尸位素餐、无所事事吧？幸亏没有辜负皇恩，得罪的又不是皇上，有什么可以忧虑不安的呢？

好在朝中有一位宰相王铎，曾经在工作上得到过王凝的支持，故而力挺这位骨鲠之臣。他先于乾符三年（876）提拔王凝为河南尹，紧接着又于乾符四年（877）春，推荐他加检校礼部尚书，按察宣、歙、池三郡之职，赴任宣州城。

这一次，王凝做出一个重要决定，明确上表，奏请司空图作为自己的高级幕僚，一同前往。可以说，司空图这才在朝廷挂上了号。

没想到，王凝赴任的宣、歙、池观察使新职位，却是一个烫手的山芋，宣州城，更成了王凝忠君报国坚定品格淬铁成钢的生死熔炉。

由于唐懿宗后期奢侈朝内、用兵各地，致使民众承受的赋税负担日益沉重；再加上关东地面连年水旱灾害相继，州县官员为了政绩，不但不如实上报，反而进一步重苛百姓，导致广大农民进一步丧失土地、流离失所、饿殍遍地、无处申诉。被逼无奈的劳苦大众，终于举起了造反的大旗！唐僖宗乾符元年（874）岁末，河南长垣爆发了盐贩王仙芝聚集民众的起义；乾符二年（875）春六月，亦以贩盐谋生的黄巢在山东冤句起兵响应，掀起了轰轰烈烈的唐末农民大起义。据《旧五代史》载："唐僖宗乾符中，关东荐饥群贼啸聚。黄巢因之起于曹、濮，饥民愿附者凡数万。"

乾符四年（877）冬天，王仙芝所率起义军自九江一路攻城略地而来，围攻王凝辖内的至德城（今安徽南部长江以南）。王凝命部将孟琢率领一支兵马迅速前往增援守城，加上至德城防坚固，义军见无机可乘，便调转方向围攻和州。由于偏将樊俦违命冒进，导致兵败，被王凝斩首示众，使得麾下将领"令既必行，人亦自固"。面对淮南周围都被起义军占领的不利局面，王凝命强弩手据守采石矶江防要塞，后面的将士们高树旗帜呐喊声援，又命次将马频驾驶舟船乘夜鼓噪喧天，让起义军不明就里，纷纷退却，遂解和州之围。

第二年四月，王仙芝的起义军又直扑王凝治所宣州城。都将王涓再次违背王凝的命令，轻敌冒进，死于阵前。王凝遂率领少数守军坚拒不出，固守城池。

这期间，星象师夜观天象，发现有星宿对着王凝的寝所坠落，这可是要发生大灾变的警示啊！于是星象师进言王凝从速离开宣州险境，然后将自己保境安民的功绩上报朝廷，请求调派大军前来消灭乱军，这场灾祸就可以化解了。王凝正色道：东南地区乃国家军用粮草一应供给的重要来源，而宣州城又正当其冲，犹如屏障，我如果在这危急关头找借口引身自退，虽然可以躲避灾祸，可是这里的安危靠谁支撑？都不要再劝说了，我誓与宣州城共存亡！

就在这个事关宣州城生死存亡的紧要关头，司空图却接到了朝廷诏命，被委任殿中侍御史。

按说，对于殷切期待着有朝一日能够得到重用、一展抱负的司空图而言，这一诏命，不正是他寒窗苦读所追求的结果吗？这或许就是自己仕途通达的新起点啊！司空图不可能不在乎，也不可能不想即可就插上翅膀，飞回京城，即可赴任。

但是此时的司空图却不能够这么做！这个任命，无异于又一道人生的选择题，非常艰难。

面对恩师压力山大的生死危局，和恩师身体严重透支的憔悴面容，他谢绝部下规劝离城，誓与宣州城共存亡的铮铮话语言犹在耳，自己怎能忍心抛下他独自承受危局，借故脱身，轻松回朝赴任新职，背师求荣呢？《新唐书》的记载最为详细："图感凝知己之恩，不忍轻离幕府，满百日不赴阙……"司空图再一次做出了没有让恩师失望的人生选项，没有即刻赴任，而是继续伴随王凝，坚守孤城，共历时艰。我们可以想见他伫立于危城的女墙防御垛口间，临危不惧，慨当以慷的英姿，颇有他早年在《塞上》诗中所抒发的豪迈气魄："万里隋城在，三边虏气衰。"

由于义军多日围困，军情一度万分危急，城内几乎连饮水都成了问题，幸亏有泉水涌出，方得转危为安。作为统帅的王凝，也因殚精竭虑、身心俱疲而病倒了。就是这样，他仍然每天在病榻上请监军使协助出谋划策，率领全城军民顽强抵抗。而他平日里居安思危、广积粮草的战略储备，这时候起到了支撑危局的重要作用。所幸战局也按照他的预判发展，久攻不下的义军果然瓦解四散了。《资治通鉴》卷二百五十三载："（乾符五年八月）黄巢寇宣州，宣歙观察使王凝拒之，败于南陵。巢攻宣州不克，乃引兵入浙东，开山路七百里，攻剽福州诸州。"

宣州城之围终于解除了，可是一代忠勇之臣王凝，却再没有恢复健康，而是于八月七日遽然辞世。他的死讯惊动了朝廷，唐僖宗为他辍朝，并派遣使节前往宣州城吊唁致哀，隆重悼念，并追赠吏部尚书，谥号"贞"。

司空图做出了一个君子所应该有的选择，也完成了人格品质的进一步锻造。正是得意门生言行合一的君子风范，让没有儿子的王凝在临死之前，庄重托付他为自己撰写生平行状，好如实盖棺定论。沉浸在悲痛当中的司空图，一边回想着恩师在病榻上所讲述的生平往事，一边以泪和墨，于悲情之中完成了近两千字的《唐故宣州观察使检校礼部王公行状》，还有《纪恩门王公凝遗事》，以及给考功部呈上的《上考功》书，将拥塞胸腔的无限郁闷，借着笔墨，统统铺排宣泄在了那饱含深厚情感和无限敬意的文辞句段之间，这才觉得略略补报了恩师提携教诲之万一，心下稍安。被学者断为司空图这一时期作品的《漫书五首》，第四首中有"恩门嘉话合书绅"句，会不会是面对这些最后誊录到一起的文章底稿，心头又泛起了对恩公的思念之情呢？

等司空图料理完恩师王凝的后事，已经是秋凉时节，也早超过了法定回朝赴任新职的百日期限，因此遭到弹劾，改任东都光禄寺主簿。对于仍然沉浸在丧师之痛当中的司空图来说，这样的处罚于他而言，似乎已经无关紧要了。

这里还应该澄清一个疑问，即王禹偁在《五代史阙文》中有所出入的记述，即司空图在前一年随王凝赴任宣州刚过长江的时候，朝廷的任命诏书就下达追送给司空图了。如果是这样的话，司空图恐怕很难拖延一年多的时间不赴任吧？如果赴任了，那他就不可能追随王凝到他去世，"义服始终"也就不能成立了。再者，根据唐代委任官员的制度，按照官品高低，分为册授、制授、敕授、旨授和判补五种，其中但凡六品以下的官员，皆属于旨授的形式，即先由吏部铨才授职，然后呈报皇帝，皇帝的诏旨也只是签字表示知道了，不置可否。如此推论，"下诏追之"之说，值得商榷。

在秋风渐烈、秋叶飘零的孤冷当中，我们的传主怅然若失地离开了伤心地宣城，前往本不该是的目的地东都洛阳，去领受那个惩罚性的闲职。这样悲凉凄楚、复杂难陈的心情，我们或许可以通过司空图《顷年陪恩地赴甘棠之召感动留题》这首诗作，感知体味一二：

去时憔悴青衿在，归路凄凉绛帐空。
无限酬恩心未展，又将孤剑别从公。

第五章　升迁礼部编著《擢英集》

题诗成诺荐知音

「丘迟」自比心气高

《〈擢英集〉述》与《二十四诗品》

夫著言纪事，在演致于全篇；赋象缘情，或标工于偶句。虽豹文必备，方成隐雾之姿；而翠羽已零，犹称凌波之玩。诚欲兼搜于笔海，亦当间掇于兰丛。人不陋今，才惟振滞。韵笙簧于骚雅，资粉泽于风流。事窃推公，盖止交游之内；僭将罪我，益知褒采之难。题以擢英，庶能耸听。有唐仪曹外吏司空图。

——摘自《全唐文·〈擢英集〉述》

题诗成诺荐知音

乾符五年（878）秋冬之交，司空图依旧穿着追随恩师王凝前往宣州时的学子青衫，一脸哀容地揖别了留下他不尽哀伤的宣州城，孤独凄凉地踏上了前往东都赴任光禄寺主簿的归程。当他来到长江岸边，准备乘船北渡的时候，前一年由此南渡之际有感而成的五言律诗《江行》，又浮现在脑海里：

> 地阔分吴塞，枫高映楚天。
> 曲塘春尽雨，方响夜深船。
> 行纪添新梦，羁愁甚往年。
> 何时京洛路，马上见人烟。

"曲塘春尽雨，方响夜深船"两句，言明当时是在春天的一个雨夜过的江；"何时京洛路，马上见人烟"两句，显然道出了诗人暗自期待能与恩师早日北归的心愿。而今，自己可以北归了，可是恩师已逝，自己又是以贬谪之身，孑然前往洛阳任所，前途未卜、无限惆怅的落寞心绪，笼罩心头，再赋《江行》一首：

> 初程风信好，回望失津楼。
> 日带潮声晚，烟含楚色秋。
> 戍旗当远客，岛树转惊鸥。
> 此去非名利，孤帆任白头。

由"此去非名利，孤帆任白头"两句，可知置身秋风萧瑟、日隐暮色背景当中的司空图，情绪一定是坏到了极点，流露出看淡仕途、意欲随波逐流的消极情绪。只是让司空图没有预想到的是，一位仕途上的贵人，已经于这一年的五月份，先于他抵达东都洛阳了。

这位贵人，就是前宰相卢携。

前文已经提到过，咸通十四年（873），卢携就与王凝同时获得新即位的唐僖宗重用，被委以户部侍郎的重任，第二年就荣登相位了。同朝为相的，先后还有崔彦昭、郑畋和李蔚。

可能有读者会纳闷，朝堂上怎么会同时有这么多宰相？这就是唐朝由三省六部制形成的宰相制度，即中书省、门下省、尚书省的最高长官中书令、侍中和尚书令都是宰相，后来加上自李勣而始获"同中书门下平章事"官衔者，宰相职数不定。至唐晚期，惯常满员的时候可以同时任有四位宰相。从乾符元年（874）起，朝中共任命了裴坦、刘邺、刘瞻三位宰相。五月至八月间，裴坦和刘瞻相继去世，刘邺也出任淮南节度使，随即又先后拔擢崔彦昭、郑畋、卢携和李蔚任宰相。到了乾符四年（877）闰二月，崔彦昭降职为太子太傅，又将王铎补为宰相。由于王仙芝、黄巢义军声势浩大，此起彼伏，唐王朝的统治情势日趋恶化，宰辅们的应对之策或者失当，或者犯错，或者不和，导致朝廷的宰相更是走马灯一样频繁罢免更换着。

这不，同朝为相的卢携和郑畋，又因为主战还是招降的意见相左，相互抵牾，以致在朝堂上再次发生了激烈的争执，打翻砚台，引起同僚侧目，背地里嘲讽二人是"宰相斗击（鸡）"。唐僖宗大为不悦，将二人同时罢免，郑畋贬为凤翔节度使，卢携则以太子宾客分司东都。

当黄河岸边的洛阳霜叶飘零雪花初飞的时候，司空图和卢携，两个身份悬殊但此时都作为受处分的朝廷官员，就这样在这里相遇了。

因为司空图是因报到延期而由殿中侍御史改任光禄寺主簿的，所以有必要了解一下这两个官职的差别。据《旧唐书·职官志》记录，殿中侍御史是七品上阶，共设置六人，"掌殿廷供奉之仪式，凡冬至、元正大朝会，则具服升殿。若郊祀、巡幸，则于卤簿中纠察非违，具服从于旌门，视文物有所亏阙，则纠之。凡西京城内，则分知左右巡，各察其所巡之内有不法之事。"而光禄寺是掌膳食的朝廷官署，设立主簿二人，也是从七品上阶。但是如前所述，因为分司东都的官员，都是安置遭贬黜或者退休朝官的地方，显然属于闲职了。

通过《洛中三首》，司空图记下了他在这个味同嚼蜡的职位上门庭冷落、独守官舍的悲凉情形：

秋风团扇未惊心，笑看妆台落叶侵。
绣凤不教金缕暗，青楼何处有寒砧。

不用频嗟世路难，浮生各自系悲欢。
风霜一夜添羁思，罗绮谁家待早寒。

燕巢空后谁相伴，鸳被缝来不忍薰。
薄命敢辞长滴泪，倡家未必肯留君。

司空图面对落叶寒砧、凝霜空巢，蜷缩于寒意彻骨的被子里面，虽然倍感远离亲人、仕途暗淡的懊恼与孤苦，却又转而规劝自己"不用频嗟世路难"，因为"浮生各自系悲欢"啊！

司空图作于洛阳的《为东都敬爱寺讲律僧惠确化募雕刻律疏》一文，则让我们从中想见他参加文化宗教活动的身影。已过不惑之年的司空图，借着言说佛门经理，结合自己暗淡的仕途前程，流露出自己遁世求静的思想苗头，也折射出他在洛阳周边郊游的情状："宁俟空林宴坐，方为解脱之门。令必大地周游，皆诣清凉之境。"

这样的郊游宴坐，或者正是司空图与卢携交往故事的开始。卢携注意到，这个不入流的下层官员，并没有因为他被免官而疏远他，可知并非势利之徒。随着交往频繁，他又进一步了解到，司空图是为了照顾病重的恩师，而延宕了朝廷任命期限，足以显见他重情义轻官职、敬师如父的孝悌品德。所以卢携自然会"嘉图高节"、引为知己、礼遇甚厚。有一次，当他路过司空图官舍的时候，竟然忍不住在院门前的照壁上题诗一首：

姓氏司空贵，官班御史卑。

老夫如且在，不用念屯奇。

在《北梦琐言》卷三的记述中，诗句则小有变化："尔后为御史分司。旧相卢公携访之，乃留诗曰：'氏族司空贵，官班御史雄。老夫如且在，未可叹途穷。'其为名德所重也如此。"题诗的意思是说，姓氏尊贵、人品高洁的司空图，却只在东都当个空有其名的殿中侍御史小官。假如老夫我还在朝中做宰相，断然不会让这样的人才自叹命运多舛、仕途坎坷了。"屯"是《易经》六十四卦之一，主卦是震卦，客卦是坎卦，雷上水下，刚柔始交而难生，寓意艰难。

司空图与卢携在短时间内就能够相处得如此融洽，还基于两个人都是书法家，而且都长于书法理论品鉴，拥有这方面的共同语言。比如卢携，著有《临池妙诀》一篇，从书法传授的源流，到用笔、认势、裹束等八法，并提出"拓、侠、敛、拒"用笔四要以及水墨与纸的关系等，颇有见地。而司空图，显然是受到家父司空舆书法造诣的熏陶教诲，书法见识也是非同一般。《宣和书谱》卷九"司空图"条这样介绍他的书法成就：

> 司空图字表圣……其父舆得徐浩真迹一屏题"朔风动秋草，边马有归心"，尤为精绝。舆遂于基下记云："怒猊抉石，渴骥奔泉，可以视《碧落》矣。"因以戒图曰："儒家之宝，莫逾此屏。"图后为之志曰："人之格状或峻，则其心必劲，视其笔迹，可以见其人。"于是知图之于书非浅浅者。及观其《警光草书歌》，于行书尤妙知笔意。史复称其志节凛凛与秋霜争严，考其书，抑又足见其高致云。今御府所藏行书二：《赠警光草书歌》《赠警光草书诗》。

小传作者曾经亲眼看见过司空图手迹两件，可见所言非虚。而司空图家里珍藏的徐浩书屏作品，自会成为他们切磋书法技艺、探讨书法理论的一个重要话题。

　　正是因为得到卢携的激赏，加上共同的情趣爱好，司空图的仕途命运也由此得到改变。

　　乾符六年（879）一月前后，由卢携举荐的镇海节度使高骈，统帅部将在前线屡挫黄巢义军的锐气，让唐僖宗特别振奋，就重新起用卢携担任兵部尚书。当卢携途径陕虢辖区的时候，特意向自己的远方本家、陕虢观察使卢渥推荐司空图：他可是一位品格高尚的贤达志士，你一定要厚待啊！

　　这个卢渥，就是唐人范摅在《云溪友议》卷十里面记载的《红叶题诗》浪漫爱情故事的男主人公。他与卢携都是出自范阳卢氏一宗。据卢氏族谱，卢渥属于二十代传人，而卢携只能追溯到祖父卢损，查不出明确的辈分。而且他们都已经迁居洛阳，在那里形成了卢氏家族群体。叙述至此，笔者又想到对司空图的父亲司空舆有知遇之恩的卢载，虽然唐史无传，但二〇〇一年河南出土的卢载自撰《墓志铭》，自言也是出自范阳卢氏。这说明他和后来的卢携、卢渥之间，应该皆为同宗，而且在洛阳一带，拥有属于卢氏的家族墓地。

　　此时的卢渥，自然从卢携颇有深意话语里，听出了弦外之音。他心领神会，当天就向朝廷上奏，表请司空图为幕僚。

"丘迟"自比心气高

　　乾符六年（879）十二月初，在卢携力荐下得以改授淮南节度使的高骈，其部将张璘、梁缵等继续高奏凯歌，捷报频传，这让唐僖宗更加认可卢携的用人能力，遂令其复归相位。

恢复职务的卢携，没有忘记自己对司空图的承诺，当即将他召回京城。大概是为了遵守任职程序吧，卢携先任命司空图为礼部员外郎作为过渡，随即又赐给绯紫官服和金银雕琢的鱼符绶带，提拔为礼部郎中，充分体现出对这位"高士"的赏识与期许，和为国家爱才、惜才、用才的迫切心情。

司空图自少年时迁离京城长安后，这是第一次以朝廷正式任命的官员身份进入京城，他终于可以居庙堂之上一展抱负，努力实践自己的人生志向，堪称仕途坦荡、春风得意啊！这种跃跃欲试的兴奋心情，毫无遮掩地展现在他的《少（小）仪》诗中：

昨日登班缀柏台，更惭起草属微才。

锦窠不是寻常锦，兼向丘迟夺得来。

所谓"少仪"，应该是"小仪"的讹传，而"小仪"和"锦窠"，包括"瑞锦窠"，都是当时礼部员外郎和礼部郎中的别称，其职责是掌管省中文翰。而诗中提到的"丘迟"，则是一位南朝时期著名的文学家，字希范，他八岁能文。最著名的功绩，是南梁天监四年（505）以记室随萧宏北伐，仅以一封辞采逸丽、情理兼备的《与陈伯之书》，就成功招降了投奔北魏的原南齐将领陈伯之，一时传为佳话。这篇劝降书，也成为当时骈文中的优秀之作。

司空图以"丘迟"自比，得意、自负之情溢于言表，足见其心气之高，志向之大。同时也表露出他期待有所作为、建立功勋、报答卢携知遇之恩的迫切心情。所以作为文化部的官员，司空图通过调查研究，很快就发现了国子学存在的问题，撰成《成均讽》（又题为《成均赋》），致力于对国家礼教工作的时弊匡正，期望从培养人才的根基抓起，拯救腐败不堪的庙堂威仪。

"成均"是古代官学的泛称，《周礼·春官·宗伯》记载道："大司乐掌成均之法，以治建国之学政，而合国之子弟焉。"到了唐代，国子学或称作太学，设立国子博士掌领之。自安史之乱唐肃宗起，由于藩镇割据引发的兵变战乱日渐增多，尤其是晚唐以来，动乱更是此起彼伏，唐王朝几无宁日，国子学的生活与学习条件无法保障，导致国学生做鸟兽四散，学堂也荒废坍塌了。

　　现在，司空图既然作为朝廷新拔擢的文化官员，身居庙堂之上，自然就要为朝廷分忧思变，补疮医疾，尽一份职责了。他应该能够看到长他三岁的皮日休曾经撰写的《移成均博士书》，文中责问国子博士们为什么"得不思居其位者不愧其道，处于职者不堕其业乎"的话，定然会令他感佩共鸣，触思良多，遂成此文。

　　从文章的口吻看，这是司空图以一个臣子给皇帝上的表章。传主就"乐教"的问题发表议论，指出国子学生员应该演习礼乐，以"纪纲人伦""揄扬盛业"，可是学子们偏偏沉湎于"要眇靡漫之娱"，"争漂亡国之音"，无不令人扼腕痛惜，进而向圣君进言：必须"变惟尚质，贵在扬清；动以敷愉，绰之仁义。非简节繁文之制，不用于明庭；非崇严煦育之姿，不传于委巷"，"掖庭弦吹，先罢赏于材人；司隶纠绳，次申严于权右。倪莲舟帝子，独贻招隐之诗；绮殿台臣，别奏登封之颂。酒唯洽礼，遽无纵于流连。乐则缘情，但取优于名教"。他还希望访求显庆（656–661）、开元（713–741）时代由唐高宗和唐玄宗倡导的礼乐，并以它们为典范，用来"坐镇浇讹，式清缁蠹"，也就是激浊扬清，净化腐化堕落的礼乐。

　　论礼乐，这无疑是一位礼部官员的分内工作，是理应肩负的教化职责。但是面临黄巢义军洪水猛兽一般逼近京城，危及唐王朝生死存亡的严重局面，司空图却还能沉稳心神，打算通过礼洽乐和、追慕盛世的办法，来匡正已经颓废腐败的人心精神，朝纲国政，实在是有些取远水以解近渴的一厢情愿了。

还需要特别提及的是，司空图调查、撰写《成均讽》期间，国子监长官国子祭酒是姚荆。姚荆显然给他提供了第一手资料，不然对国子学的沉疴之重不会了解得那么透彻。由此可知二人私谊非同一般。正是这样的交情，让司空图有机会认识了姚荆尚未成年的儿子姚顗，并且格外欣赏孩子木讷敦厚的性情。或许正是在这个时候，与姚荆结成了儿女亲家。

《〈擢英集〉述》与《二十四诗品》

司空图的寓所，就在距皇宫朱雀门很近的崇义里街区。在它周边的务本里、兴道里、开化里、长兴里、安民里、宣阳里、平康里和亲仁里一带，且不说曾经居住过像太平公主、杨国忠、虢国夫人、秦国夫人等皇亲国戚，也不说还有如李靖、褚遂良、郭子仪、杜佑、崔圆、元载等朝廷重臣，仅有唐以来曾经在这一代居住过的著名诗人文豪，就有陈子昂、王维、柳宗元、元稹、杜牧、白居易、刘禹锡等，真可谓是名流荟萃，文化氛围浓厚啊！而崇义里本身，不但是被誉为"诗佛"的王维和"诗鬼"李贺曾经居住的地方，而且还是诗坛佳话"旗亭画壁"故事的发生地。王昌龄、高适、王之涣三位诗人在酒楼互比诗名的逸闻趣事，应该是非常令司空图神往的。

近距离感知这些诗家曾经扬名立万的生活场所，对他内心的触动，一定很大。我们在第一章介绍司空图随家人迁居河中府的时候，曾经提到他对唐代诸多大诗人和他们不朽诗作的迷恋。正是这种有别于常人的深度迷恋，培育出他对唐诗与众不同的感知、品鉴与评论的独到境界。

这年秋天，唐室贵胄李洞曾经作过一首《上司空员外》，诗中有"诗客经过不厌重"句，可以想见司空图与诗友交往论诗乐此不疲的投入情形。而他于本年开始编选的一部唐诗选本《擢英集》，更是在唐诗研读赏析方面取得的一个阶段性重要成果。虽说这部作品今已逸失，所幸传主为之撰写的序文《〈擢英集〉述》尚存，为我们具体生动地展现出《擢英集》的基本面貌，值得一读。

> 名利之机，古今相轧，混惟一致，宏则两忘。或高视于挨天，或雄张于击水。舍麟作凤，孰降等夷。捐璧握珠，自能辉映。遇则以身行道，穷则见志于言。各擅英灵，宁甘顿挫。

司空图在第一段中直抒胸臆，表明自己的人生观。他认为，名利常常相互排斥，相互矛盾，尚未企及庄子在《庄子·人间世》里主张的善恶两忘、名利双遗的境界。故而他还是非常认同奉行儒家"立德、立功、立言"的价值观，提出如果能被统治者感召，那就立功于世；假如不能为统治者知遇，那就立言以传。

> 自昭明妙选，振起斯文。荣虽着于方将，恨皆缠于既往。当西施之玩镜，不赏蛾眉；岂伯乐之停车，空收骏骨。乃使盛时才子，翻衔泣玉之冤；异代沉魂，只掷凌云之誉。九原谁诧，千载徒悬；思格前规，用伸来者。

在这段文字里，司空图既高度肯定齐梁时期萧统编选的《昭明文选》对后世的巨大影响，又客观指出它仅限于编选前代作家作品的缺憾，从而导致同时代的诗人只能像卞和那样抱玉而泣，徒有虚名于后世。因而大胆提出要改变萧统这种编选标准，而要把注意力放在当代，编选一本当下唐代诗人作品的选本，并以艺术表现风格为体例，从理论高度对这些作品予以总结，"使盛时才子"不再"翻衔泣玉之冤"。

> 至若金库照灼，纨绮追攀，裕之则管乐通期，峻之则彭韩绝

倒。人人骥路，云台之此日豪华；处处鸾丛，仙祯则当时寥落。各铭钟鼎，竞焕缇油。耻发誉于雕虫，肯争英于墨客。世上之九霄梯级，纵阻争先；机中之五色烟霞，无妨倍价。知音默已，作者谁尤？思慰穷津，用征逸藻。

这一段，司空图进一步申明编选《擢英集》的标准，绝不以地位取人。能入选者，或者并非身居高位、名声显赫的人物，尚不为人所知，然作品定然优秀。如果结合序文末尾传主所言"事窃推公，盖止交游之内"一句，似乎是言明他的选择诗人诗作的范围，仅限于与自己有交往者。如果将"盖"字通假为"盍"字，取其不确定义，是不是可以这样解读："编选的诗人诗作，但凭其艺术水平所获得的公论，怎么可能仅限于与自己有诗赋往来的文朋诗友们的作品呢？"这样解读，后面对应的下一句就有了着落："僭将罪我，益知褒采之难。"不正是对有可能责怪自己不顾情面亲疏、只论作品优劣的朋友熟人，做好了应对之辞吗？

想其黎黄洞奏，锦绣毕陈。涵经天纬地之源，胸襟万象；骄晤月吟风之态，嵩华一毫。固当触兴牢笼，忘情蒂芥。况牙弦入契，郢握称珍。欣传赏奏之徵，免茹投光之叹。固已翘心不朽，抚掌浮云。操奇而角富骊泉，炫采而夸勍鱼域。

第四段，司空图谈到了编选唐诗选本的指导思想，以及他对唐诗盛况的一些看法。他首先以"想其"领起，声言但凡能入选的诗作，确实是兼容并包、"擢英"而成，表明自己选择诗作的视野既开阔又能做到严格取舍，"万取一收"，力争做到不让那些还没有传播开来的优秀诗作明珠暗投，成为遗憾。其次，司空图再次强调儒家的"三不朽"论，表白视富贵如浮云的心境和决心通过披沙拣金、探骊求珠的努力，编成这部可以囊括唐代佳作、综论一代诗风的传世之作，实现立言以不朽的心愿与使命。

　　夫著言纪事，在演致于全篇；赋象缘情，或标工于偶句。虽豹文必备，方成隐雾之姿；而翠羽已零，犹称凌波之玩。诚欲兼搜于笔海，亦当间掇于兰丛。人不陌今，才惟振滞。韵笙簧于骚雅，资粉泽于风流。事窃推公，盖止交游之内；僭将罪我，益知褒采之难。题以擢英，庶能耸听。有唐仪曹外吏司空图。

　　最后一段，司空图通过"夫著言纪事，在演致于全篇；赋象缘情，或标工于偶句"两句，明确告诉后人，他所编著的《擢英集》，不只是一部唐诗分类选本，更是一部根据不同艺术风格的诗歌品类，用韵文偶句的形式进行品评总结的意象批评之特色。"诚欲兼搜于笔海，亦当间掇于兰丛"，则意谓要从浩如烟海的唐诗中爬梳选取出杰出作品。而"虽豹文必备，方成隐雾之姿；而翠羽已零，犹称凌波之玩"两个偶句，不正是对自己镜像绮幻、境界旷达、意境幽远的形象化表达形式的生动贴切的描述吗？根据"韵笙簧""骚雅"皆可解为写诗、诗作的意思，那么"韵笙簧于骚雅，资粉泽于风流"不正是为世人言明了他创造性的"以诗论诗"的艺术表现形式吗？

　　这是一个非常重要的特色，开唐人诗选之先河。

　　因为在司空图之前，除了盛唐时期殷璠的《河岳英灵集》对诗人诗作有评点之外，后来的诗选，如元结的《箧中集》、李康成的《玉台后集》、令狐楚的《御览诗》、韦庄的《又玄集》等，均不加任何赏析注释，也无作者的介绍和评论；及至姚合的《极玄集》，部分作者名下出现一些简略小传；唯有高仲武的《中兴间气集》，在作者名下有一些评述、品评的文字。

　　而作为一位艺术鉴赏眼光独具、个性明确的诗论家，司空图自然不会简单重复之前那些唐诗选本的样式，而是要依照自己对唐诗的艺术理解这一标尺，选取符合的作品，并予以文类品评。诚如他在《〈擢英集〉述》中所言说的那样，起初或者仅限于自己熟悉的和有所交往的诗家诗友的作品，但是随着时间推移，交际面增大，视野开阔起来，入选作品不但超越了熟识者的作品，更拓展到全部的唐诗作品范围。或许正是这样的调整变化，让他在选本的纲目品类上，也逐步细化，多达二十四品的规模。换句话说，《擢英集》不仅有品评，而且明确采用了韵文的形式。

司空图在随后所作的《注〈憨征赋〉后述》一文当中，再次提到"又尝著《擢英引》"，这无异于在明确告诉我们，他已经将当时时兴的作为短序性质的"引"文，发展成为带有品鉴、导读、提要性质的"引"这一韵文形式，创造性地置于这部唐诗分类选本每一品的开篇位置。而这《擢英引》，则正是宋代文学家苏东坡在《书〈黄子思诗集〉后》一文当中提及的"盖自列其诗之有得于文字之表者二十四韵"，南宋目录学家陈振孙编著在《直斋书录解题》卷十六"别集类上"的相关提要中提及的"诗格"，即由司空图自己将这些韵体引文辑录到一起独立成篇、得到后世极力推崇的诗论佳著《二十四诗品》——

　　雄　浑
　　大用外腓，真体内充。返虚入浑，积健为雄。
　　具备万物，横绝太空。荒荒油云，寥寥长风。
　　超以象外，得其环中。持之匪强，来之无穷。
　　冲　淡
　　素处以默，妙机其微。饮之太和，独鹤与飞。
　　犹之惠风，苒苒在衣。阅音修篁，美曰载归。
　　遇之匪深，即之愈稀。脱有形似，握手已违。
　　纤　秾

采采流水，蓬蓬远春。窈窕深谷，时见美人。
碧桃满树，风日水滨。柳阴路曲，流莺比邻。
乘之愈往，识之愈真。如将不尽，与古为新。

沉 着

绿杉野屋，落日气清。脱巾独步，时闻鸟声。
鸿雁不来，之子远行。所思不远，若为平生。
海风碧云，夜渚月明。如有佳语，大河前横。

高 古

畸人乘真，手把芙蓉。泛彼浩劫，窅然空纵。
月出东斗，好风相从。太华夜碧，人闻清钟。
虚伫神素，脱然畦封。黄唐在独，落落玄宗。

典 雅

玉壶买春，赏雨茆屋。坐中佳士，左右修竹。
白云初晴，幽鸟相逐。眠琴绿阴，上有飞瀑。
落花无言，人淡如菊。书之岁华，其曰可读。

洗 炼

犹矿出金，如铅出银。超心炼冶，绝爱缁磷。
空潭泻春，古镜照神。体素储洁，乘月返真。
载瞻星辰，载歌幽人。流水今日，明月前身。

劲 健

行神如空，行气如虹。巫峡千寻，走云连风。
饮真茹强，蓄素守中。喻彼行健，是谓存雄。
天地与立，神化攸同。期之以实，御之以终。

绮 丽

神存富贵，始轻黄金。浓尽必枯，浅者屡深。
露馀山青，红杏在林。月明华屋，画桥碧阴。

金樽酒满，共客弹琴。取之自足，良殚美襟。

自　然

俯拾即是，不取诸邻。俱道适往，着手成春。
如逢花开，如瞻岁新。真予不夺，强得易贫。
幽人空山，过水采萍。薄言情晤，悠悠天钧。

含　蓄

不著一字，尽得风流。语不涉难，已不堪忧。
是有真宰，与之沉浮。如渌满酒，花时返秋。
悠悠空尘，忽忽海沤。浅深聚散，万取一收。

豪　放

观花匪禁，吞吐大荒。由道返气，处得以狂。
天风浪浪，海山苍苍。真力弥满，万象在旁。
前招三辰，后引凤凰。晓策六鳌，濯足扶桑。

精　神

欲返不尽，相期与来。明漪绝底，奇花初胎。
青春鹦鹉，杨柳池台。碧山人来，清酒满杯。
生气远出，不著死灰。妙造自然，伊谁与裁？

缜　密

是有真迹，如不可知。意象欲生，造化已奇。
水流花开，清露未晞。要路愈远，幽行为迟。
语不欲犯，思不欲痴。犹春于绿，明月雪时。

疏　野

惟性所宅，真取弗羁。拾物自富，与率为期。
筑屋松下，脱帽看诗。但知旦暮，不辨何时。
倘然适意，岂必有为。若其天放，如是得之。

清　奇

娟娟群松，下有漪流。晴雪满汀，隔溪渔舟。
可人如玉，步屧寻幽。载行载止，空碧悠悠。
神出古异，淡不可收。如月之曙，如气之秋。

委　曲

登彼太行，翠绕羊肠。杳霭流玉，悠悠花香。
力之于时，声之于羌。似往已回，如幽匪藏。
水理漩洑，鹏风翔翔。道不自器，与之圆方。

实　境

取语甚直，计思匪深。忽逢幽人，如见道心。
晴涧之曲，碧松之阴。一客荷樵，一客听琴。
情性所至，妙不自寻。遇之自天，冷然希音。

悲　慨

大风卷水，林木为摧。意苦若死，招憩不来。
百岁如流，富贵冷灰。大道日往，若为雄才。
壮士拂剑，浩然弥哀。萧萧落叶，漏雨苍苔。

形　容

绝伫灵素，少回清真。如觅水影，如写阳春。
风云变态，花草精神。海之波澜，山之嶙峋。
俱似大道，妙契同尘。离形得似，庶几斯人。

超　诣

匪神之灵，匪机之微。如将白云，清风与归。
远引若至，临之已非。少有道契，终与俗违。
乱山高木，碧苔芳晖。诵之思之，其声愈稀。

飘　逸

落落欲往，矫矫不群。缑山之鹤，华顶之云。
高人画中，令色絪缊。御风蓬叶，泛彼无垠。

076

如不可执，如将有闻。识者已领，期之愈分。

旷 达

生者百岁，相去几何？欢乐苦短，忧愁实多。

何如樽酒，日往烟萝。花覆茆檐，疏雨相过。

倒酒既尽，杖藜行过。孰不有古，南山峨峨。

流 动

若纳水輨，如转丸珠。夫岂可道，假体遗愚。

荒荒坤轴，悠悠天枢。载要其端，载同其符。

超超神明，返返冥无。来往千载，是之谓乎。

第六章 亲历惊天动乱

欲为分忧频诗谏
面对卢携的结局
巧遇义仆逃生天

广明庚子岁冬十二月，寇犯京，愚居崇义里。九日，自里豪杨琼所转匿常平廪下。将出，群盗继至。有拥戈拒门者，熟视良久，乃就持吾手曰："某，段章也，系房而来，未能自脱。然顾怀优养之仁，今乃相遇，天也。某所主张将军熹下士，且幸偕往通他，不且仆藉于沟辙中矣。"愚誓以不辱，章惘然泣下，导至通衢，即别去。愚因此得自开远门宵遁，至咸阳桥，复得榜者韩钧济之，乃抵鄠县。

——摘自《全唐文·段章传》

欲为分忧频诗谏

广明元年（880）三月，卢携奏准高骈为诸道行营兵马都统，终于遂了自己的心愿。因为他曾在唐僖宗面前非常自信地为高骈打保票："骈有文武长才，若悉委以兵柄，黄巢不足平。"

高骈得到这个任命，立即传檄天下，征发四方兵马，并广为招募，一时间聚集起淮南本土士兵和诸道军队兵将多达七万之众，声势浩大，威望为之大振。再加上江淮一带其他官军谎报军功，都给朝廷传递了一种乱军即将平息、局势很快就会转危为安的虚假信息，更让高骈成为朝廷眼中对抗黄巢义军的中坚力量，举足轻重。

虽说也有臣僚私下议论高骈的统帅才能，恐怕不像卢携夸赞的那样可恃。因为他们看得明白，前线传来的捷报，体现的多是高骈部将张璘、梁缵等的谋略智慧，并看不出高骈多少统帅才能，只不过是浪得虚名而已。但是面对卢携一手遮天的权势，这些碌碌无为只求自保的官员们，没有谁愿意去触这个霉头自找晦气。更何况万一高骈得势入朝了，知道自己反对过他，又怎么吃罪得起？自然很世故地选择了首鼠两端，三缄其口，只愿作壁上观了。

而此时的卢携，则借此得到了统帅神策军、操控皇帝意志的宦官田令孜的支持，贪图享乐、不问政事的唐僖宗对他也是言听计从，从而得以专权朝政。由于抗击黄巢之乱是当务之急，卢携又是自兵部尚书重回相位的，所以对于军事官员的任免，更显顺手。在不到一年的时间内，他就把关东前线一带抗拒黄巢义军的节度使做出重大调整。如果只是出于安定社稷的公心，自然无可厚非，只可惜卢携在这些任免当中，带有明显的排斥异己挟私报复的色彩。据史料记载，自潼关以东汝、陕、许、邓、汴、滑、青、兖诸州，他都统统改任成自己中意的人，由此伏下了兵败如山倒的致命隐患。

面对这一切，司空图无法再保持沉默了。作为被卢携提拔重用的体己官员，面对外部已然烽烟四起、险象环生，而朝廷内部依旧腐化堕落、声色犬马的时局，他看在眼里急在心上，既为岌岌可危的唐王朝担惊受怕，也真切希望能助宰相卢携一臂之力，替恩公分忧。

广明元年（880）一月，左拾遗侯昌业上书极谏，称盗贼满关中，而唐僖宗却不亲政事，专务游戏，任由宦官田令孜专权，致使天象发生变异，必将危及社稷。唐僖宗闻听大怒，竟然召侯昌业到内侍省，将他赐死！紧接着，唐僖宗又在二月十七日干出了让司空图瞠目的赌球封官的荒唐事。据《资治通鉴·唐纪》六十九卷记载：

> 广明元年二月庚午，以左金吾大将军陈敬瑄为西川节度使。敬瑄，许州人，田令孜之兄也。初，崔安潜镇许昌，令孜为敬瑄求兵马使，安潜不许。敬瑄因令孜得隶左神策军，数岁累迁至大将军。令孜见关东群盗日炽，阴为幸蜀之计，奏以敬瑄及其心腹左神策大将军杨师立、牛勖、罗元杲镇三川。上令四人击球赌三川，敬瑄得第一筹。即以为西川节度使，代安潜。

深感痛心的司空图，给卢携呈上一首《感时上卢相》，对宦官田令孜为其兄陈敬瑄邀宠获任西川节度使的事情，予以辛辣的讽喻，提请卢携防范权宦误国、皇帝出逃的不幸发生：

> 兵待皇威振，人随国步安。
> 万方休望幸，封岳始鸣銮。

"万方休望幸，封岳始鸣銮。"指在国家面临危亡之际，千万不要期待皇帝临幸的事情发生。一旦系在銮舆横木上的铎铃发出叮当之声，帝王出宫，那恐怕不会是巡幸天下、泰山封禅，而是为兵乱所逼，落荒而逃。言外之意，实为担心唐僖宗也会像当年遭遇安史之乱的唐玄宗那样，仓皇出逃。

只是权倾朝野的卢携，已听不进这位"高士"的谏言了。

到了五月份，卢携中风病倒，不能上朝，唐僖宗准予奏折议事。等到他颤巍巍可以上朝了，皇帝还专门指派两个侍从搀扶着，足见宠遇之厚。而卢携毕竟病体孱弱，难以支撑，遂将政事决断的权力交由亲信杨温、李修。在这两位佞臣上下其手、假公济私、中饱私囊的恶行败坏下，朝廷上下贿赂之风汹汹然愈演愈烈。比如有个朝臣豆卢瑑，并没有什么特别的才能，就因擅长溜须拍马附会卢携，竟然也得到了重用，作为耳目，致使卢携更为偏听偏信。这样的腐败环境，致使同朝宰相崔沆据理力争的重要奏请常常遭到阻挠与搁置。

就在这个时候，被卢携夸口有"文武长才"的高骈，针对黄巢军中传染病蔓延的绝佳剿灭战机，却因心生贪功独占的私念，竟然奏请遣返诸道军镇的兵马回营，由自己统辖的部队进行最后的决战。结果，轻敌的高骈被黄巢义军杀得溃不成军，得力战将张璘也战死疆场，导致抗击黄巢义军的局面急转直下。诚如《旧唐书·卢携传》中所论："只保高骈之平昔，不料高骈之苞藏，以至力困黄巢，毒流赤县……"

密切关注前线战事的司空图，已然看透了高骈已非忠心无二的行事伎俩，如果再把国家安危单单押在这样一个人身上，恐怕靠不住。他遂又以一首《淮西》诗，借助唐宪宗元和十二年（817）名相裴度率军平定淮西叛乱的故事，暗示卢携，高骈对朝廷的忠诚度，值得警惕：

鳌冠三山安海浪，龙盘九鼎镇皇都。

莫夸十万兵咸盛，消个忠良效顺无。

而高骈随后的表现，还真被司空图言中了。秋七月，面对率领义军十五万之众卷土重来的黄巢，产生畏敌情绪的高骈，在给朝廷上表告急，催促急诏被遣散的诸道兵将防御乱军渡过淮河北上后，居然自称得了风痹之症，高挂免战牌，再不出战了。由此导致黄巢义军横扫安徽、河南诸州，一路北上，于十一月十七日攻克东都洛阳后，剑锋西指，直逼长安门户——潼关！

《新唐书·卢携传》在尖锐批评卢携随意撤换关东节度使导致的恶果时，也客观记述了当时的黄巢义军迅雷不及掩耳之攻势："卢携之败王铎，私高骈，贼遂卷咸、镐而西，易若举毛，可谓朝无人焉。"

这时候的司空图，心焦欲焚，显然已经到了不顾言辞和情面，竟以《乱前上卢相》为题，直言不讳地再次进言宰相卢携：

> 虏黠虽多变，兵骄即易乘。
> 犹须劳斥候，勿遣大河冰。

诗人直接揭穿了高骈志大才疏、包藏二心、临阵退缩的真实嘴脸，提醒卢携一定要下死命令，督察高骈力战拒敌，万不可让这场战乱无休止地蔓延，酿成国破家亡的巨大灾难。

面对卢携的结局

可惜，一切都为时晚矣！卢携已经没有机会改正用人失察这一致命错误了。

十二月四日，面对官兵望风披靡、黄巢义军已经逼近潼关的紧迫关头，朝廷里面又一次上演了卑劣的算计倾轧、推卸责任的闹剧。宦官田令孜自知卢携许多决策，都有他干涉操控、利益交换的因素，正如《旧唐书·僖宗本纪》中记述的那样："相与误谋，以至倾败。"为了逃避罪责，与卢携撇清干系，田令孜撺掇唐僖宗立即罢免卢携的宰相职务，改任翰林学士承旨、尚书左丞王徽和翰林学士、户部侍郎裴澈接替宰相职务。

唐僖宗还是普王的时候，任小马坊使的田令孜就经常和他一起玩耍，一起睡觉。唐僖宗一即位，就提拔田令孜为枢密使，不久又将他提拔为神策军中尉，即禁军统领，并以"阿父"相称，一切政务任由做主。所以田令孜的这一提议，自然得到这个小傀儡的同意，并立即于第二天在朝堂上宣诏，再次将卢携贬为太子宾客。

　　然而罢免卢携，并没能阻止黄巢义军进攻的速度。当他们宣布完任免决定散朝出来，就传来义军已经攻取潼关的密报。惊慌失措的田令孜，立即率领五百神策军裹挟着唐僖宗和福、穆、泽、寿诸位王子及嫔妃数人，趁着暮色，悄悄从子城含光殿金光门奔出长安，丧家犬一样朝山南落荒而逃了！

　　刚退朝的文武百官，包括两位新任宰相并不知情，市井商民平静如故。等到风闻乱军已经入城，朝臣们竟然都不知晓皇帝的去向，这才乱了阵脚，纷纷自顾自四散躲藏起来。而皇帝出逃的消息，让京城炸了锅一样，平静的街市顿时乱作一团。那些将官士卒们的第一反应，居然是径直奔往皇家府库盗抢金银财帛，胆大的民众也混迹其中。

　　在此之前，卢携本来就因中风行动不便，现在又再次丧失了权柄，那些趋炎附势的奸佞宵小们早已树倒猢狲散一般，各自另寻生路去了。再闻听田令孜挟持唐僖宗一行逃出长安、义军已经进城的消息，卢携忍不住检点过往、扪心自问，真可谓是羞愧难当、无地自容。他自知罪责难逃，再也无颜苟活于世了，更不愿意落入乱军之手，再多遭受一次羞辱，于是一咬牙，在自己的官邸里一仰脖子，服毒自尽了。

　　司空图无可回避地面对了卢携的丧事。

　　两年前，他在抗击黄巢义军取得胜利的宣州城，送走了积劳成疾、死于任上的恩师王凝，亲手帮持操办了朝廷礼遇有加、极尽哀荣的后事。而现在，面对黄巢义军已传闻入城的危急情势之下，同样是一位对自己有着知遇之恩并且一再提拔重用的恩公，他却是怀着难以言说的复杂心情，为其匆匆殓葬。

司空图对于两位恩公，可以说是都同样做到了有始有终，但个中滋味，却截然不同。作为人品高洁的王凝，虽说仕途颠沛，但处世公正，毫无私心，名扬朝野，已经成为司空图引以为荣的骄傲。故而不但追随左右，义服始终，还为恩师完成了树碑立传所需的行状材料，并悉数收在自己的文集当中，让这位正直好官，不至于模糊湮灭在历史的长河当中。而卢携，又是在他仕进多舛"叹途穷"之际有幸结识，从向卢渥全力推荐到亲自提拔重用，可谓恩重如山。按说亦应浓墨重彩、大书特书才对，只可惜，卢携为相一年的所作所为，却直接导致了眼下朝政颠覆、皇帝鼠窜、国破家亡的惨象发生，又该如何书写？这大概就是为什么在司空图现存的诗文集中，仅收有那两首明显带有进谏讽喻之意的诗作《感时上卢相》《乱前上卢相》的缘故所在了。从中我们不难读出司空图对这位恩公的基本态度。或许，没有文章评价，就是给卢携留下的最大情面。

笔者通过文集与诗集的相关作品，还注意到司空图对卢携的称谓，和对王凝的称谓是有区别的。对王凝，他称作"恩门王公"，尽显饱含其中的师生情义；而对卢携，涉及的两首诗作，都在题目上直称"卢相"，既体现出一种下级对上级的礼敬，同时也显露出一种距离感，一点也找不出被卢携赏识重用的亲近情愫来。这，会不会就是司空图对卢携态度的一种含蓄表露呢？

基于司空图这样的态度，我们是不是可以尽量客观地推论说，黄巢夺城，卢携之死，虽说让司空图终止了仕途因卢携而进一步腾达的可能，但也让他获得了道义上的解脱，避免在卢携一党的泥潭里陷得过深，甚至成为党羽臂膀的可能。再从长远的角度考量，这一变故，更促成了司空图的人生转向，从此在观望、徘徊、矛盾、犹豫的心态变化当中，一步步走向了游离于仕途、逍遥于乱世、潜心于诗赋文章创作赏析的学问之道，进而完成了《二十四诗品》这一总结唐代诗赋艺术特色之大成的重要著述，成就了他伟大诗论家的不朽名声。

老子在《道德经》里面言说的"祸兮福之所倚，福兮祸之所伏"的道理，司空图的人生际遇，该是一个具有几分典型意义的诠释。

巧遇义仆逃生天

卢携死了，宦官田令孜"保护"着傀儡唐僖宗一干皇族逃跑了，留在长安城里的文武百官，就如同摆放在砧板上的肉，留给了潮水般涌入的黄巢义军。一切都乱了套，几乎完全可以用热锅上的蚂蚁东逃西窜、各自保命来形容了。没有及时藏匿的许多文武百官，就一个个稀里糊涂地落入义军之手，成了刀下之鬼。

据《资治通鉴》卷二百五十四记载，就在卢携自杀的当天傍晚时分，黄巢的前锋将领柴存率军进入了京城。朝廷任命的金吾大将军张直方，随后亲率数十名文武官员前往城郊霸上，恭迎义军领袖黄巢。

黄巢是坐着用黄金装饰的轿子隆重入城的，部下将领兵士，则长发披肩，身着红丝锦绣的衣裳，手持兵器，威武地跟随其后；后面的铁甲骑兵行如流水，辎重车辆塞满道路，大军延绵、络绎不绝。好奇的长安居民纷纷走出家门，夹道围观这热闹的场面。大将尚让挨个向士民们大声宣谕道："我黄王起兵，本来就是为了百姓，不像唐朝李氏皇帝这样抛弃你们。你们尽管安心生活，不用恐慌。"

部下早就将田令孜的官邸收拾好，将黄巢安顿在那里下榻。

由于义军将士们一路劫掠而来，极为富有，看到街面上的贫苦穷人，出于本能的同情，都很大方地你一件他一把，将随身携带的财物施舍给他们。可是这样规矩和平的日子没过几天，他们就耐不住已经养成的肆意劫掠和杀戮的习性，遂无视黄巢进城前下达的约束言行的军令，开始在京城里大肆抢劫，焚烧坊市，到处杀人，横尸满街。他们尤其憎恨那些官吏，凡是抓获到的，统统杀死，恐怖至极。其疯狂程度，连黄巢都无法禁止了。

此时此刻，司空图又在何处，遭遇了什么？首先，我们通过诗作《庚子腊月五日》，知道他目睹了黄巢入城当天的情形：

> 复道朝延火，严城夜涨尘。
> 骅骝思故第，鹦鹉失佳人。
> 禁漏虚传点，妖星不振辰。
> 何当回万乘，重睹玉京春。

为了收殓埋葬自杀的卢携，司空图冒着被义军搜捕的危险，一直延宕到九日晚上，才准备潜逃出城。就在他从崇义里自己的寓所潜出，伺机逃出京城的途中，还是不幸落入了义军之手。传主在《段章传》中详细再现了他当时的历险经过：

> 广明庚子岁冬十二月，寇犯京，愚居崇义里。九日，自里豪杨琼所转匿常平廪下。将出，群盗继至。有拥戈拒门者，熟视良久，乃就持吾手曰："某，段章也，系虏而来，未能自脱。然顾怀优养之仁，今乃相遇，天也。某所主张将军熹下士，且幸偕往通他，不且仆藉于沟辙中矣。"愚誓以不辱，章惘然泣下，导至通衢，即别去。愚因此得自开远门宵遁，至咸阳桥，复得榜者韩钧济之，乃抵鄠县。

传主的记述，让我们得知他在落入义军之手后的戏剧性遭际。因为不幸中的万幸，抓获司空图的义军当中，居然有段章，那位咸通十年在长安雇用的马夫段章！于是乎，一出远比艺术虚构精彩百倍的感人故事，就这么真真切切地发生了！

段章不但首先认出了旧日主人，还握住司空图的手，表示一直记着主人当年待他的好，进而自我介绍如何被迫加入义军，不得逃脱的经历。然后又介绍他的上司张将军如何体恤下士、宅心仁厚，好心劝慰司空图最好归顺义军，避免被冤杀抛尸在水沟车壕当中。而此时的司空图，却表达了誓死也不屈从受辱的决心。假若是一个不认识的义军，司空图的下场可就难以预料了，保不定早挨上一刀，命丧黄泉了。

所幸的是，司空图居然就遇到了这样一位义仆。段章不但没有因他不屈从而加害于他，反而流着无可奈何的眼泪，把他护送到人烟稀少相对僻静的街道上，依依作别。这一别，给了司空图一条保全名节的生路，更让他躲过了黄巢搜罗三品以下官员留任"大齐"政权的闹剧，和随后更加血腥的大屠杀。所以司空图最后万分感慨地议论道：

> 时方治平，士君子足以相济。而祸乱之作，必厮役者乃能脱事患，古人所以安不易危耳。且章之服役，吾待以常佣耳，及滨于死，竟赖其义而获免，安知他日吾属报及其所奉，果致不愧于尔曹耶？乃志于篇，期以自警云。

从这个角度来看，段章不仅仅是一位知恩图报的侠义之士，更有功于中国文学史啊！如若不然，司空图性命尚且不保，还何谈在艺术诗评理论层面总结唐家一代诗的非凡贡献?！

别过段章，司空图这才得以趁着夜色，从西北角的开远门逃出城去，并在咸阳桥附近遇到进士韩钧相助，再掉头逃到了长安西南方的鄠县，似乎有追赶从凤翔转而入蜀的唐僖宗一行的意图。但随后，他几经辗转，还是选择回到了家乡河中府虞乡县城的家中。而《避乱》一诗可谓是传主侥幸逃生、日伏夜奔狼狈情形的生动再现：

> 离乱身偶在，窜迹任浮沉。
> 虎暴荒居迥，萤孤黑夜深。

在司空图回到王官谷后作为读史感怀的《南北史感遇十首》诗作的最后一首，又以含糊的笔墨，记录了妇女在战乱当中被兵匪暴虐的悲惨遭遇：

> 乱后人间尽不平，秦川花木最伤情。
> 无穷红艳红尘里，骤马分香散入营。

面对这样的凄惨场面，力不从心的司空图也只能是借秦川花木来隐含自己的悲伤之情。就在司空图逃出长安城的第二天，即十一日，黄巢开始了"改朝换代"的登基表演。让我们读读《资治通鉴》卷二百五十四里面的相关记载吧：

> 庚寅，黄巢杀唐宗室在长安者无遗类。辛卯，巢始入宫。壬辰，巢即皇帝位于含元殿，画皁缯为衮衣，击战鼓数百以代金石之乐。登丹凤楼，下赦书。国号大齐，改元金统。谓广明之号，去唐下体而著黄家日月，以为己符瑞。唐官三品以上悉停任，四品以下位如故。以妻曹氏为皇后。以尚让为太尉兼中书令，赵璋兼侍中，崔璆、杨希古并同平章事，孟楷、盖洪为左右仆射、知左右军事，费传古为枢密使。以太常博士皮日休为翰林学士。璆，邠之子也，时罢浙东观察使，在长安，巢得而相之。

文中关于"广明"年号的诠释，是基于"广"的繁体字为"廣"，里面是一个"黄"字，说唐王朝自己改的这个年号，把"唐"字右下体结构改成"黄"，就是预示着他黄巢要坐天下改朝换代了，所以就把这个年号视作有利于自己的吉祥符瑞，没有变更。

到了二十日，黄袍加身登基称帝的黄巢，竟也迫不及待地撕下温情面纱，开始了更加腥风血雨的大屠杀。他首先颁布命令：唐朝百官到大齐宰相赵璋的宅第投报官位姓名者，可以恢复其官位。唐宰相豆卢瑑、崔沆以及左仆射于琮、右仆射刘邺、太子少师裴谂、御史中丞赵濛、刑部侍郎李溥、京兆尹李汤扈，由于来不及跟从唐僖宗出逃，躲藏在长安城内拒绝出来，结果被义军搜出，全部处死。广德公主说："我是唐帝室之女，誓与于仆射同死！"因为抓住行刑队的刀不放手，就和于琮一并就义了。唐将作监郑綦、库部郎中郑系坚守臣节，不肯投降，与家人自杀全节。那个带头迎接黄巢入城的左金吾大将军张直方，虽然投降了黄巢，却因暗地里将许多公卿大臣藏匿在私宅的墙壁夹层当中，败露后也被黄巢残酷处死。

黄巢还指使部下率兵士找到卢携的坟墓，掘出尸体，放在街市上让兵士乱刀砍斫，以泄卢携百般阻挠皇帝封官招安自己的私愤。

这场屠杀，并不仅限于公卿大臣，都城百姓的处境更加悲惨，诗人韦庄《秦妇吟》，就为后世记录下无异于人间地狱的血雨腥风：

……

家家流血如泉沸，处处冤声声动地。

舞伎歌姬尽暗捐，婴儿稚女皆生弃。

……

忽看庭际刀刃鸣，身首支离在俄顷。

仰天掩面哭一声，女弟女兄同入井。

……

须臾四面火光来，欲下回梯梯又摧。

烟中大叫犹求救，梁上悬尸已作灰。

第七章　避乱王官

获赐『行在三绝』

《解县新城碑》撰写始末

乱终斋文度亡灵

王重荣父子雅重之，数馈遗，弗受。尝为作碑，赠绢数千，图置虞乡市，人得取之，一日尽。时寇盗所过残暴，独不入王官谷，士人依以避难。

——摘自《新唐书·卓行传·司空图传》

获赐"行在三绝"

广明元年（880）十二月下旬，当司空图昼伏夜奔，曲折来到蒲津渡附近，发现硕大的浮桥已经被拆毁了。他本来就提心吊胆，所以并没敢贸然渡河，单怕被河中府的留后王重荣抓了去。

这个王重荣，本是河中府的镇都虞侯，本年十一月于蒲州城举兵作乱，剽掠坊市，洗劫一空，闹得人心惶惶。朝廷面临黄巢义军逼近的危情，哪里还有能力顾及这里，竟以给同平章事兼河中节度使的李都加任太子少傅，召回京师，准予王重荣权知河中留后，安抚了事。不想转眼十二月初三，黄巢率军攻破潼关，横扫华州地面。作为河中留后，王重荣不是选择出兵勤王，或者闭关自保，而是见风使舵，与还没有来得及离开的节度使李都一起，举兵降了黄巢！

如果这个时候过河，那作为一名漏网的朝官，还不立即被逮个正着吗？虽然心有余悸，但还没有乱了方寸的司空图，决定隐匿起来，慢慢打听河对岸的情形，再做盘算。

很快，蒲州城的变故就传到了他的耳朵里，王重荣又反正啦！

就在司空图从长安地区几经曲折逃生期间，家乡的局面又发生了戏剧性的"翻覆"：王重荣本以为投靠黄巢，可以苟且偷生，免遭战火涂炭，不承想却召来了一波又一波多达数百人的索要钱粮的义军使节。这没完没了的差遣，使河中军民不堪其苦，疲于应付。这还不算，紧接着，已经登基称帝的黄巢，又派来了征招士兵的使节，等于是在向他要兵。十二月二十日，忍无可忍的王重荣，在和部下密谋后，将黄巢派来的使节全部处死，然后拆毁蒲津渡浮桥，再叛黄巢，并大败黄巢兄弟黄邺、部将朱温所率的华州、同州兵，缴获粮食兵仗四十多船。随后，王重荣又派人与义武节度使王处存结盟，率领军队渡过黄河，到渭北地区扎营拒敌。

司空图这才放下心来，急忙搭船过河，先回到虞乡县城的家中。

他人虽然回到了家，可是魂好像还落在陷落敌手的长安城里，那惊心动魄的一幕又浮现在眼前：黄巢义军摧枯拉朽的浩大阵势，朝廷武官张直方亲率文武官员出城恭迎黄巢，京城百姓挥动白旗夹道拥戴义军的场面……再结合王重荣操控下的河中地面，短短的一个月里，就先投降乱军，随后又反正抗敌，正如他随后在诗作当中描述的那样："风波一摇荡，天地几翻覆。"

司空图已经感知到这个王朝病入膏肓的无望，和随时会被某一棵稻草压垮的危亡。再往透里说，即使这场惊天动乱还会得到平息，那也改变不了这个腐败朝廷走向灭亡的必然趋势。

而发生在蒲州城的这种因皇威不再而以下犯上、有兵就是草头王，反叛和投诚一如儿戏般反复无常、毫无道义可言的活剧，让司空图对他们缺乏了基本的信任。现在，王重荣虽说重新反正了，但也把具有特殊战略地位的蒲州城，再次推到了风口浪尖之上，情势更加复杂难料、安危莫测啊。假如哪一天蒲州再生变故，那对于近在咫尺的虞乡县城而言，也难免池鱼之祸。

这一切，促使司空图选择避开这些反复无常的藩镇军阀们，退避到更远一些的王官谷别业深处，作为保全生命的权宜之策。主意已定，司空图立即和家人收拾家当细软，匆匆东去。临行之际，他还不忘将父亲最为珍爱的四十二屏徐浩书法真迹一起带走。

搬家的举动，或者已经传导出司空图人生信念发生改变的端倪，即由一个以出仕报国成就功名的入世者，萌生出了与朝廷保持距离、消极隐退的心念。而支持他这一思想转变的根基，便是他在《与惠生书》中对时局的务实判断与志向定位："就其间量可为而为之，当有以及于物；不可为而不忘，亦足以信其心。"当下，遭受黄巢动乱、皇帝出逃和宰相卢携自杀双重打击的司空图，应该说已经尽心尽力地努力实践过了"量可为而为之"的报国心智。既然生不逢时，志向难以伸张，那就只好退而求其次，选择"不可为而不忘，亦足以信其心"的后手，退居江湖以远，独善其身。司空图这种因惊天动乱、朝纲颠覆、时局危难而惊恐悲痛、消极躲避、病体懒医的复杂心迹，都表现在了以下的诗作当中：

　　　　　身病时亦危，逢秋多恸哭。
　　　　　风波一摇荡，天地几翻覆。
　　　　　孤萤出荒池，落叶穿破屋。

势利长草草，何人访幽独。

——《秋思》

羽书传栈道，烽火隔乡关。

病眼那堪泣，伤心不到间。

——《乱后》

丧乱家难保，艰虞病懒医。

空将忧国泪，犹拟洒丹墀。

——《乱后三首》之一

让司空图没有料到的是，转年初春二月，自己的长官——广明元年（880）十月才被任命为礼部侍郎的卢渥，也在侥幸潜出长安城后，抱病辗转摸索到了王官谷别业，真令他喜出望外。

在司空图的悉心照料下，卢渥在这里修养了十多天，相互倾诉了潜出京城的不堪经历，唏嘘不已。待病情好转，忠贞不贰的卢渥决定立即起身，绕道洛阳，再改水路经过汉阴，历经一番艰难跋涉，终于到达唐僖宗的行在成都府，并以自己的忠君壮行，获得国子祭酒的任命，后又升任御史中丞。而对司空图至关重要的是，卢渥还特别向皇帝报告了他的忠贞之举，让他有机会在本年年底，与右散骑常侍李瞳、职方郎中孙樵一起，获得了一个"行在三绝"的诏封名号。这个封号，显然是意在褒奖司空图虽身陷乱军之手，却誓死也不屈节事敌，最终逃回家乡退避王官谷保全名节的忠义之举。位列"三绝"之一的孙樵，在其所撰的《孙樵文集·自序》中这样记述道：

广明元年，狂寇犯阙，驾避岐陇，诏赴行在，迁职方郎中。

朝廷以省方蜀国，文物攸兴，品藻朝伦，旌其才行。诏曰："行
　　在三绝，右散骑常侍李瑭有曾、闵之行，职方郎中孙樵有扬、马
　　之文，前进士司空图有巢、由之风，可载青史，以彰有唐中兴之
　　盛。"

　　有人指出，皇帝的诏封，"行在"是一个先决条件，而司空图此时却
在家乡王官谷别业避难，并未像另两位那样追随在唐僖宗身边，所以表示
质疑。在这里，我们应该注意到诏封表彰司空图的理由，就是有"巢、由
之风"。而尧帝时代的巢父和许由，其名气不就是突显了一个"隐"字吗？
既然唐懿宗视司空图的高洁品行犹如再世的巢父与许由，那么以"隐"全
节便是得到赞赏、褒奖的核心与焦点。如果司空图当时也在皇帝身边，还
何"隐"之有呢？而且与前两位都有职务称谓不同，司空图前面独独冠以
"前进士"，这不就明白无误地告诉我们，司空图没有追随在皇帝身边，也
没有官职可以指称吗？

　　到了中和二年（882）十二月，远在蜀地的唐僖宗，曾诏命乱前最为
短命的宰相王徽，重新以宰相身份出镇昭义节度使（涵盖今山西长治市与
河北邢台市）。王徽起初打算赴任，并且上表推荐司空图作为自己的节度
副使。后来王徽根据昭义节度使辖区割据势力犬牙交错、武将弄权、唐王
朝的势力鞭长莫及的现实情状，审时度势，上书皇帝请求撤销这一任命，
出使之事方才作罢。

　　但是通过这个故事，足以说明王徽对司空图的器重。有学者据此考证
以为，司空图的诗作《争名》，可能即以此事作为创作背景：

　　　　争名岂在更搜奇，不朽才消一句诗。
　　　　穷辱未甘英气阻，乖疏还有正人知。
　　　　荷香浥露侵衣润，松影和风傍枕移。

只此共栖尘外境，无妨亦恋好文时。

辨析诗作的意蕴，尤其是"穷辱未甘英气阻，乖疏还有正人知"两句，似乎正是对自己身处非常局面之下，还能得到宰相王徽赏识器重的感怀。当然，诗作的主旨，似乎更想表达一种已经把仕途看得很淡，愿意置身事外、山野隐居、安于诗文的"乖疏"状态。

《解县新城碑》撰写始末

司空图避居王官谷，意在远离朝廷和蒲州的危局，也远离反复无常的留后王重荣。可是没想到，于中和二年（882）十二月升任河中节度使的王重荣，却带着皇帝的敕命，主动找上门来，请他为修筑一新的解县城防撰写记颂碑文。

解县作为河中府辖内的一个小小县城，兴建城墙防卫设施，为什么会引起朝廷重视，敕命撰文立碑，予以隆重纪念？这与解县在唐王朝经济生活当中的特殊地位有着至关重要的关系。我们在第一章里面已经介绍过，今天的运城盐池，在唐朝分为东西两部分、大小五个产盐的湖泊，总称安邑、解县两池，属河东道河中府辖制。它每年生产池盐万斛，用来保障首都长安的供应，是唐王朝重要的战略资源。

正是因为拥有这样的特殊地利，成就了解县古往今来不可替代的战略地位。且不说解县名字的由来，可能与上古传说当中，轩辕黄帝将战败的蚩尤肢解于此地有关，早在战国时期，它就出现在史书当中了。《战国策》记载，在赧王二十一年，"秦败魏师于解"。汉代始置解县，属河东郡；北魏太和十一年（487）改名北解县；北周废止，故治一说在今山西临猗县临晋镇东南十八里的城西村、城东村之间，遗址尚存，另有南解县置于今永济市开张镇古城村；隋大业二年（606）省解县，大业九年

（613），迁虞乡县城自绥化故城于今解州治所，属河东郡；唐武德元年（618）改虞乡县为解县，属虞州，在解县西五十里处另设置虞乡，即今县治，属蒲州；贞观十四年（640）废虞州，虞乡县属河中府；贞观十七年（643）省解县入虞乡县；贞观二十二年（648），又改虞乡县为解县；天授二年（691）重新分出解县，复置虞乡县。

综观解县与虞乡县在唐朝的分分合合，就可以看出利益分割的根本因由，故而两池的归属，举足轻重。而王重荣能够在此坐大，显然也是凭借着对唐王朝这一经济命脉的把控，并以此为资助，联络各方藩镇力量联合勤王，击败黄巢，收复长安，使自己成为起着决定性作用的重要功臣之一。这样一座功勋县城，却从来没有修筑过城防设备，置身乱世，是很难确保朝廷对盐池之利的把控。所以王重荣决计对它进行城墙、城防设置的修筑，并把它树立成为加强重要城池城防的样板工程。唯其如此，王重荣才会在竣工之后，上书朝廷，请求敕命撰写碑记，以图永载史册。

司空图知道，这个任务无法推托，也不能推辞。

中和三年（883）六七月间，司空图在王重荣指派的官员陪同下，前往解县视察。王官谷距离解县新城，也就五十多里的路程。当司空图一边听取官员们的汇报介绍，一边登上三丈高的巍峨城楼，南仰近在咫尺、巍峨高耸的中条群峰，北眺烟波浩渺、水鸟帆影的解池湖面，一览解县城防新貌，心情愉悦，心中的《解县新城碑》腹稿的开篇也就已然成形了：

自中和二年冬十月，奏请兴役。至明年夏六月，凡计工五十万。城高三丈，周绕九里一百六十步。隍刳浚洫，堞冠层楼。外创犒军之营，内修御敌之具。观其地萦壮址，云郁平川。拥形势而增严，屏要冲而莫犯。……彼或蔽扦边荒，缮修保障。犹夸溢美，显示将来。况数刌耸威，近函陕右。一方增气，旁带关河。储国用于无虞，息人劳于永逸。

司空图明白朝廷敕命撰写碑文的安抚意图，所以他在碑文当中，对王重荣的功绩予以特别强调：

> 但既逼寇仇，且当津要，车徒遝至，竟赴齐盟；戎夏骏驱，
> 共匡京室；虑风回于原燎，竭日费于云屯；辑睦允谐，供储克
> 赡，栋持广厦，鼎镇厚坤；始以一城之危，抗移国之盗，竟以数
> 郡之力，壮勤王之师；勋复旧都，庆延殊渥。盛矣哉！

文中有关王重荣团结、借道诸镇兵马奔往前线，倾尽财力接济军需用度，以壮声威，共同匡复唐王朝的事迹，皆属实情。回想当初，王重荣不堪黄巢催粮派兵重负，重新选择对抗黄巢之际，鉴于自身力量薄弱，而其他藩镇又多闭关观望的严峻形势，内心非常矛盾忧虑。正如他对行营都监杨复光表白的那样："臣贼则负国，讨贼则力不足，奈何？"正是在杨复光的建议下，他获得时在河中府履行职责的东面宣慰使王徽和中书令、充诸道行营都统王铎的支持，委以左右行军司马之一，鼎力资助雁门关节度使李克用率领的沙陀兵，借道河中府，出兵勤王，这才很快打败黄巢兵将，将其逐出长安，与诸道藩镇兵马会师京城。这一点，在《旧唐书·王重荣传》的赞语中得到了肯定：

> 疾风知劲草，世乱见忠臣，诚哉是言也！土运中微，贼巢僭
> 越，藩伯勤王，赴难者，率有声而无实。唯重荣斩贼使于近关，
> 处存举义师于安喜，横身泣赴，不顾祸患，遂得义徒云合，逆党
> 势穷。

基于这一历史功绩，司空图还将王重荣与郭子仪、浑瑊两位也都做过河中节度使的中兴名将相提并论，进行了高度肯定：

此府自大历贞元之隆，郭公浑公继临，虽博厚粹和，本朝实赖，而俭德异政，旧史阙然。公洞识古今，兼资文武，宏以济物，而恕必探情。明以照奸，而杀惟制乱。人皆知耻，道不拾遗。视礼法之率由，信恩威之并济。

随后，王重荣又请司空图为其父再撰一通碑文。司空图显然也无法推托，遂成《故盐州防御使王纵追述碑》。待碑文成稿后，王重荣自然要对司空图表达诚挚的谢意了。据《旧唐书》司空图本传记载：

王重荣父子雅重之，数馈遗，弗受。尝为作碑，赠绢数千，图置虞乡市，人得取之，一日尽。

从文中我们可以看出，司空图之前是从来不肯接受王重荣的所有馈赠，直到为其先后撰写出两通碑文后，他再也没有推辞的理由了。怎么办？司空图居然做出了一个决定，让家人把王重荣所赠的数千匹答谢绢匹，置于虞乡县城的街市上，任民众随意取用一空。

司空图为什么会这样做呢？《四库全书总目》在《司空表圣文集》条目下这样分析道："一说司空图是奉敕所为，事非得已，不足为图病也。"但北宋史学家宋祁却认为，他和王重荣私谊甚厚，是自愿为其树碑立传。更有学者以他随后在《故盐州防御使王纵追述碑》中，再次对王重荣极尽赞颂之辞为例，认为读不出勉强意味。

那么孰是孰非呢？笔者以为，司空图应该心有委曲。他在碑文中明确褒扬了王重荣"始以一城之危，抗移国之盗"的功绩，这与乱世兴修解县城防的碑文题旨应该说是一致的，也可以理解为强调了这一保境安民工程的重要性。不过从笔墨铺排上，似乎还是显得有些偏题了。何故如此？这其中，应该有作者为自己给王重荣撰写颂碑找一个理由的良苦用心。

两年前，司空图在京城陷落之乱中，能坚决不降黄巢义军，并在旧仆人段章帮助下，侥幸逃脱。而王重荣面对黄巢义军摧枯拉朽逼近长安的胜势，却选择屈服，还狡辩为"外援未至，诡谋附贼以纾难"（《旧唐书·王重荣传》），成为长安失守的推波助澜者。而后因不堪黄巢索要军需、兵士之苦，才又反正唐王朝。对于这样一个见风使舵、趋炎附势、缺乏节义品格的投机者，司空图怎么能够看上眼？但是王重荣随后在联络资助其他藩镇节度使共同进攻黄巢军，并收降黄巢部将同州防御使朱温——即后来夺取唐朝天下的朱全忠，在分化、瓦解、动摇敌方军心上，又着实功不可没。而且在其他藩镇大多拥兵自重、蔑视朝廷的情势下，王重荣每年还向朝廷贡献两池盬盐三千车，对朝廷的臣服态度值得肯定，这也是事实。既然是奉敕撰文，那么对王重荣救朝廷安危于水火的历史功绩，评价就应该做到客观公正。不过，这并不能代表他本人的好恶态度。如果说应承给王重荣父亲撰写碑文，是碍于王重荣作为家乡父母官的身份，那么他却可以选择不收取谢礼，并以这样的一种怪异举动，宣示了自己与王重荣之间的距离。司空图的难言之隐，个中滋味，理应都包含在这一举动当中了。

随后，王重荣为了与朝廷争夺对两池盐利的掌控权，不惜和宦官田令孜公开叫板，联合河东节度使李克用，于沙苑大败神策军，危及京城，直接导致唐僖宗再次出逃，果然再次暴露出他一切从私利出发，不管朝廷安危的私心，也足见传主司空图对其人品的洞见。

不过，与王重荣的这层特殊关系，和王重荣之后每至暑热与三九节气，仍然"不绝于途"的物质馈赠，客观上却实实在在地给司空图避居的王官谷带来了好处。《新唐书·司空图传》记述说："时寇盗所过残暴，独不入王官谷，士人依以避难。"《五代史阙文·司空图传》当中也有这样的记载："是时盗贼充斥，独不入王官谷，河中士人，依图避难，获全者甚众。"而司空图的诗作《山中》，也有"逃难人多分隙地"的相应描写，与史传所述颇为吻合：

全家与我恋孤岑，蹋得苍苔一径深。

逃难人多分隙地，放生麇大出寒林。

名应不朽轻仙骨，理到忘机近佛心。

昨夜前溪骤雷雨，晚晴闲步数峰吟。

乱终斋文度亡灵

中和四年（884）六月，黄巢在虎狼谷被外甥林言杀死，一场波及全国的起义，终在多路藩镇力量的合力绞杀下，彻底平定了！

由王仙芝和黄巢先后率领的长达十年之久、跨度几乎贯穿南北横扫东西的军事大动荡，到底是推动社会进步的起义，还是祸乱苍生的动乱，现当代历史学家仁者见仁、智者见智，各抒己见，褒贬不一。

如果从黄巢的角度考量，这场大起义就是一次失败的改朝换代。而且事实上黄巢已经做到了攻占统治者的首都，建国立号，从根本上动摇了唐王朝的统治根基。只因他纠集的只是一群乌合之众，没有足够的儒生的参与与影响，所以就缺乏改朝换代所必需的政治、文化、制度等层面的充分准备，加之过于残暴，甚至在粮草不济的境况下，竟然以俘虏和平民舂捣"肉糜"充作军粮，惨绝人寰，从而丧失了揭竿而起之时所获得的一呼百应、烽火燎原的民心，终于落得个被赶出都城，兵败如山倒，以失败告终的下场。正如一些学者分析的那样，黄巢没有切实为民众谋利益之心，只是为了黄袍加身，君临天下，开启一个由他来奴役民众的黄氏家天下时代。说到底，仍然是封建专权兴亡故事的重复与延续，了无新意。

再从对民众与社会安定的角度审视，这场战乱的影响，或可以一句生灵涂炭一言以蔽之，有百害而无一利！它虽然对已经腐朽没落的唐王朝进行了毁灭性打击，加速了其灭亡的进程，但带来的不是安定社会，还给百姓一个安居乐业的生存环境，而是把人民大众推向了近半个世纪血腥动荡、残酷恶劣的分裂争斗的深渊，牺牲最大的，就是最为弱小、最为无助的平民百姓。由于过去的史书皆出自历朝统治集团的笔下，草民百姓的牺牲，或者是被斩杀的兵卒数字，或者是平民百姓被屠杀的概数，还有一个残酷朝代导致的人口锐减的数目字，无不被轻飘飘的一笔带过罢了。

如果再从人类历史文明进步的宏观角度，历史地看待这次战乱，它就像东周灭亡之后的春秋战国、东汉灭亡之后的魏晋南北朝那样的分裂乱象，再次把一个统一的国家，导向半个多世纪五代十国大混战的黑暗时代，开启了又一轮"分久必合"的艰辛历程。因为对于仍然处于农耕文明发展上升阶段的中华民族而言，尚未觉悟到家天下专治体制的局限性，也就摆脱不了以暴力革命形式打击腐败，再期盼以清明朝代取而代之的血腥轮回。于是乎，这一个又一个的暴力轮回，就这么组成了令今天的国人感到不可思议的长达两千多年的改朝换代的陈腐故事，汇聚成浊浪滚滚的家族式专权的历史潮流，艰难曲折地向着暴力革命者尚无法料想得到、也看不到的未来推进着。

直观而言，黄巢农民军的持久动乱，带来的一个直接恶果，就是让各地的藩镇割据势力借机进一步坐大。《旧唐书·僖宗本纪》这样记述当时四分五裂的严峻局面：

> 时（光启元年）李昌符据凤翔，王重荣据蒲、陕，诸葛爽据河阳、洛阳，孟方立据邢、洺，李克用据太原、上党，朱全忠据汴、滑，秦宗权据许、蔡（已经称帝判唐），时溥据徐、泗，朱瑄据郓、齐、曹、濮，王敬武据淄、青，高骈据淮南八州，秦彦据徐宣、歙，刘汉宏据浙东，皆自擅兵赋，迭相吞噬，朝廷不能制。江淮转运路绝，两河、江淮赋不上供，但岁时献奉而已。国命所能制者，河西、山南、剑南、岭南西道数十州，大约郡将自

擅，常赋殆绝，藩侯废置，不自朝廷，王业于是荡然。

其结果，便是让其中的凭借勤王复辟有功的军阀头子，像朱全忠（朱温）、李克用之流，在混战当中，脱颖而出，胜者为王，获得推翻名存实亡的唐朝廷取而代之的机会，并由此引发了为争夺这样的机会与正统而相互争斗搏杀、城头频繁变幻大王旗的混乱局面。

虽说由众多军事势力与利益集团角逐的历史选项，很难依照某一个人或者某一股势力的意志为转移，但是这场摧枯拉朽的以农民力量为主体的经年战乱，却让一个人宦梦惊醒，开始重新审视和检讨自己的人生志向，矫正自己的人生走向。他，就是司空图。

秋天，司空图在家乡参加了一场迎修法会，为在这场大动乱中不幸殒命的亡灵们做超度的法事。通过司空图在《十会斋文》中祈佛保佑人们"生生随愿，免在殊乡；处处安居，便同极乐"，我们不难感知历经连年战祸、目睹杀人盈野之后的民众，对国家重归安定、百姓安居乐业的共同期盼。而另一篇《迎修十会斋》文，则让我们直抵四十八岁司空图的内心深处，体察他的思想脉动：

> 非才非圣，过泰过荣。一举高第，两朝美宦。遭乱离而脱祸，归乡里而获安。门户粗成，簪缨免绝。四十八年已往，未省归心。百千万劫常来，岂迷善道。今终可保，止绝何伤。灾疾所萦，古今常理。但虽勤忏悔，未去膻腥。大宜均罪于鼓刀，小合误伤于失手。况蚊虻之类，屡有伤残。仆乘之劳，时加棰楚。或存或没，若重若轻。并愿各遂逍遥，永祛冤结。目前眷属，世世相逢。身后林泉，生生自适。仰慈悲之宏誓，成幽显之胜因。蠢动有情，沾濡共泰。

司空图与其说是撰文超度牺牲者的亡灵，还不如说是在审视、检讨自己"视可为而为之"的砥砺奋进的入世思想。他在文中言及的"过泰过荣"，自然会让人联想到"行在三绝"这一特别称心的嘉奖名分。应该说，司空图在而立之年入仕以来，应该一直还是积极进取的：尽管已经认识到唐王朝的衰败赢弱，但仍然以力求有所作为、试图挽救的心志打拼其中，而且已经官至礼部郎中，官阶高达五品，自视已经拥有了一定的社会地位，维护了自己世代为官的家族声誉。是这场惊天大劫难，让他开始选择很现实地疏远、躲避朝廷那如脓包溃败所蔓延的灾祸，体悟到退一步反而获得保全性命与名节的益处。而"行在三绝"的褒扬，让本来多半属于被动避难的选择，反而成为促使他更加明确于另一种人生选项的自觉，那就是不能再一味冒进、执着仕途、进取功名，而且要能做到当退则退、明哲保身、善待自我、清静获安，由此萌生出与朝廷虚与委蛇、远离灾祸、退隐山林、逍遥度日的遁世念头。正是这样的认识变化，把他推到了归心向善的释禅仙道面前，让佛道出世思想逐渐占了上风。

第八章 再隐王官

从知制诰到中书舍人
「知非又此年」
「匹马偷归」的个中缘由
新构亭堂明心志
心有块垒寄哀思
《一鸣集》成警子孙

宦游萧索为无能，移住中条最上层。

得剑乍如添健仆，亡书久似失良朋。

燕昭不是空怜马，支遁何妨亦爱鹰。

自此致身绳检外，肯教世路日兢兢。

——摘自《全唐诗·退栖》

从知制诰到中书舍人

中和五年（885）初，王徽在完成对京城的修复工作后，恭请仍然远在蜀地的唐僖宗还朝。

二月初十，銮驾刚至凤翔，唐僖宗就急不可耐地开始召见委任官员了，其中就有被他赐封"行在三绝"之一的司空图，出任知制诰。《中国历代官制词典》对这一官职的由来，是这样记述的：

> 知制诰，官衔名。唐宋时掌起草诏命的加衔。唐初，中书省
> 又中书舍人一人，专掌起草诏令，称知制诰，给食政事堂。开元
> 以后，渐以他官掌诏敕策命，称为兼知制诰。任此职者，大体上
> 有两类情况：一为官卑于舍人者如员外郎、郎中等，称为知制
> 诰，若真除中书舍人，则知制诰为其本职，不复加"知制诰"三
> 字；一为官位高于舍人者如诸司侍郎以上官，仍命其执行中书舍
> 人之职，则不称兼中书舍人而称为知制诰。自中叶以后，知制诰
> 之职转入翰林学士院。

司空图原先担任的礼部郎中，官阶是从五品，在凤翔临时委任的知制
诰，也是从五品，带有恢复原来级别先干起来的意味。司空图从王官谷赶
赴凤翔行在接受任职后，在寄赠同僚的诗作《寄考功王员外》当中记述了
这件事：

> 喜闻三字耗，闲客是陪游。
> 白鸟闲疏索，青山日滞留。
> 琴如高韵称，诗愧逸才酬。
> 更勉匡君志，论思在献谋。

"三字耗"，指的就是知制诰职位。尽管觉得有些闲官摆设的意味，但
也算是对自己身处乱局矢志守节的回报，所以仍然抱有"更勉匡君志，论
思在献谋"的心气，也足见传主对皇帝的期许。

三月十二日，唐僖宗一行才迤逦抵达京城长安，随即改元光启年号。
又是一番论功行赏，加官晋爵。司空图被正拜为中书舍人，擢升正五品。

《中国历代官制词典》里面就这一职务特别记述道："时人视为文士之极任，朝廷之盛选，诸官无与之比。"《中国历代官制》一书则这样记述道："中书舍人、给事中为两省（中书、门下）事务的实际主办人员，职权很重。因此，这两职是唐代文人士子企慕的清选要职，同时也是跃上台省高官以至宰相的一块重要跳板。"

司空图在接受新任命后，又作《纶阁有感》，字里行间抒发的却是自己徘徊在出处之间的犹疑心境：

> 风涛曾阻化鳞来，谁料蓬瀛路却开。
> 欲去迟迟还自笑，狂才应不是仙才。

对于历经了惊天动乱的司空图，之所以还能再次走出王官谷别业，接受任命，或许是从理性的角度，对经历过战乱的唐王朝仍然抱有一种期待，期待它能够接受这一几乎亡国的惨痛教训，革故鼎新，重振昔日大唐王朝之雄强吧。这种期许，他在另一首描述銮驾回朝喜庆情形的《漫题》诗中，表露得更为明显：

> 经乱年年厌别离，歌声喜似太平时。
> 词臣更有中兴颂，磨取莲峰便作碑。

司空图这次二返长安，官职是升迁了，但是具体为皇帝草拟过哪些重要诏书？传主的文集里没有收录，在其他作品中也未有提及，史书中也看不到他执笔拟就的诏书文告。或许他也来不及做什么，因为乱后的朝廷，并没有迎来百废待举的"中兴"气象，不只是不安宁，甚至已是危机四伏，一触即发了。

"知非又此年"

平定黄巢起义后，各地坐大的藩镇节度使，大部分都终止了朝贡税赋，成了各行其是的独立王国。朝廷能够依赖的贡赋来源，也只有河西、山南、剑南、岭南西道数十州。但是这些贡赋，相对于朝官和宦官各自把持的南衙北司一万多名官员，尤其是田令孜在成都招募扩充的五万四千之众的神策军将，实在是杯水车薪，难以应对。

仍旧把持朝政的宦官田令孜，便盯上了河中节度使王重荣手里的两池盐利。他先是要依循旧例，将这一控制权收归朝廷，并由他亲自兼任两池榷盐使。王重荣自然不会答应，立即上表抗辩。一计不成，田令孜又想通过密集调换各藩镇节度使的办法，把王重荣调离河中府，改任泰宁节度使。王重荣仍然！当仁不让，以自己克复京城的大功劳，为田令孜嫉恨，遭到刻意排挤打击为由，非但不前往兖州赴任，反而连续上表指斥田令孜离间他和皇帝的关系，列出田令孜的十条罪状。田令孜一看文的图谋行不通，就调动邠州节度使朱玫、凤翔节度使李昌符，会合鄜、延、灵、夏之师，对河中府发起进攻。结果，却被王重荣与河东节度使李克用的联军大败于沙苑（今陕西省大荔县南）。

神策军兵溃退回京城后，竟然大肆烧杀抢掠，远远超过黄巢义军占据长安时的破坏程度。《旧唐书·僖宗纪》是这样记载的：

> 初，黄巢据京师，九衢三内，宫室宛然。及诸道兵破贼，争货相攻，纵火焚剽，宫室居市闾里，十焚六七。贼平之后，令京兆尹王徽经年补茸，仅复安堵。至是，乱兵复焚，宫阙萧条，鞠为茂草矣。

与此同时，李克用的沙陀军也逼近了京城，直接的后果，就是把皇帝唐僖宗又吓跑了！十二月二十六日，田令孜驱使文武百官跟随唐僖宗再次逃往凤翔，几乎又是广明岁末故事的重复。不同的是，这次皇帝出逃，并不是悄悄溜走的，宰相以下臣僚被驱从者成群结队，招摇过市。

但是在这支队伍当中，仍然没有司空图。史书记载他是没有被批准随从，真是这样吗？据诗作《乙巳岁，愚春秋四十九，辞疾拜章，将免左掖，重阳独登上方》所述，司空图早在重阳节前，确切说，应该是在这年七月生日之际，已经递交了辞职报告，只是尚未批准：

> 雪鬓不禁镊，知非又此年。
> 退居还有旨，荣路免妨贤。
> 落落鸣蛮鸟，晴霞度雁天。
> 自无佳节兴，依旧菊篱边。

司空图明面上的理由是身体有病，后来在《丙午岁旦》诗中亦有"中年抱疾身"句，可见不假。但是说不出口的因由，恐怕没有这么简单吧。很显然，他通过身居朝班长达半年的观察，已经看破了朝廷羸弱衰朽的真面目。唐僖宗与田令孜，为了与地方军阀争夺两池盐利的控制权，竟然激怒王重荣公开抗命、兵戎相见。且不说威仪荡然无存，其鼠目寸光、沆瀣一气、行事荒唐、腐败透顶的丑陋表演，真可谓是淋漓尽致，无以复加，一点也无法寄托中兴朝廷、强国富民的希望了。作为一个品格高洁、胸怀治国抱负的知识分子，司空图自然不会愿意混迹其中尸位素餐。他非常明白，这样下去，迟早会成为不同利益集团争斗的牺牲品。故而，早已盘踞心头的退隐山林的打算，促使他选择辞官离去。既然去意已决，当然不愿再陪着丧家犬一样的傀儡皇帝西逃了。

对司空图的思想脉络有了这样的梳理，回头再研读这首"辞疾拜章"

之作当中"知非又此年"句，就值得我们倍加关注了。孔子在《论语·为政》中讲道："五十而知天命。"缘此，《淮南子·原道》有言："故遽伯玉年五十，而知四十九年非。"这应该就是司空图诗中"知非"的出典。他对自己四十九岁这一年再次草率应诏为官的错误选择，做出了含蓄而又深刻的检讨，当然也是对以往人生志向的总检讨，比孔子赞扬遽伯玉五十岁知非的年龄还早了一年。

因为河中府一带还处于战乱当中，辞请未获批准的司空图，才再次滞留在了京城，而且一待就是大半年光景。光启二年（886）辞旧迎新之际，他作有《丙午岁旦》：

> 鸡报已判春，中年抱疾身。
> 晓催庭火暗，风带寺幡新。
> 多虑无成事，空休是吉人。
> 梅花浮寿酒，莫笑又移巡。

在司空图居所崇义里的西边，就是荐福寺和小雁塔，两地之间仅一街之隔，正是诗句"风带寺幡新"所描述的景象。他不但在诗中自嘲一事无成、赋闲京城寓所，还顺带嘲讽了再次西逃的唐僖宗，这与他当年诗讽唐僖宗的态度，颇为一致。耿介直言的性格，可见一斑。

另一首诗作《五十》，显然是司空图写给自己的生日诗，加上诗作里的"黍"和"黄菊"，两种明确为秋季节令的农作物与花卉，也说明这一年的初秋，他仍然在京城：

> 闲身事少只题诗，五十今来觉陡衰。
> 清秩偶叨非养望，丹方频试更堪疑。
> 髭须强染三分折，弦管遥听一半悲。

漉酒有巾无黍酿，负他黄菊满东篱。

　　尽管菊花与时常指代的九十月有些间隔，但是现在我们可以看到的本土品种"早小菊"，便是阳历八月开始开花的，而阴历正好是七月。"清秩偶叨非养望"一句，则折射出他在中书舍人职位上勉强履职的情形。

　　既然皇帝已经逃走，司空图又在给谁站班呢？他在为襄王李煴，并成为导致他在这一年冬季来临之际，再次逃离长安、"匹马偷归"的隐情所在。

"匹马偷归"的个中缘由

　　这个中缘由，还得从田令孜胁迫唐僖宗西逃说起。

　　虽说这一次出逃，从追随的臣僚人数来看，要比上次躲避黄巢义军"从容"许多，很匹配公开"出巡"的谎言。只是当田令孜催逼唐僖宗从凤翔逃往兴元的时候，就遮掩不住惊慌失措的嘴脸，再次故伎重演，瞒着宰相萧遘、裴彻、郑昌图等文武百官，只带了少数官员趁着夜色偷偷跑掉了。随后才让唐僖宗命刑部尚书兼御史大夫孔纬出面，督促文武百官随后尽快赶赴行在。

　　就是这样一个间隔，生出了一个大变故！

　　邠宁节度使朱玫、凤翔节度使李昌符，在以"追请"皇帝驾临凤翔的名义下，把田令孜和唐僖宗一行逼迫逃进了散关（今陕西省宝鸡市西南大散岭）一带，并在尊途驿控制住得病掉队的唐肃宗李亨的曾孙襄王李煴，然后返回凤翔。四月间，他们胁迫滞留在那里的宰相萧遘等文武重臣，一起请襄王李煴出来权兼军国事，由朱玫自任大宰相，兼左右神策十军使，随即驱使文武百官拥护着李煴返回了长安。

　　身在长安的司空图，必然会面对权知军国事的襄王李煴，他又会如何应对呢？

战乱期间，皇帝出逃，皇子挺身而出勇担国事，本朝已有先例：安禄山、史思明乱起，"渔阳鼙鼓动地来"，唐玄宗李隆基一路西逃，太子李亨就被朔方诸将推举着自行登基，遥奉唐玄宗为太上皇，改元至德，成为唐肃宗。相比之下，襄王还只是权知军国事这样的身份，而且还有当朝宰相与众文武百官的扈从，那么滞留在长安、信息阻断的官员们，包括司空图在内，臣服听命，并不为过。但是随后发生的事情，就要考验他甄别决断的能力与智慧了。

因为在朱玫、李昌符等权臣的操纵下，襄王随后在京城进一步选择即皇帝位，改年号"建贞"。关于李煴登基改号的时间，《旧唐书》和《新唐书》的记载出入很大，前者为光启二年（886）五月初二，"襄王僭即皇帝位，年号建贞"；后者为该年十月初一，"嗣襄王煴自立为皇帝"。而《资治通鉴》，则认同后者的时间记载，应该是在十月初一。

按说襄王最后被支持者推举称帝，这和李亨在朔方军大本营灵武城被追随者拥立为皇帝一样，事先也都没有得到现任皇帝的同意。但是差别在于，李亨将自己登基和尊父皇为太上皇的消息报告给躲避在成都的唐玄宗后，竟然得到了认可，所以李亨成事了，以一朝皇帝唐肃宗的名分被载入了史册；而襄王李煴宣布登上帝位后，却因没有得到唐僖宗的认可，结果就大相径庭了。唐僖宗很快指派朱玫麾下旧将王行瑜奉密诏，于十二月率兵自凤州抵达长安，诛杀朱玫。伪皇帝李煴在裴彻、郑昌图等文武臣僚的裹挟下，仓皇逃至河中府，却被节度使王重荣断然处死了！没有成事，所以史书记载到李煴的行为，也就用上了一个不光彩的字眼"僭越"，成了一个悲剧人物。推举他的宰相等一干臣僚，或者成了王重荣的刀下鬼，或被押送给皇帝唐僖宗处死。就连退休远避永乐县（今山西省芮城县永乐镇）的萧遘，也被飞马赐死。这样一来，唐僖宗虽然被田令孜挟持着一逃再逃，曾经逃到散关以外的荒山野岭，但是一旦迎回长安，就还是名正言顺的皇帝，不管他多么的不称职。

只是在十月初一之前，这一切尚未发生，谁敢保证襄王登上帝位后，就不会像李亨那样名正言顺起来？司空图又是如何判断，如何应对的呢？他参加过襄王李煴的登基仪式没有？假设他参加了，作为有身份和名望的前朝官员，那就必然会有封官加爵的显赫名分，世人不可能不知道，后来伪朝廷一干人逃到河中府时，也不应该少了他。那么王重荣在果断斩杀伪皇帝李煴、处死近半朝臣、拘捕圈禁其他伪官员当中，也应该少不了他！设若王重荣因为与他有私谊，放他一马，"匹马偷归"王官谷，躲过一劫，但是当后来的新皇帝唐昭宗继位后，也不应该又把他这个有污点的官员召回朝堂，再委新职吧？既然唐昭宗随后还会重新任用，就可以断定，司空图没有参加过襄王李煴的登基仪式，而是选择在十月初一僭越事件发生之前逃离了长安。

这种不合作态度的抉择，司空图在逃回家乡后所作《月下留丹灶》序文中，已有明确的表述："吾知挟邪佞以冒进者，亦当胆栗自废，岂俟图鼎然犀而后辨奸妖之诡态哉！"

可以想见，在襄王李煴决定篡位之前，位列朝班、"清秩偶叨"的司空图，有足够的时间通过观察、了解，判断出襄王一行的底细，但尚可在仍然忠于唐僖宗所代表的唐王朝名义下，继续屈就；可是一旦获知他们要另立朝廷的确信，他非常清楚这种有违纲常的非常举动，一旦失败，必将付出惨重的代价；而这种有可能让他身败名裂的道义风险，是断然不能接受的。所以，他唯有选择在这一闹剧成为事实之前，逃出城去，远遁家乡，保全自己对唐王朝正统的忠贞节操。

新构亭堂明心志

已经"知己非"的司空图，终于又回到了虞乡县城的家中。当他从家人口中得知别业王官谷这次也遭遇了兵匪洗劫，屋舍和书画都有焚损，感到非常痛心。但是面对尚未明了的危难局势，他不得不隐匿家中，谁知道节度使王重荣会不会倒向伪皇帝李煴呢？

等挨到十二月，闻听王重荣斩杀了李煴一干伪朝廷的主要成员，司空图这才长舒一口气。但随之而来的血腥杀戮，让他感到心寒彻骨的同时，更加认识到朝堂的险恶无常，稍有不慎，站错了队，就会人头落地！所以必须远离那皇威尽失、各怀鬼胎的凶险之地，求得一方清净之地，独善其身。这个能够保全身家性命的去处，自然就是隐于中条山中的别业王官谷。

所以，司空图决计对王官谷进行一次大规模的修缮。到了第二年光启三年（887）开春，他亲自到别业查看损毁的程度，并赋成《丁未岁归王官谷有作》，表达了自己这一真心迹：

> 家山牢落战尘西，匹马偷归路已迷。
> 冢上卷旗人簇立，花边移寨鸟惊啼。
> 本来薄俗轻文字，却致中原动鼓鼙。
> 将取一壶闲日月，长歌深入武陵溪。

其中"花边移寨鸟惊啼"句，不但记述了他来到王官谷的时间，是鸟鸣花开的春天，还描述了此时此刻山色荒凉、人心悲凉，连鸟的叫声都充满了惊恐与凄凉的情景。

通过司空图的《山居记》一文，可以看出，他对这次修缮非常上心，不但亲自设计规划建筑布局和景观状貌，还通过对建筑景观的命名，昭明了自己意欲回顾仕途过往、退居江湖以远、潜心佛道天地的遁世心境：

> ……谷之名，本以王官废垒在其侧，今司空氏易之为祯陵

溪，亦曰祯贻云。愚以家世储善之佑，集于厥躬，乃像刻大悲，跂新构于西北隅，其亭曰"证因"。"证因"之右，其亭曰"拟纶"，志其所著也。"拟纶"之左，其亭曰"修史"，勖其所职也。西南之亭曰"濯缨"，"濯缨"之窗曰"一鸣"，皆有所警。堂曰"三诏之堂"，室曰"九龠之室"，皓其壁以模玉川于其间，备列国朝至行清节文学英特之士，庶存笋激耳。其上方之亭曰"览照"，悬瀑之亭曰"莹心"，皆归于释氏，以栖其徒。

学者梁超然先生在《司空图校笺》里指出，今《司空表圣文集》中所收录的数篇人物赞文，正是本文中提及的那些至行清节文学英特之士的像赞之文。比如其中的《三贤赞并序》：

隋大业间，房公、李公、魏公同师文中子，尝谓其徒曰："玄龄也志而密，靖也惠而断，徵也直而遂。俾其遭时致力，必济谟庸。"厥后果然，宜有赞激云。

三贤志同，凤尚儒风。以植公忠，出遇太宗。讽议从容，谋蹴群雄。君劳臣惕，荒夷阻辟，百千年社稷。

再比如《李翰林写真赞》：

水浑而冰，其中莫莹。气澄而幽，万象一镜。攉然翊然，傲睨浮云。仰公之格，称公之文。

还有传主追随始终的恩师《兵部恩门王贞公赞》：

发粹而文，蕴和而秀。德无不尊，名无不寿。内专外济，气厚神全。贞公在此，千载峯然。

读着这些赞词，尤其是《三贤赞并序》和《文中子碑》，联系到相对应的历史人物事迹，笔者猛间意识到，司空图特意悬挂敬奉唐王朝这些"至行清节文学英特之士"画像，别有意味。

因为赞中涉及的这几个历史人物房玄龄、李靖和魏征，都是隋末河东大儒文中子王通的弟子，因为他们对唐太宗李世民开辟贞观之治，做出了决定性的贡献，由此和杜如晦等一起，成为辅佐成就唐太宗的一代名臣。而更为特别的是，房玄龄、魏征二人，还一起参与过一件惊天大事，即血腥的"玄武门之变"，只是各自所处的立场不同。房玄龄与杜如晦、尉迟恭、长孙无忌等秦家军干将，帮助李世民杀掉身为太子的哥哥李建成和弟弟李元吉，逼迫父皇退位，接手了新生唐王朝的帝位。而魏征，则是被李世民宽仁包容、求贤若渴的胸襟感动，由一个曾鼓动太子李建成杀掉李世民的幕僚，改而臣服于李世民，成就了自己骨鲠谏臣的传世美名。

司空图前一年刚在京城见闻过朱玫、李昌符、萧遘、裴彻拥立襄王李熅自立为帝的失败闹剧，回到家乡，就在自己避居的别业里筑起九篇之室，将这样一些同样参与过夺取权力宝座的前辈历史人物配上赞词，"浩其壁"备列其间，难道只是寻常的敬仰吗？

早在黄巢义军逼近京城之前，司空图就曾经以《感时上卢相》诗作，对被宦官田令孜操控、儿戏权柄的唐僖宗予以讽喻；光启二年（886），经见唐僖宗再次西逃的司空图，忍不住又在《丙午岁旦》当中直书"莫笑又移巡"，二次嘲讽这位已然成了傀偶的皇帝。由此足见司空图对软弱无能、任人摆布的唐僖宗的失望态度。正是在这样一种大厦将倾、国将不国的情势之下，发生了襄王李熅被推举上位的变故。作为期待"皇威"重振的司空图，或许无法接受这种并不合乎礼法的"僭越"行为，但是在他的内心深处，会不会于矛盾忧虑当中，也暗自期待朝廷能够有一个旧貌换新颜的转机，以此带来重振朝纲、恢复皇权影响力，还朝廷与百姓一个太平世界的新开始呢？再者，他在京城期间，还曾经列班服务过权知军国事的襄王李煴。或许正是出于这样的缘故，他才想借魏征的事迹，来安抚自己不无纠结的内心焦虑，表明心迹。不然的话，他也无须在《山居记》末尾特别强调"愚虽不佞"了。

此外，司空图除了为证因亭里供奉的"大悲"菩萨撰写赞词《观音赞并序》外，还专门作了一首《证因亭》，抒发对佛教因果的体悟：

> 峰北幽亭愿证因，他生此地却容身。
> 上方僧在时应到，笑认前衔记写真。

与此同时，司空图还在堂、室和瀑布上方，为附近寺庙的僧人们修建了"览昭""莹心"二亭，供他们栖身。从中我们不难看出仕途失意落寞的司空图，正是通过与佛教徒的交往，对佛教经义的阅读，打发寂寥时光，寻求心灵上的安宁。

在与佛教僧众有所交往的同时，司空图对道教也一样关注。《云笈七笺》卷二十七《洞天福地部》记载的"七十二福地"之列，就有王官谷所在的中条山："第六十二中条山，在河东府虞乡县管，是赵仙人治处。"据此足以证明在王官谷附近应该就有道观，且不说附近的五老峰就是一座全真教发祥的道教名山。司空图在后来的《书屏记》中提及的"前后所藏及佛、道图籍共七千四百卷"，可知道教思想对他由来已久的影响。

司空图平时不仅关注、参与道教举行的朝会法事，而且年岁向老的他，也尝试炼制起了丹药。他的《月下留丹灶（及序）》，便透露出这样的信息：

> 吾知挟邪佞以冒进者，亦当胆栗自废，岂俟图鼎然犀而后辨

奸妖之诡态哉！光启三年既望，泗水司空氏记。

> 月下留丹灶，坛边树羽衣。
>
> 异香人不觉，残夜鹤分飞。
>
> 朝会初元盛，蓬瀛旧侣稀。
>
> 瑶函真迹在，妖魅敢扬威。

本年又作《退栖》诗，以求贤若渴的古君王重金买千里马尸骨、东晋名僧大隐支遁爱马放鹤两个典故，表达了自己因不得朝廷重用，又逢时局动荡，遂决计不再"冒进"，脱身事外，逃避战战兢兢的仕宦生活，题旨正与《月下留丹灶》诗序所表达的"知非"心境相吻合：

> 宦游萧索为无能，移住中条最上层。
>
> 得剑乍如添健仆，亡书久似失良朋。
>
> 燕昭不是空怜马，支遁何妨亦爱鹰。
>
> 自此致身绳检外，肯教世路日兢兢。

心有块垒寄哀思

本年中秋节后到冬至节期间，司空图还有过一次短暂的出行，并作《光启丁未别山》记之：

> 草堂琴画已判烧，犹托邻僧护燕巢。
>
> 此去不缘名利去，若逢道客莫相嘲。

他去哪了呢？另一首作于本年九月的《旅居重阳》诗，则传递出此次出行的大致履迹：

乘时争路只危身，经乱登高有几人。

今岁节唯南至在，旧交坟向北邙新。

当歌共惜初筵乐，且健无辞后会频。

莫道中冬犹有闰，蟾声才尽即青春。

诗中"旧交坟向北邙新"句，说明他应该是去洛阳为一位故交送葬的，因为这位"旧交"的新坟朝向的北邙山，就在洛阳附近。如果结合开头的两句"乘时争路只危身，经乱登高有几人"，似乎暗示这位"旧交"不是一般的人物，曾经在得意的时候，借重手中的权力与政治对手相互争执，结果把自己的命也搭赔上了，再也不能一起在重阳节登高望远了。而前一首诗中的"此去不缘名利去"句意，又让笔者联想起他在《江行二首》第二首中的那句"此去非名利"，难道只是不相关联的句意偶合，或者简单的化用吗？

上一次，司空图安葬了恩师王凝，心灰意懒前往洛阳赴任，以"此去非名利"来表明自己已无意于宦海沉浮的阑珊心境。没想到却在那里遇到了自己宦海沉浮当中的第二个贵人卢携，由此否极泰来，获得一时仕途通达。而这次明明就是去洛阳参加一个葬礼，为何还要特意强调一句"此去不缘名利去"呢？莫非传主想要在诗作当中隐晦地暗示这个不能明言的"旧交"是谁吗？

据此推断，这个"旧交"，很有可能就是已故的宰相卢携。因为在第五章介绍卢携的时候，曾经交代过，他虽然祖籍范阳，但后来其家族已经定居在东都洛阳一带，并在那里形成了规模不小的家族墓地。如此说来，虽然卢携因失政致乱，没有得到善终，还受到黄巢义军掘坟斫尸之辱，但是归葬洛阳家族墓地，应该是其后辈子孙应该做而且也必须做的至孝大事。恐怕也只有卢携，才值得司空图如此郑重其事地前往参加安葬仪式吧。唯其如此，也才符合司空图像对待恩师王凝那样知恩图报、善始善终的高贵品格，也才不负卢携对他的褒奖之语："司空御史，高士也!"

但是对于虽未加罪却自杀身亡的卢携，司空图又不能明言纪念，所以只好隐晦地通过化用当年曾经写过的诗句，用来表达自己不尽的哀思。笔者之所以如此推测，是因为司空图对卢携的纪念，还不仅止于此。

就在本年九月，那位痴迷仙道法事、私心误国的高骈，先是被部将毕师铎软禁，随后又由秦彦密谋杀害了。显然，司空图无法平息这个消息在心中搅起的波澜。虽说他和高骈不一定熟悉，但早在出仕之前，已经听命恩公夏侯孜，奉敕为他撰写过《复安南碑》文，真心实意地称颂这位给衰败的唐王朝注入一剂强心针的将领，并充满了期待；及至他追随卢携入朝，已经成为唐王朝对抗黄巢起义军的中流砥柱的高骈，却已经心生二意，贻误战机，最终酿成了京城陷落、皇帝鼠窜、几乎亡国的惊天祸乱；待以王重荣、李克用等勤王之师拯救了唐王朝，高骈又与众多藩镇军阀割据独立，架空朝廷，再次将唐王朝推向灭亡的深渊。

历数高骈的罪过，不能不再次联系到恩公卢携。这位被《旧唐书》论定为"平代书生，素迷军志"且刚愎自用的卢宰辅，因为凭借对高骈过去的印象，力排众议，赋予重权，却被"玩寇"的高骈欺骗，落了个"保奸"的罪名，更让唐王朝濒临灭亡绝境，致使皇帝"圣断一误，崎岖剑山"，远遁蜀地流亡数载。他虽然选择服毒自尽以谢天下，但所产生的恶果，确实万死莫赎，难以挽回。

回首这些悲情往事，和两次积极进取于庙堂之上却不得不落荒而逃的沉重打击，就连司空图自己也开始凭借佛道思想来麻醉入仕报国、建立功名的心气，又还能说些什么呢？如此这般，司空图只好把这许多无以言表的心绪，汇聚成一组《携仙箓》，继续以隐晦的形式来表达自己对卢携的思悼之情。比如第二首，描述在和煦的天日照耀下，已经羽化成仙的卢携，寄身仙山绝顶的神仙洞府之中，四围祥云缭绕，异香氤氲：

一半晴空一半云，远笼仙掌日初曛。

洞天有路不知处，绝顶异香难更闻。

再如第八首，想象自己在清明节举办斋会纪念卢携的时候，可以在"水精楼阁"遇见他：

剪取红云剩写诗，年年高会趁花时。

水精楼阁分明见，只欠霞浆别著旗。

《一鸣集》成警子孙

这一年，司空图还完成了一件自己非常看重的工作，将自己残存不全的诗文作品编选成集，并以新建成的濯缨亭窗户名字题成书名《一鸣集》。这应该是他编著的第二部作品集，惜乎与《擢英集》一样，也已经遗失不传，同样仅有一篇序言，以《中条王官谷序》为题，收录在《全唐文》卷八〇七中。民国涵芬楼四部丛刊影印版《司空表圣文集》则以《司空表圣文集序》列于卷首：

知非子雅嗜奇，以为文墨之伎，不足曝其名也。盖欲揣机穷变，角功利于古豪。及遭乱窜伏，又故无有忧天下而访于我者，曷以自见平生之志哉！因捃拾诗笔，残缺无几。乃以中条别业"一鸣"以目其前集，庶警子孙耳。其述先大夫所著家牒《照乘传》，及补亡舅（名权，四岁能讽诵其舅《水轮陈君赋》，十六著《刘氏洞史》二十卷）《赞祖彭城公中兴事》，并愚自撰《密史》，皆别编次云。有唐光启三年，泗水司空氏中条王官谷濯缨亭记。

这篇序文很特别，或者说很有意思。

司空图在开篇首句即明确自称为"知非子雅嗜奇……"这显然是对他两年前在长安所作《乙巳岁，愚春秋四十九，辞疾拜章，将免左掖，重阳独登上方》诗中"知非"检讨的确认，而且本年所作《光启三年人日逢鹿》当中也再次出现"知非"字眼，更是现存诗文当中司空图最早自号"知非子"的称谓由来，所以，应该视为他的思想认识发生重大转折的重要标志。

在这样的心境下，司空图竟然以自我贬低的口吻，来记述自己著述文集的意图。他首先确定舞文弄墨难以成名显贵，所以选择步入仕途角逐功名利禄，与古往今来的豪杰一争高下。只可惜遇到灾变祸乱，"窜伏"于王官谷中，也没有忧患天下的志士豪杰寻访自己，再展抱负，以图平生之志。闲暇无事，"因捃拾诗笔"，将这些"残缺亡几"的诗文作品，"以中条别业'一鸣'以目其前集"，也只是为了"庶警子孙耳"。

再就内容而言，宋蜀刻本、嘉业堂刊本《司空表圣文集》十卷共收录作品七十篇，《四库全书总目》记述："是编前后八卷，皆题'杂著'，五卷、六卷独题'碑'，实则他卷亦有碑文，例殊丛脞。"明人胡震亨《唐音统签》刻本、清人席启寓《唐百家诗》刻本《司空表圣诗集》分别为五卷和三卷，各卷或五言、七言皆有，或分别专辑。从中，我们或许可以窥见当初《一鸣集》应有的部分面貌。

司空图言明是"前集"，那么自然有将来编选"后集"的打算，亦即天复元年（901）在郇乡避难之所续编的《绝鳞集》，容当后述。

另外，司空图还补述了父亲司空舆所著家谍《照乘传》，整理出已故舅舅刘权所撰《赞祖彭城公中兴事》，还编定了自己以前所撰的《密史》等史集性质的著述数种。

由于这段文字里面所提及的著作都已亡逸，仅从字面上推测研判，《照乘传》和《赞祖彭城公中兴事》，显然是以家族史和重要先祖为内容的家牒、事迹传略；而刘权的《刘氏洞史》和司空图的《密史》，参照三国时期孙吴史学家韦昭撰的《洞纪》，是记述庖牺氏以来至东汉建安二十五年（220）的历史，宋人俞充在《王官谷十咏·石砚》诗中也有"悯时著密史"及"表圣所著《密史》，深救时病"的自注，可以推断皆是以某段国史为题材的史学著述。

现在收录在《全唐诗》中的《修史亭二首》，应该就是司空图在修史亭中做整理补述工作时的心境与感慨：

> 少年已惯掷年光，时节催驱独不忙。
> 今日无疑亦无病，前程无事扰医王。
>
> 篱落轻寒整顿新，雪晴步屧会诸邻。
> 自从南至歌风顶，始见人烟外有人。

回头看，从逃离长安"匹马偷归"，到大规模修缮、扩建王官谷别业，然后埋头编著自家的诗文作品集和数部国史、家乘，这该是何等巨大而繁重的体力与脑力劳动啊！司空图之所以能有心劲完成这些工作，应该与王官谷别业惬意的环境有关。正是这世外桃源一般清幽自在的天地，让他暂时忘却尘世纷扰和王朝动荡，获得一个超然物外的逍遥心境。既然他以出仕为"非"，自然就会收心安神，着力于文学著述以寄托精神了。而作于同一时期的诗作《归王官次年作》（一作《光启四年春戊申》），更将这种清幽心境毫无遮拦地呈现出来：

> 乱后烧残数架书，峰前犹自恋吾庐。
> 忘机渐喜逢人少，缺粒空怜待鹤疏。
> 孤屿池痕春涨满，小阑花韵午晴初。

酣歌自适逃名久，不必门多长者车。

本诗"缺粒空怜待鹤疏"句中之"缺粒"，另有版本作"览镜"，句意则可解作：面对镜中容颜不断衰老的自己，空自期待皇帝招贤纳士的"鹤头书"的到来。"鹤头书"，是指朝廷文士特意用鹤头书体书写的皇帝征召贤士的诏书。

第九章　寓居华阴

浮世荣枯总不知，且忧花阵被风欺。

侬家自有麒麟阁，第一功名只赏诗。

——摘自《全唐诗·力疾山下吴村看杏花十九首》之六

再次赴诏与请辞

就在司空图打算"自此致身绳检外"，隐逸遁世"武陵源"的时候，不想一次不期而遇的皇权更替，再次激活了他期待国威重振、有所作为的未了心志。

光启三年（887），神策军将领宋文通除掉了妄图操控皇帝的凤翔节度使李昌符，因护驾有功，被唐僖宗赐名李茂贞，封为凤翔节度使，还亲自为他定字为正臣。

光启四年（888）二月二十一日，身患疾病的唐僖宗自凤翔"凯旋"回京。目睹再次经历兵乱洗劫的长安，荆棘满城，狐兔纵横，早已失去了往日的皇城威仪，病恹恹的年轻皇帝不免心生悲凉。尽管文武百僚又是给他上名不副实的徽号"圣文睿德光武弘孝皇帝"，又是建议他变更年号为文德，但这些"喜气"并没有让他的病情减轻，反而迅速恶化，大病不起。三月六日，已经不能自主指定接班人的唐僖宗，在内廷军容使宦官杨复恭胁迫下，立寿王李杰为皇太弟后，当晚便驾崩了，年仅二十七岁。

时年二十二岁的李杰，遵遗诏改名敏，八日枢前即位，再改名晔，是为唐昭宗。为纪念新皇登基，朝廷又改下一年的年号为龙纪元年（889）。大顺元年（890）春正月，文武百僚又上同样的尊号"圣文睿德光武弘孝皇帝"给唐昭宗，再改年号为大顺。从唐僖宗到唐昭宗，短短三年就变更了三个年号，足见这是一个弱不禁风到何种地步的统治集团，到了期盼通过频繁上尊号、频繁更换吉利的年号来改变衰亡厄运的地步。

不过即位伊始的唐昭宗，似乎还不想承认这一点，他"攻书好文，尤重儒术"，展现出年轻气盛、精明强干、跃跃欲试的血性，和决心匡复朝纲、号令天下、恢张王业的雄心。他尊重朝臣、求贤若渴的自信和气度，令那些期待情势好转、皇威重振的臣僚精神为之一振，一时朝野称颂，褒扬有加。

而这样的口碑传闻，以及焕然一新的朝政，也很快传到了远避王官谷别业的司空图耳中。他面对"九簻之室"备列的国朝至行清节文学英特之士画像，心想，这不正是他所期待的转机吗？已如死灰的心头，似乎再次燃起了对大唐帝国中兴的殷切期盼。

很快，新皇帝招贤纳士的"鹤头书"就抵达王官谷，召司空图赴京任职。鉴于他在光启元年（885）的辞职，唐僖宗当时并没有来得及诏准就出逃了，所以唐昭宗暂且先恢复了他的旧职中书舍人。

只是时日不长，司空图竟然又要托病辞职了。现有他的《乞归》残诗存句为证："多病形容五十三，谁怜借笏趁朝参。"那么仅仅是因为资料显示的眼疾困扰吗？王禹偁在《五代史阙文》本记当中做出了回答："图见唐政多僻，中官用事，知天下必乱，即弃官归中条山。"比如唐昭宗贬谪宦官田令孜的故事，就让司空图刚刚闪烁起来的希望火星，再次暗淡下来。

还是在黄巢占据京城、唐僖宗逃往蜀地途中，当时作为诸王之一的唐昭宗，因为乏困脚疼，躺到路边的石板上歇息，并希望田令孜能给一匹马骑。没想到田令孜不但没有给马，反而用马鞭子抽他起身快走，嫉恨由此埋下。现在做了皇帝，唐昭宗立贬田令孜去西川。

当年，司空图曾经因田令孜怂恿兄长与唐僖宗赌马球获得西川节度使之事，特作《感时上卢相》予以讽喻，现在刚到朝廷，面对国家四分五裂、朝廷百废待举的用人之际，新皇帝就开始利用手中的权力报复泄愤，这种争斗谋算的做派，不但暴露出唐昭宗鼠肚鸡肠的真实嘴脸，也自然再次辜负了这位骨鲠老臣的殷切期待。

更为严重的是，司空图通过来往文书，对各地藩镇争夺地盘的混战局面有所了解，进而洞察到天下汹汹、危机四伏的危情。仅以中原腹地为例，被赐名朱全忠的黄巢降将朱温，已经坐大为一路诸侯。就在唐昭宗即位当年，由朱全忠统领的诸道讨伐大军，虽说经过小半年的围剿，擒获叛将秦宗权，平息了为害数载的蔡州之乱，解除了自黄巢乱后各路藩镇盘踞西至陕西一带的金、商、陕、虢，南及两湖之荆、襄，东过淮河流域，北侵山东西南部的徐、兖、汴、郑，幅员阔达数十州的割据局面。但与此同时，他又拥兵自重，以节度使任所大梁（今河南省开封市）为依托，相继吞噬河南及山东兖、郓、青、徐之间，弱肉强食，极力扩充着自己的势力范围，居心叵测，成了威胁唐王朝的心腹大患。

龙纪元年（889）五月间，就在家乡河中府的北面，河东节度使李克用派遣部将李罕之、李存孝率军攻打邢洺节度使孟方立，逼得孟方立走投无路，服毒自杀。然后他又借口三军擅自推举其弟孟方迁为留后，再次攻打，并挫败朱全忠自大梁派出的援兵，进而侵夺邢洺藩镇归于河东节度使治下。这一后果，又直接导致朱全忠勾结朝臣张浚，撺掇唐昭宗于大顺元年（890）五月挑起了征讨李克用的战事，把尚未站稳脚跟、恢复元气的唐王朝，又拖入了各路藩镇军阀借口讨逆、讨要名分、胁迫皇帝、相互征杀的混乱境地。

面对这种难有起色、病入膏肓的不堪局面，辞职，退隐，便成了司空图最为明智的一种选择了。

寓居华阴

司空图辞职获准后，适逢河东节度使李克用派兵攻打昭义节度使孟方立，战事在今天的山西长治一带，距离河中府不远，局势动荡，他只好选择就近驻留华阴县，等待战事平息后，再回王官谷。没料想，这一住，竟长达十年之久。

华阴县位于西岳华山山北，因登山之路在北，故早在春秋战国时期，这里已经设华阴邑，至今已有两千一百多年历史，西汉高帝八年(前199)改置华阴县。古人认为，山之南、水之北为阳，山之北、水之南为阴，故而得名。华阴自古就有"三秦要道、八省通衢"之称。唐代以来，虽然多次更变名称，比如仙掌县、太阴县，但到了宝应元年(762)，又恢复为华阴县。华阴县位居长安与虞乡县之间，是长安东顾的门户，南侧崇山峻岭，适宜避居。

司空图是在完婚不久的女儿和女婿姚颉陪伴下，前往华阴的。关于姚颉，《旧五代史·姚颉传》这样记载他的性情为人：

　　姚颉，字伯真，京兆万年人。曾祖希齐，湖州司功参军。祖宏庆，苏州刺史。父荆，国子祭酒。颋少蠢，敦厚，靡事容貌，任其自然，流辈未之重，唯兵部侍郎司空图深器之，以女妻焉。

二十三岁的姚颋，正处于求取功名的准备当中，正好需要一个僻静的处所，让岳丈指导功课。所以在父亲的安排下，他陪同岳丈一家一同来到华阴自家的别业安住。

抵达华阴的司空图，乘兴登临城南的县楼。以往往来长安，他不止一次路径华阴，但是这次打算落脚避居一段时间，心情感受便有所不同了。当他凭栏南眺近在咫尺、巍巍如堵、曾名"仙掌"的华山雄姿，诗兴缘情而生，吟成一绝：

> 丹霄能有几层梯，懒更扬鞭笞翠蜺。
>
> 偶凭危栏且南望，不劳高掌欲相携。

在县城略作小憩，司空图就朝南一路慢坡，抵达位于华山脚下小敷谷中的姚家别业"松斋"。面对如屏如幕般的华山，诗人又吟成一首《莲峰前轩》：

> 人间上寿若能添，只向人间也不嫌。
>
> 看著四邻花竞发，高楼从此莫垂帘。

安住下来的司空图，做的第一件事情，就是前去探访瞻仰恩师王凝生前隐居的敷溪别墅，它应该距离传主的寓所不会很远。诗人面对恩师曾经栖身的别业，追忆昔日拜望、同游的情形，忍不住睹物思人，回想从结识恩师到被录取进士，再到追随他先去商州、潭州，回京城，又去洛阳、宣城，直到生离死别，阴阳两隔，不免悲从中来，吟成《敷溪桥院有感》：

昔岁攀游景物同，药炉今在鹤归空。

　　青山满眼泪堪碧，绛帐无人花自红。

　　因为小敷谷中有敷溪流出，可知王凝的别业濒临敷溪，并有便桥交通两岸。敷溪溪谷两岸植被茂密，多有白杨、垂柳和桃树、杏树一直延伸到山下。而往下不远处，即是每到早春二月便有杏花喧闹妖娆的吴村。这之间，就成了司空图平日里漫步出游的一条诗径了。司空图作于第三年的《力疾山下吴村看杏花十九首》当中的第一、第十四、第十七、第十九首，就生动描述出他这两年游赏杏花的兴致与行踪：

　　春来渐觉一川明，马上繁花作阵迎。

　　掉臂只将诗酒敌，不劳金鼓助横行。

　　闲步偏宜舞袖迎，春光何事独无情。

　　垂杨合是诗家物，只爱敷溪道北生。

　　行乐溪边步转迟，出山渐减探花期。

　　去年四度今三度，恐到凭人折去时。

　　昨日黄昏始看回，梦中相约又衔杯。

　　起来闻道风飘却，犹拟教人扫取来。

　　其中第十七首那句"去年四度今三度"，说明寓居华阴第二年的开春时节，他到吴村观赏杏花多达四次。但是面对迷人眼的花阵，自然也会勾起诗人对隔河不远处《故乡杏花》的怀想：

寄花寄酒喜新开，左把花枝右把杯。

欲问花枝与杯酒，故人何得不同来。

第二年夏天，司空图因为眼疾，下到华阴县城就医。当他独自一人栖身旅舍，被病情困扰，赋成《陈疾》一首：

自怜旅舍亦酣歌，世路无机奈尔何。

霄汉逼来心不动，鬓毛白尽兴犹多。

残阳暂照乡关近，远鸟因投岳庙过。

闲得此身归未得，磬声深夏隔烟萝。

诗中提到的岳庙，即现在华阴县城北的西岳庙，又称华岳庙、华山庙。它始建于西汉武帝元光初年（前134），位置在黄甫峪口，命名集灵宫；东汉时迁至长安通往洛阳的官道边上，即现在所在的位置，而后改称西岳庙，成为历代帝王祭祀华山之神的重要场所。开元十二年(724)冬，唐玄宗李隆基召令全国，封华山神为"金天王"，西岳庙也改称为"金天王神祠"。这里除了有前代汉隶极品《西岳华山庙碑》、北周的《西岳华山神庙之碑》，还有唐玄宗为它御制的一通号称天下第一的《西岳华山碑铭》。

诗作为我们描述了一个被眼疾困扰的老人，更加怀念河对岸故乡的寂苦心境，这不正是司空图孤独情绪的写照吗？尽管是在自己女婿家里，还有女儿陪伴，但时间长了，他还是难以抑制萦绕心头的思乡之情。这种郁积心头、难以排遣的情绪，被传主进一步抒发在了《华下二首》诗作当中：

故国春归未有涯，小栏高槛别人家。

五更惆怅回孤枕，犹自残灯照落花。

关外风昏欲雨天，莽花耕倒枕河壖。

村南寂寞时回望，一只鸳鸯下渡船。

这后一首，还关联到司空图与晚唐著名诗人郑谷之间的一则轶事。据《唐诗纪事》和《唐才子传》记载，司空图因与郑谷的父亲一起共事，所以开成年间（836-840）得见七岁就能赋诗作对的郑谷。他问郑谷读过自己的诗作吗？看看有什么毛病吗？郑谷随口吟出司空图的《华下二首》（又名《曲江晚望》）第二首当中的后两句："村南斜日闲回首，一对鸳鸯落渡头。"（与《全唐诗》所录诗句有一定的出入），并评价说"此意深矣"。司空图大为赞叹，双手抚拍郑谷的肩背夸赞道："当为一代风骚主也！"

这个轶事存在两个硬伤：首先据史书记载，郑谷父亲郑史开成年间已经做官，而司空图开成二年刚出生，年龄明显出现偏差；其次司空图在华阴作《华下二首》的时候，郑谷已经在朝廷做官了。应该是后世好事者，将郑谷《〈云台编〉序》中有关马戴抚顶叹勉郑谷"他日必成名"的故事，附会在司空图身上了。

移疾不起做寓公

司空图寓居华阴期间，还因屡屡辞官而闻名朝野。

自龙纪元年（889）到乾宁二年（895）七年间，司空图就先后辞官三次。除了第一次征召他是从家乡王官谷奔赴长安外，另外两次都是在他寓居华阴期间。

在后两次征召之前的大顺二年（891），监修国史的丞相杜让能已经推荐他入朝，与裴庭裕、顾云、羊昭业、卢知猷、陆希声、钱翊、冯偓等朝臣一起，撰修唐宣宗、唐懿宗、唐僖宗三朝实录。由于史书没有详细的记载，司空图的本传也没有提及此事，所以现在存有两种说法：一是托病就没有去长安，二是《题裴晋公华岳庙提名》去后很快借口眼疾不能胜任又离开了。司空图作于这一年前后的《题裴晋公华岳庙提名》，似乎与这件事有所关联：

> 岳前大队赴淮西，从此中原息鼓鼙。
> 石阙莫教苔藓上，分明认取晋公题。

如果说传主参与过修史，又是主修他熟悉的唐僖宗时期故事，那肯定绕不过黄巢占领京城那段"当代史"。当时面对朝廷重用的军事将领高骈心怀二心、玩寇自保的严峻形势，司空图就曾作《淮西》诗一首，以唐宪宗朝名相裴度率军平定淮西吴元济叛乱的故事，提醒宰相卢携，用非其人可能给唐王朝带来的可怕后果。现如今，他得以直接了解唐僖宗当时主导下的诸多具体决策的内情，一定会再次联想到死于非命的恩公卢携，联想到长安当时树倒猢狲散、皇朝土崩瓦解的惨象，故而生发出对错用高骈导致大厦几乎被倾覆的诸多感慨。同时自己当时又寓居华阴，可能不止一次经过或者游历华岳庙，仰望四朝元老级别的贤相裴度苍劲有力的题名笔迹，睹物思人，再次检讨朝廷用人政策的重要性，故有此诗。

如果司空图没有参与此事，那么还有一种可能，就是杜让能的封号"晋国公"，让司空图联想到裴度也曾因平叛淮西功勋卓著，获得过此封号，有所触动，遂成此诗。

二〇〇七年三月，西岳庙文物管理处在进行金城门广场整修时，发掘出三十余块唐宋元题名题记碑刻，其中就有司空图《题裴晋公华岳庙题名》残碑。残碑高四十六厘米，宽九厘米，存"□前大旆讨淮西，□此中原息战鼙"十二字，字径约三厘米，刻于残碑的左侧。在这两句的右侧还镌刻了"乐安薛绍彭／沙□陀／□丰六年□月十六日""挺"等内容。从该题刻文字的排列顺序和华山地区古代题刻碑文的书写体例看，《题裴晋公华岳庙题名》为主题刻，而右侧文字应属后人在旧题刻石碑上的加刻。根据碑刻内容及其他文献记载，应为唐刻。

景福元年（892），也就是司空图寓居华阴的第四年，唐昭宗第二次征拜他做谏议大夫。较前一次恢复旧职而言，级别没有变化，仍然和中书舍人一样是正五品上，但貌似显赫，纯属虚职。传主对这次任命的态度是直接称病，根本就没有去长安赴任。《旧唐书》本传就此次辞官的政治原因，有明确的记述："时朝廷微弱，纪纲大坏，图自深惟出不如处，移疾不起。"这是史书上记述的缘由，而传主在他作于前一年的《说鱼》一文当中，则借家乡王官谷祯贻溪中的鱼群，对自己受名利盅惑仕途妄进的检讨，进一步透露出作者这一时期消极遁世的思想心境：

> 蒲之东七十里，山秀而瘠，故其水迅激，不能蓄鳞介之族，著于方志焉。王城谷司空氏曰祯贻溪，其岩瀑九为峭束。愚尝派着于庭，欲资涵泳之玩。或致于他所，亦不更夕辄暴去。前年捧诏西上，复移疾华下，则邻之佛者遽至。言石窦泉隙，鱼皆充牣。愚熟稔竟不能穷其说，而佛者谓吾久于是溪，虽才啬而命弛，然抚其爱育之心，足以达其物类。盖斯鱼之产，是欲信吾心于方将耳。而愚尚以为愧也，且以为羁。涉岁而后，鱼集于故山泉，彼能达吾之心，宅幽而远害，是有物致之。且惑愚之妄进，姑欲全吾道而退保安耳。敢不自警也哉？

当代学人萧晓阳在《晚唐小品文体之新变》一文中，这样诠释晚唐文人的小品文体特色："（以）比譬之物，在诡异的形象、诙谐的言辞中，寄寓着深刻的思想批判精神。"司空图这篇《说鱼》，正好突显出这样的譬寓特点。

　　但是朝廷并没有因为司空图的屡屡辞官而忽略了他的存在，反而显得更加在乎他了，转年又以户部侍郎再次征召。面对官至四品的任命，司空图当时是怀着怎样的心思赴任的，我们已无从知晓，只是仅仅过了几天，他就再次请求辞职，并又一次获准了。理由不用猜，还是身体有病。但对唐昭宗软弱无能、难有作为之表现的极度失望，应该是他不能明言的隐痛。

　　年轻气盛的唐昭宗，即位之初，不但泄私愤贬黜田令孜，还于大顺二年（891）九月间，赐给扶持他登上帝位的左军中尉杨复恭几杖，随即令其以大将军致仕。杨复恭看穿唐昭宗卸磨杀驴的把戏，甚为恼怒，拒不受诏，进而起兵对抗征讨他的禁军，兵败后退出京城，逃往商州。这一变故，却给心怀野心的凤翔节度使李茂贞一个扩张坐大的借口。景福元年（892）正月，李茂贞纠结邠州王行瑜、华州韩建、同州王行约、秦州李茂庄，合称五节度使一起上书，称山南西道节度使杨守亮容匿叛臣杨复恭，请求加封李茂贞山南西道诏讨使，出军讨伐。因未获朝廷诏准，恼羞成怒的李茂贞，竟与王行瑜擅自攻掠、占据兴元等地，并上书宰相杜让能、中尉西门君遂，充斥着轻慢羞辱之词。唐昭宗闻听大怒，誓要发兵征讨李茂贞。宰相杜让能阻止不住，无奈之下，只好配合谋划。可惜诸王本乃纨绔子弟，率领的禁军又多是新招募的市井少年，毫无战斗力，当他们遇到李茂贞、王行瑜麾下身经百战的边疆兵将，一触即溃，望风披靡。乱军乘胜攻到长安西城延秋门前的三桥边上，令京城大乱，士民奔散。李茂贞陈兵临皋驿，根据与他有勾结的宰相崔昭纬的诬陷，上表请求诛杀主张出兵的杜让能。乱了方寸的唐昭宗，暴露出怯懦无能的本相，居然以牺牲忠臣杜让能和给李茂贞、王行瑜封官许愿为代价，换取他们退兵，乞求苟且偷安于一时半刻。

　　面对这样一个比傀儡更加不如的皇帝，无非成了各种军阀势力政治角逐所必须对准的靶子，自然也就成了招灾惹祸的危险所在，司空图除了辞职远避，还能有什么选择呢？

但是司空图的频繁辞官，却引起一位布衣书生孙郃的极度不满。孙郃写了一封言辞激烈的书信，批评他在朝廷急需用人之际，屡屡辞官自保不作为，非人臣之道，有负皇恩，希望他不要再这样退隐，应该进而救时。司空图为此专门修书一封，即《答孙郃书》。在书信中，司空图就孙郃的指责做出了中肯的解答：

> 今吾少也，盖审已熟，虽进，亦不足以救时耳……始吾自视固缺薄，今又益疑其不可妄进。且持危之术，制变之机，非鲰懦之所克辨也……韩史部激李桂州之不行，责阳道州无勇，虽致二贤适自困，亦何救于大患哉？其所为者，或奋而不顾，匹夫匹妇，亦可为之，孟子所谓非不能也。

一句"虽进，亦不足以救时耳"，道出了司空图选择进退的指导思想，即"量力救时"。这正是他在《议华夷》中提出的要旨："虽然，量力救时，当置远荒于度外。"就是说，"救时"既要依据个人能力和个人愿望行事，也要察看具体情况；若具体情况不允许，宁愿静观不动，就像信函中所举的"简于情累"的"古之山林者"。而且我们通过司空图的诸多著述，会发现贯穿其中的一条关于出、处的思想认知脉络。比如他在《连珠》中，惕厉自己"乘时自振""希时而无救祸淫"；在《将儒》中，则突出自己对"时"至而"道"不显的忧虑——"虽用于时，道亦削然不喻"；在《天用》中，又发出对"可为则为，不可为则不为"的感叹——"噫，时乎时乎，盖贤哲之所宜禀，唯用天之用，然后功约而济博"；在《题〈东汉传〉后》中，又表达出对"救时"条件的极度关注——"君子救时虽切，相时度力，以致其用。不可，则静而观之，以道训服"。而这封信函所言

135

明的态度与观点，也证明司空图已经完全走出了《与惠生书》当中的困惑——"夫百人并迫于水火，可皆救之，斯为幸矣；不可皆救，则将竭力救其一二耶？亦将高拱以视之耶？"传主还列举韩愈激将"李桂州""阳道州"致使他们陷入困境作为"不量力救时"的负面证例，对儒家倡导的"达则兼济天下"做出自己的修正，那就是置身貌似的"达"之顺境，当"进"不仅不能"兼济天下"，甚至还会引火烧身、祸及生命安全的时候，也只有选择避遁远离。这也与他在《说鱼》一文中表达的"惑愚之妄进，姑欲全吾道而退保安耳"的思想一脉相承，高度一致。

奉敕为王重盈韩建作碑文

司空图可以一再辞掉朝廷委任的官职，却无法推掉朝廷交给他的一个差事——为大顺二年（891）朝廷刚刚加封中书令的河中节度使王重盈撰写生祠碑文。

就在司空图避居华阴期间，家乡河中府的节度使，也发生了动荡更替。光启三年（887），对待部下过于严苛的王重荣，竟被牙将常行儒引兵杀死在别墅里。朝廷闻知变故，立即诏命王重荣的兄长、陕虢节度使王重盈为河中护国节度使。王重盈抵达蒲州后，立即处死常行儒，重新稳住军心，得到军民耆老的拥戴。他们共同上书朝廷，请求为王重盈建造生祠。唐昭宗"俯从人愿"，敕命司空图撰写碑文。

这是司空图继中和三年（883）为王重盈的弟弟节度使王重荣撰写《解县新城碑》、为他们的父亲撰写《太尉琅琊王公河中生祠碑》，寓居华阴当年十月，又应王重盈所请为新谢世的母亲撰写《蒲帅燕国夫人石氏墓志》之后，再次奉朝命为这位新任家乡父母官撰写碑文。是缘分，还是无奈，恐怕只有他自己心里知道了。

笔者通篇阅读《太尉琅琊王公生祠碑》碑文，辞藻足够华美，比象也是古往今来，撰主的事迹自然也是德智双全，但却读不出传主发自内心的感受与生发，远不及为王重荣撰写的《解县新城碑》言之有物，更不及为恩师王凝撰写的《唐故宣州观察使检校礼部王公行状》真情感人了。所以笔者以为，这篇碑文，连同虚头巴脑、还重复其他碑文里面介绍几个儿子等内容的《蒲帅燕国夫人石氏墓志》，只能算作勉为其难的应付之文。

让司空图没有想到的是，《太尉琅琊王公生祠碑》交差不久，到了乾宁元年（894），朝廷因为李茂贞之乱得以平息，又给他委派了一个更为尴尬的差事，就是为一起参与了李茂贞兵乱、正日益强盛起来的华州节度使韩建撰写《华帅许国公德政碑》。

这是怎么回事？

因为就在当年六月，韩建率五百精兵，在乾元一带截住了自商山逃往河东的杨复恭与杨守亮、杨守信一行，献给朝廷处斩。这一表现，替唐昭宗除掉了一个心头大患，也让他为自己参与李茂贞、王行瑜联合出兵胁迫朝廷的行为，找到一个体面开脱的理由。这便是唐昭宗为其加封官爵，诏命司空图为其树碑立传的由来。

那么这个韩建何许人也，居然能有翻手为云覆手为雨的神通？

韩建出身将门，早年在蔡州节度使秦宗权麾下从军，因军功升为小校。黄巢义军威逼长安的时候，韩建跟随大将鹿宴宏驰援，后又作为唐僖宗出逃蜀中的护卫。当鹿宴宏路经山南东道时攻占兴元，自称留后，并以韩建为蜀郡刺史的时候，韩建不愿从叛，投奔军容使田令孜，被任命为潼关防御使兼华州刺史。在其任上，面对屡经战乱、户口流离、田园荒芜的不堪局面，韩建带领兵士，披荆斩棘，劝课农事，树植蔬果，又亲自出入闾里，亲问疾苦。所以不出数年，农户衣食充足，军队粮草无虞，治下面貌为之一新，韩建由此深得百姓爱戴，与另一位以爱民闻名的荆南节度使郭禹一道，被时人誉称为"北韩南郭"。但是，当他升任华商节度使、潼关守捉使后，在权欲驱动下，也就掺和到了关中诸节度使与朝廷的冲突当中，进而与凤翔节度使李茂贞、邠州节度使王行瑜举兵攻进长安，瓜分权力，成为朝廷不能忽视的一路诸侯。唐昭宗为了安抚讨好韩建，只好答应了其部下提出的为他树立功德碑的要求，这是隐情。

或者就像先前避居家乡王官谷，由王重荣向朝廷推荐司空图奉敕为其撰写《解县新城碑》那样，韩建这通碑文，也应该有类似的可能。而司空图能够同意，朝命是一个缘由，而久住此地的人情关系，也是一个缘由。诚然，作为旁观者，韩建与诸路军阀共同发难朝廷的不轨行为背后所包藏的祸心，司空图不可能看不出来，因而他在碑文里面，正色规劝道："研深本在于防微，虑祸莫先于轻敌。靡忘慎恪，方保初终。以此持危，自钟全祉。"这就是司空图。正如他后来在《复陈君后书》当中所申明的，自己既然奉朝命为文，"岂敢诲其苞茅不贡之渐耶？"所以《四库全书·集部·别集类四·司空表圣文集》提要考辨言道："其时建方强横，昭宗不得已而誉之。图奉敕为文，词多诚饬，足见其刚正之气矣。"

"第一功名只赏诗"

司空图能一直在华阴安居下来，与他调整心态，为自己确定的一项工作关系密切，诚如《力疾山下吴村看杏花十九首》第六首所宣示的：

> 浮世荣枯总不知，且忧花阵被风欺。
> 侬家自有麒麟阁，第一功名只赏诗。

"第一功名只赏诗"，也就是让自己静下心来，继续充实完成广明元年（880）已经做好序文的唐诗选本《擢英集》的选编与赏析。

当司空图读到老乡柳宗元的《柳柳州集》，细心体味、艺术赏析之余，有感而作《题〈柳柳州集〉后》。这篇作品，犹如一股清风，拂起了寓所书斋窗纱的一角，让我们窥见了他曾经品鉴著述的身影：

　　金之精粗，考其声，皆可辨也，岂清于磬而浑于钟哉？然则作者为文为诗，才格亦可见，岂当善于彼而不善于此耶？愚观文人之为诗，诗人之为文，始皆系其所尚，既专则搜研愈至，故能衒其工于不朽。亦犹力巨而斗者，所持之器各异，而皆能济胜，以为勍敌也。愚尝览韩吏部歌诗累百首，其驱驾气势，若掀雷抉电，奔腾于天地之间，物状奇变，不得不鼓舞而徇其呼吸也。其次皇甫祠部文集外所作，亦为遒逸，非无意于深密，盖或未遑耳。今于华下方得柳诗，味其深搜之致，亦深远矣。俾其穷而克寿，抗精极思，则固非琐琐者轻可拟议其优劣。又尝睹杜子美《祭太尉房公文》、李太白《佛寺碑赞》，宏拔清厉，乃其歌诗也；张曲江五言沉郁，亦其文笔也，岂相伤哉？噫！彼之学者褊浅，片词只句，不能自辨，已侧目相诋訾矣。痛哉！因题柳集之末，庶俾后之诠评者，罔惑偏说，以盖其全工。

　　柳宗元，唐代著名文学家、哲学家、散文家和思想家，世称"柳河东""河东先生"。因为参加王伾、王叔文的"永贞革新"失败，一连遭贬，直至四十七岁病死在最后的贬所柳州，又被后世称作"柳柳州"。柳宗元不但是一个具有唯物主义认识的政治革新倡导者，批判神学，强调人事，用"人"来代替"神"，对唯心主义天命论进行批判；还和另一位文学大家韩愈发起领导了"古文"运动，提出了"文道合一""以文明道""不平则鸣""务去陈言""辞必己出"以及先"立行"再"立言"等一系列思想理论和文学主张，并在贬官永州、深切感知民瘼以后，身体力行地创作出《捕蛇者说》《黔之驴》等内容丰富、技巧纯熟、语言精练的优秀散文，对后世产生了深远的影响。与此同时，柳宗元的诗作题材广泛，形象鲜明，寓意深刻，其五言绝句《江雪》，堪称司空图诗论著述当中提出的"景外之景，象外之象""味外之旨""韵外之致"的重要代表作品之一："千山鸟飞绝，万径人踪灭。孤舟蓑笠翁，独钓寒江雪。"确如司空图所言："深搜之致，亦深远矣。"而《江雪》所呈现的清新奇绝的艺术意象，也被他化用在了《二十四诗品》第十六品《清奇》当中：

> 娟娟群松，下有漪流。晴雪满汀，隔溪渔舟。
> 可人如玉，步屧寻幽。载行载止，空碧悠悠。
> 神出古异，淡不可收。如月之曙，如气之秋。

但是司空图这篇题记文字，并不是专门针对柳宗元这部《柳柳州集》进行整体评说的，而是由这部诗集生发出来的有关"文人诗"的联想与思考。他首先以黄金的精粗不同所发声响的清浑差别，来比喻洞见一个文人作诗的才情品格，进而提出了"文人之为诗，诗人之为文"的命题，随即以与柳宗元一起发起古文运动的韩愈的诗作为例，佐证诗人之为文，与文人之为诗，是否擅长似乎并不重要，关键在于探究他最初崇尚的是什么。所崇尚得愈是专一，用心探究得愈是精深，那么体现在作品当中的效果自然就更加富有新意，别开生面，成就不朽之作。司空图认为，韩愈正是这样一位笔力高强的善诗文人，其诗作驾雷驭电、叹为观止的宏伟气势，便汇聚成《二十四诗品》第一品《雄浑》中"积健为雄""横绝太空"的非凡气魄：

> 大用外腓，真体内充。返虚入浑，积健为雄。
> 具备万物，横绝太空。荒荒油云，寥寥长风。
> 超以象外，得其环中。持之匪强，来之无穷。

由此足见司空图对韩愈诗作推崇的程度，也表明司空图对韩愈以古文为诗的观点的肯定。而对由韩愈和柳宗元推动的古文运动的充分肯定，更是对以韩愈为代表的中唐诗人，面对盛唐诗人王维、高适、岑参、王昌龄尤其是李白、杜甫创立的前所未有的诗歌艺术表现的高度，通过倡导古文运动，创新求变，带动中唐时期的诗歌创作攀上全新高度的热情肯定。

《历代学者对韩愈的评价》一文的作者李建崑先生指出，韩愈在其所生活的时代，并不如号称"元白"的元稹、白居易更具影响力，这二位才堪称元和时代的骚坛盟主。韩愈的诗文特质，只得到一些诗友弟子们的认可，并没有引起足够重视。直到诗评家司空图对其作品的这些特质进行了充分的肯定，才成为后代学人用来评述韩愈诗作成就的核心评语。如此说来，司空图不只是为自己的作品分类选择了一个典型范例，更对后世诗家学者对韩愈诗文的推崇与研究，起到了至关重要的推动作用，也成为宋代引领一代诗风的"以文为诗"的理论源头。

随后，司空图又举与韩愈同一时期的皇甫湜的诗作，作为"遒逸"的代表。并且指出，皇甫湜并非不想让诗作更为深沉缜密一些，只是还没有来得及进一步体现出来而已。皇甫湜与李翱都是韩愈的学生，李翱又是韩愈的侄婿，都是韩愈倡导古文运动的积极参加者。李翱发展了韩文平易的一面，皇甫湜则发展了韩文奇崛的一面。接下来，司空图就皇甫湜诗作的欠缺，才提到柳宗元的诗作，极力肯定其诗作"非琐琐者轻可拟议其优劣"的"深搜之致"，与"穷而克寿，抗精极思"的深远意味，借此在这篇重要的诗论文献当中，第一次明确提出了"诗味"的见解。"诗味"之说，与他随后在《与李生论诗书》一文当中提出的"韵外之致""味外之旨"等艺术见解，一脉相承，由此可以探知传主这一审美观念生发与形成的过程。

最后，传主进一步举出杜甫的《祭太尉房公文》和李白的《佛寺碑赞》两篇文章，赞其宏伟出众的气象与耿介的骨气，实属歌诗的韵味；再举张九龄的五言诗作，亦呈现出"沉郁"文笔，再一次批驳相关浅薄之论和置评的初衷。

李白、杜甫在唐代诗坛上所取得的成就无与伦比，堪称双子星座，世人皆知。司空图曾经为自己陈列的"文学英特之士"撰写过系列赞语，其中就有一首《李翰林写真赞》，足见司空图对李白仰视浮云、傲视王侯的景仰之情。至于开元年间的著名诗人张九龄，由于其诗作多以表现在穷达进退当中保持高洁操守的人格理想，把"仕"和"隐"这一对矛盾和谐地统一起来，不愿为追求功业而屈己媚世。这种包含以主动姿态设计自我人生道路的主观意愿，自然给身处乱世的司空图以精神支持。更为重要的是，张九龄的诗作在艺术表现上着意追求"言象会自泯，意色聊自宣"（《题画山水障》）的隽永情韵。明代文艺批评家胡应麟在《诗薮》中就曾指出，是"张子寿首创清澹之派"，认为他下开孟浩然、王维等一路诗风。这种独具"雅正冲淡"神韵的格调境界，自然会得到司空图的着力推崇，也让我们追溯到了他推崇王维、韦应物"澄澹精致"诗风的艺术由来。

司空图一方面通过阅读旁征博引，为自己的唐诗选本选择最为适合的艺术风格代表作；另一方面，他显然还通过与文朋诗友的切磋交流、相互激荡，进一步检验、论证着自己赏析评论的观点。后者，我们可以通过传主的《华下送文浦（一作蒲或涓）》这首诗有所领略：

> 郊居谢名利，何事最相亲。
> 渐与论诗久，皆知得句新。
> 川明虹照雨，树密鸟冲人。
> 应念从今去，还来岳下频。

此外，在《杂题九首》其五中，又有"宴罢论诗久"句，足见司空图与诗友论诗是在华阴寓居生活的一种常态了。那他们都讨论、臧否、品鉴过哪些前辈诗家的作品呢？他的《雨中》诗，就明确提及了王维和陶渊明，虽是说菊花，但是其背后，岂不是传主偏爱二人隐逸诗作的表露：

> 维摩居士陶居士，尽说高情未足夸。
>
> 檐外莲峰阶下菊，碧莲黄菊是吾家。

而《力疾山下吴村看杏花十九首》第十五首、第十六首，也再次给我们揭起了传主当年遨游诗海、品评佳作的帷幕一角，透露出那本已经遗失的《擢英集》当中关涉到的诗家作品的影踪：

> 亦知王大是昌龄，杜二其如律韵清。
>
> 还有酸寒堪笑处，拟夸朱绂更峥嵘。
>
>
> 潘郎爱说是诗家，枉占河阳一县花。
>
> 千载几人搜警句，补方金字爱晴霞。

其中第十六首"千载几人搜警句，补方金字爱晴霞"两句，正好形象地为我们描画出了司空图自己所从事的编选工作的具体情形——通过搜集遴选各路名家的佳作绝句，收入集中，分门别类，并以四言诗句的形式，于篇首概要品赞一番……

《愍征赋》与《悲慨》一品

这期间，司空图还完成了一项重要工作，那就是为少年时代的忘年交卢献卿的作品《愍征赋》作注，并接连撰写了两篇相关的注述之文《注〈愍征赋〉述》和《注〈愍征赋〉后述》。因为卢献卿的这篇赋作已经亡逸，我们现在只能通过司空图对卢献卿这部作品的描述和评价，管窥其

貌。在《注〈愍征赋〉述》当中,司空图开宗明义,对卢献卿的这部作品做出了高度评价:

> 《愍征》则会昌中进士卢献卿着明所作。华胄间生,冠五百年高视;灵玑在握,照十二乘非珍。驭从壑以涛惊,竦驱崦而电轶。恳超言象,特映古今。

在痛惜作者生不逢时、遭人妒忌、借作《愍征赋》以泄怨愤的不幸际遇后,司空图对其作品进行了具体的赏析:

> 观其才情之旖旎也,有若霞阵叠鲜,金缕晴天。鸳塘匣碧,天容曙拆。浓艳思芳,琼楼诧妆。烟霏晚媚,鲛绡拂翠。其雅调之清越也,有若缥纱鸾鸿,翩翻媚空。瑶簧凄戾,羽磬玲珑。幽人啸月,杂佩敲风。其遒逸之壮丽也,则若云鹏回举,势陷天宇。鳌抃沧溟,蓬瀛倒舞。百万交锋,雄棱一鼓。共寓词之哀怨也,复若血凝蜀魄,猿断巫峰。咽水警夜,冤郁霭空。日魂惨淡,鬼哭荒丛。其变态之无穷也,则若月吊边秋,旅恨悠悠。湘南地古,清辉处处。花映秦人,玉洞扃春。澄流练直,森然自极。

这五组排比句段,或四言八句,或四言六句,韵脚也时有时无,但是采用若干个意象来形容一种事物情状或一种形态境界,进而分出"才情之旖旎""雅调之清越""遒逸之壮丽"等品目,予以艺术诠释与品论的形式,不就是一篇与《二十四诗品》形式与格调一致的微型《赋品》吗?

司空图随后在《注〈愍征赋〉后述》一文当中,不只是再次肯定这篇"冠五百年高视"之佳作"遒壮、凄艳""方外之致"的整体思想、艺术特色与人生境界，为像卢献卿这样命运多舛的杰出诗赋家鸣冤叫屈，还特别提及他的唐诗选本《擢英集》的编著初衷与卢献卿之间的关系：

> 且上至圣哲，下至豪特之士，得于文学者多矣，岂以一灵运之狂，而可沮辱天下之奇伟哉？况面墙而悖谬者，何翘于此耶？愚前述虽已恣道其道壮、凄艳矣，而终不能研其方外之致。以是掷笔狂叫，寄之他生。又尝著《擢英引》，以雪词人之愤，其旨亦属于卢君。

在第五章"《〈擢英集〉述》与《二十四诗品》"部分，笔者已经说明，文中所提《擢英引》，即《二十四诗品》。而专为卢献卿雪愤的一品，即为《悲慨》：

> 大风卷水，林木为摧。意苦若死，招憩不来。
> 百岁如流，富贵冷灰。大道日往，若为雄才。
> 壮士拂剑，浩然弥哀。萧萧落叶，漏雨苍苔。

尤其是"大道日往，若为雄才。壮士拂剑，浩然弥哀"四句，岂不正是传主结合所收录的《愍征赋》，对卢献卿的耿介性情与不幸遭际所做的悲愤莫名、喟叹不已的艺术描绘吗？

作为这一品当中重要艺术意象的"剑"，笔者以为，更暗含着司空图内心深处值得玩味的精神寄托。因为在司空图其他重要诗作当中，都曾经反复出现过这柄"剑"的身影：在告别恩公王凝亡灵牌位转赴洛阳的诗作《顷年陪恩地赴甘棠之召感动留题》当中，就有"无限酬恩心未展，又将孤剑别从公"句；在《即事九首》中，又有"匣涩休看剑，窗明复上琴"句；在他第二次"匹马偷归"王官谷别业后以明心迹的《退栖》诗中，更有"得剑乍如添健仆，亡书久似失良朋"二句，被传主视为得意佳句，后来还引入《与李生论诗书》一文当中。由此可知司空图性喜宝剑的情结，可谓深厚！那么，这柄宝剑又是由何而来的呢？缘何能让他如此念念不忘，成为表明心志的寄托与指代了呢？

这还得从《退栖》诗中"得剑"二字说起。据《唐才子传》本传记述："初以风雨夜得古宝剑，惨淡精灵，尝配出入。"于是在一本由阿袁编著的《唐诗故事》所收录的司空图故事里面，就据此敷衍出这样的情节来：一个天色昏晦的夜晚，少年司空图因事外出，半路上忽然风雨大作，此时有一柄古代的宝剑不知从何处飞来，竟掉落在他的跟前。他高兴地把它拾起后，便一直佩挂在身上。

真是这样吗？笔者以为这样的描述过于虚幻演义，不足为凭。倒是司空图在《注〈愍征赋〉述》中介绍自己与卢献卿关系的句段当中，给我们透露出了这柄宝剑的来历：

况愚通家着分，总角忘年。众中则韵仰神仙，席上则价饶鹦鹉。破琴伤逝，无复知音。梦笔摘祥，频惊借彩。伫谈交之可作，叹宝锷之徒悬。犹幸斯文，备存遗迹。

因为卢献卿英年早逝于游历湖南期间，令少年司空图不胜伤悲，才会有"叹宝锷之徒悬"这一睹物思人的动情描写。既然这柄悬挂在房间里的宝剑能让他联想到卢献卿，只能说明这柄宝剑与卢献卿有着非同寻常的关系了。很大的一种可能，就是卢献卿在与司空图交往期间，因意气相投、惺惺相惜，故将自己珍爱的宝剑相赠，以示对这位少年才俊的无限期许！

鉴于品读《题〈柳柳州集〉后》，会让笔者联系到《二十四诗品》当中《清奇》《雄浑》诸品，研读司空图的《注〈愍征赋〉述》和《注〈愍征赋〉后述》，又会联系到《悲慨》一品，再进一步结合司空图的生平行

146

迹通篇研读《二十四诗品》，就不难看出，他于广明元年（880）作序的唐诗分类选本《擢英集》，当年并没有完成，而只是初具规模。而后，就像唐人顾陶花费三十年编著《唐诗类选》那样，司空图也是毕其大半生的精力，持续选编修订到辞世之前不久，才得以最终完成这部追求"第一功名"之不朽的唐诗选编品鉴之作。

叙述至此，笔者的眼前浮现出这样一幅图景：司空图每每出行或者避难的时候，他的行囊当中，必定还会备有一个不可或缺的书箧，里面理应有他已经编选辑录到一起的《一鸣集》，有他不断新增添的诗文手稿……而这其中，最不可或缺、陪伴他时间最长的，就该是这部他最早着手编纂、却又迟迟难以最后完稿的唐诗分类选本《擢英集》，和孕育其中、逐渐完整起来的《擢英引》——《二十四诗品》。

第十章 重返华阴

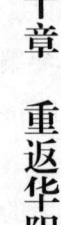

丙辰春正月，陕军复入，则前后所藏及佛道图记（籍），共七千四百卷，与是屏皆为灰烬。痛哉！今旅寓华下，于进士姚颎所居，获览《书品》及徐公评论，因感愤追述，贻信后学。

——摘自《全唐文·书屏记》

远避郇乡

乾宁二年（895）前半年间，身在华阴的司空图，相继收到两位诗友的赠诗。一位是在荆门出家的汾州僧人尚颜寄赠的《寄华阴司空侍郎》：

剑佩已深扃，茅为岳面亭。

诗犹少绮美，画肯爱丹青。

换笔修僧史，焚香阅道经。

相邀来未得，但想鹤仪形。

　　诗中的司空图，诗作一改华丽婉约的笔调，还喜欢点染几笔丹青山水作为消遣；平时的情致不单单是研修佛经，同时还感兴趣道家的经藏史籍，一副仙风道骨的模样。如果说这首诗作描写的，是尚颜印象当中的司空图，那么乾宁元年（890）进士、授秘书省正字的福建莆田人徐寅（寅）寄来的《寄华山司空侍郎（一作"表圣"）二首》，则从知己的角度，呈现出司空图苦闷的内心世界：

金阙争权竞献功，独逃征诏卧三峰。

鸡群未必容于鹤，蛛网何繇捕得龙。

清论尽应书国史，静筹皆可息边烽。

风霜落满千林木，不近青青涧底松。

非云非鹤不从容，谁敢轻量傲世踪。

紫殿几征王佐业，青山未拆诏书封。

闲吟每待秋空月，早起长先野寺钟。

前古负材多为国，满怀经济欲何从。

　　诗作既以"鸡群未必容于鹤"来感叹司空图在朝廷当中的孤独处境，也以"满怀经济欲何从"来体谅司空图因时运不济而难有所作为的苦闷心境。两首诗作，也让我们从另一个角度，感知传主面对"金阙争权竞献功"的恶劣从政环境，一而再再而三地"独逃征诏卧三峰""青山未拆诏书封"的难言苦衷。此外，徐寅还有一首同题诗作：

山掌林中第一人，鹤书时或问眠云。

莫言疏野全无事，明月清风肯放君。

疏野无事，朝廷却是祸事连连。

先是年初，因河中节度使王重盈之死，引发他的两个儿子陕州保义节度使王珙、绛州刺史王瑶，与前任节度使王重荣的儿子行军司马王珂为争夺节度使权位而相互攻战，并勾结、联络各自交好的节度使，威逼朝廷就范。李茂贞、王行瑜、韩建三位节度以此为借口，悍然发兵入京，立逼唐昭宗诏命王珙为河中节度使，把王珂改调同州，并冤杀宰相韦昭度、李磎。虽然他们被传檄出兵讨逆的李克用逼退，不料长安城里又发生了左右神策军护军中尉骆全瓘、李继鹏和中尉刘景宣、指挥使王行实争相挟持唐昭宗的图谋，李茂贞和王行瑜又借机放出风声，要"迎驾"西去。已成惊弓之鸟的唐昭宗，在李筠、李居实两位都军的护卫下，从长安城南的启夏门仓皇逃出，奔往石门镇。

闻知唐昭宗已经出逃的司空图，觉得华阴也待不下去了，家乡河中府又是这次动乱的根源，前景难料，也肯定是不能回去了。无奈之下，他选择远避到南阳府淅川县的郧乡去。

司空图要去的郧乡，还曾经归属过邻近的商州。司空图的父亲司空舆，早年追随裴休时，就是在商州这个地方做的从官，后来又到此地做过刺史。及至司空图追随被贬的王凝，也到这个地方做过随从。莫非这里有亲属故人可以寄住？还真是。笔者在第二章探究司空图的家庭成员的时候，曾经提到，这里有母亲的外甥女，他的表妹南阳公夫人。为我们透露这一信息的《今相国地藏赞并序》，就是司空图避居此地期间所作。也就是说，司空图携夫人和女儿女婿，就是投奔这个表妹而来的。或者，司空图的父亲司空舆，当年就是在这里遇到了他的母亲，喜结连理？

作为内兄的司空图，因为没有儿子，唯一的女儿也已经出阁，为了老来有靠，他和夫人征得表妹同意之后，在这里过继了她的一个孩子为子嗣，即司空荷。而第二章"家庭成员探微"部分所引的《灯花三首》之二，描述的正是司空图在表妹家里分享到的其乐融融的生活情形。

这一年的重阳节，远避他乡的司空图，把悲凉忧闷、担心客死他乡的消极情绪，都抒发在了诗作《客中重九》当中：

楚老相逢泪满衣，片名薄宦已知非。

他乡不似人间路，应共东流更不归。

心情郁闷的司空图，平日里也只能是通过吟句题诗，打发时光。他在光化元年（898）所作的《狂题十八首》当中，有几首诗，应该就是对这一情形的追述：

第十：

雨洗芭蕉叶上诗，独来凭槛晚晴时。

故园虽恨风荷腻，新句闲题亦满池。

第十二：

来时虽恨失青毡，自见芭蕉几十篇。

应是阿刘还宿债，剩拼才思折供钱。

第十三：

芭蕉丛畔碧婵娟，免更悠悠扰蜀川。

应到去时题不尽，不劳分寄校书笺。

与此同时，他还将随身携带的累年所作的诗作旧稿，整理题写在家院的屋壁上；又把非常满意的作品，增补编排进被称为"前集"的《一鸣集》中。

司空图就这样在郧乡题诗为文打发时光到这一年岁末，终于盼来好消息，朝廷的混乱局面，以李克用奉召讨伐，追斩王行瑜而得以平复。这样，司空图在表妹家过完乾宁三年（896）的春节后，就于闰正月间携家人由郧乡直接返归河中府久别的家园。他的《杨柳枝寿杯词十八首》之十二，记录下北归途中所见冬去春将至的景象：

<blockquote>
渡头残照一行新，独自依依向北人。

莫恨乡程千里远，眼中从此故乡春。
</blockquote>

　　还有《杂题九首》之七，则描述了他们一家人怀着欣喜之情冒雪翻越南山道的情形：

<blockquote>
带雪南山道，和钟北阙明。

太平当共贺，开化喝来声。
</blockquote>

自王官谷重返华阴

　　重返离别七年之久的别业王官谷，司空图面对了怎样一幅景象呢？他的《漫题三首》之一前两句"乱后他乡节，烧残故国春"，就是形象的回答。我们不难想见，在王重荣、王重盈的儿子们为了争权夺利而大举兴兵的丙辰之乱后，旧日幽雅如画、堪比武陵溪的别业故居，已经被焚烧毁坏得面目皆非了。而最让他痛心不已的，是一个文人的最爱——所藏七千四百多卷图籍，连同书法珍品四十二书屏，都被焚烧殆尽、尸首无存了。这一惨象，被司空图记录在闰正月二十八日撰成的《〈荥阳族系记〉序》中了：

愚自丙辰之乱前后，所蓄图书七千四百卷，皆被陕军所焚，独司空氏之谱犹存者，以卧起每与之俱，故虽经丧乱弗失也。

这一记述，还得到司空图之后在华阴所作《书屏记》一文的印证："丙辰春正月，陕军复入，则前后所藏及佛道图记，共七千四百卷，与是屏皆为灰烬。"传主面对化为灰烬的图书残迹，不免暗自庆幸那部记录着他们司空家族繁衍历史的"司空氏之谱"，因为随身携带，起卧相伴，故而虽经历这么多年的动荡离乱，独得保全。

笔者留意到，在《〈荥阳族系记〉序》的引文中，又出现了"南阳公"字眼："回为定著，桓公至温为上篇，南阳公至回为下篇……"引文中的"回"，即指《荥阳族系记》一书的著者郑回。据史料记载，郑氏出自郑国，以国为氏，自西汉名臣郑当时居于荥阳，后世即使迁居各地，其中就应该包括引文中提及的"南阳公"一支，他们仍然都以荥阳为郡望。据此推测，司空图所观陇西郑回的《荥阳族系记》，应该是从表妹家带回来的。而表妹的夫君南阳公，就是郑回的后人，所以将编著好的族谱交付司空图代为作序。

司空图在家乡，还领到朝廷一个敕命，为遇害的宰相李蹊撰写昭雪行状。现存《李公蹊行状》残稿如下：

> 公有出伦之才，为时辈妒忌，罹於非横。其平生著交，有《百家著诸心要文集》三十卷、《品流志》五卷、《易之心要》三卷、注《论语》一部、《明无为》上下二（一作三）篇、《义说》一篇。仓卒之辰，焚于贼火，时人无所闻也，惜哉！阳春白雪，世人寡和，岂虚言也。

据《新唐书·李蹊传》，知李蹊不但文学才华出众，著述颇丰，而且书法造诣也很了得。《宣和书谱》卷四有其小传，对李谿书法给予"字如其人"的高度评价："其书见于楷法处，是宜皆有胜韵。大抵饱学宗儒，下笔处无一点俗气，而暗合书法，兹胸次使之然也。至如世之学者，其字非不尽工，而气韵病俗者，政坐胸次之罪，非乏规矩耳。如谿能破万卷之书，则其字岂可以重规叠矩之末，当以气韵得之也。"

司空图在《书屏记》篇首，就曾言明自己推崇"字如其人"的审美见解："人之格状或峻，其心必劲。心之劲，则视其笔迹，亦足见其人矣。历代入书品者八十一人，贤杰多在其间，不可诬也。"而《宣和书谱》对司空图本人书法作品的评价也非常之高："于行书尤妙知笔意。史复称其志节凛凛与秋霜争严，考其书，抑又足见其高致云。"

由此可知，司空图与李谿二人之间，有着因文学与书法的共同品格而知性同乐、相互赏识的君子之谊，故而朝廷才会将这一重要任务交由他来完成。

司空图的《李公谿行状》墨迹未干，当年七月，唐昭宗为了躲避再次率兵逼近京城、扬言要将他"迎请"到凤翔去的李茂贞，又狼狈出逃，辗转渭北。他和随从者打算经河中府，前往上次出面救驾的河东节度使李克用那里安身。不料，韩建抢先一步，派儿子韩充（从允）奉表"拦驾"，并恭谨地将他迎请到了华州任所。没承想，唐昭宗为了躲避恶狼，却又落入了虎口，从此被韩建控制起来。

既然是皇帝，就得有朝班运转起来。所以名为驻跸实为困居在华州的唐昭宗，又要重新征召一批朝臣，填补一路奔逃逸散留出的空缺。其中就有司空图，于十月初诏他赴任兵部侍郎。

此前，司空图已经辞别破败不堪也没有心情修缮的王官谷别业，重返华阴。当得知唐昭宗驻跸华州后，还及时下山觐见朝拜，以尽为臣之道。但是对于唐昭宗这次委任的显要官职，他最终还是推辞不就。何故如此？

当然事出有因。就在司空图准备赴任期间，发生了一起针对他的重大事件，即监察御史向唐昭宗呈报弹劾奏折，举报他过继外甥荷为子嗣，有违祖制！

该如何抉择？尽管司空图已经得知，唐昭宗的态度很明确，不予追究，但是这位骨鲠老臣却不愿意为此而将就。或者他本来就不愿意赴任，监察御史鸡蛋里挑骨头的弹劾，正好提供了一个非常及时的借口，所以还是选择托病足疾，推辞不就。

"为我以论诗一篇题于绝壁"

司空图二返华阴后，于乾宁四年（897）新年作《丁巳元日》长诗，描述唐昭宗移居华州后，朝廷极力征诏忠将良臣，期待他们鼎力协助国政，以图振作的勤勉情形，还有自己"自乏匡时略""赢带漳滨病"、苟且在"蜗舍"的避居情形。

这时候，年轻的诗友郑谷也跟随唐昭宗一行来到了华州，寓居在云台道舍，还在工作之余，时常到敷溪谷探访司空图。他们切磋诗歌创作的问题，也交换对朝政时局的看法。而司空图辞官隐居的超脱心境，给郑谷留下了深刻的印象，遂作《敷溪高士》一首：

> 敷溪南岸掩柴荆，挂却朝衣爱净名。
> 闲得林园栽树法，喜闻儿侄读书声。
> 眠窗日暖添幽梦，步野风清散酒醒。
> 谪去征还何扰扰，片云相伴看衰荣。

就在这一年的初夏时节，司空图参加了一次非常重要的文事活动，与朝臣们一起，撰文赠诗，恭送草书僧訾光和尚还乡。

訾光和尚，擅长草书，曾求教于陆希声，获授"五指拨镫法"，堪称中晚唐时期狂草书僧的一个代表。《宣和书谱》卷十九列唐代草书僧八人，辩光和尚位列第四。《宣和书谱》这样评价道："潜心草字，名重一时……观辩光墨迹，笔势遒健，虽未足以与智永、怀素方驾，然亦自是一家法，为时所称，岂一朝夕之力欤！"宣和内府曾收藏有他的两件草书作品《千字文》和《赠登第》。唐昭宗时，辩光曾经前往京城长安，御榻前奉召对书，被诏封御内供奉，获赐紫方袍，以草书与公卿文士往来相酬。唐昭宗迁徙华州后，辩光亦一起前往，并于乾宁四年谒见华州节度使韩建，韩建奏请朝廷给他荐号"广利"。

当辩光准备回归故里，朝廷文臣雅士们纷纷以歌诗赞其草书相赠，并结成诗集，可见其草书在当时的声誉之隆。依照《宣和书谱》记载，这次歌诗相赠的朝臣有陆宸、李磎、陆希声、杨钜、崔远、张颐、薛贻矩、卢汝弼、司空图、吴融、卢知猷等十一人。《全唐诗》尚收录吴融、罗隐、陆希声、司空图等酬赠的诗篇。其中提到的已经遇害的李磎，应该是生前在长安时题赠过的作品。现在见录司空图的诗作有两首，其一为《赠辩光草书歌》：

雪压千峰横枕上，穷困虽多还激壮。
看师逸迹两相宜，高适歌行李白诗。
海上惊驱山猛烧，吹断狂烟著沙草。
江楼曾见落星石，几回试发将军炮。
别有寒雕掠绝壁，提上玄猿更生力。
又见吴中磨角来，舞槊盘刀初触击。
好文天子挥宸翰，御制本多推玉案。
晨开水殿教题壁，题罢紫衣亲宠锡。
僧家爱诗自拘束，僧家爱画亦局促。
唯师草圣艺偏高，一掬山泉心便足。

156

其二为《赠彦光草书诗》：

赢病爱师书劲逸，翻作长歌助狂笔。
乘高擂鼓震川原，惊迸骅骝几千匹。
落笔纵横不离禅，方知草圣本非颠。
歌成与扫松斋壁，何似曾题《说剑篇》。

因为司空图的书法造诣也非同寻常，其书法真迹至宋代尚收藏于宣和内府，所以品读这两首比象生动、气势磅礴、留下了无限再想象空间的书法赞诗，应该能够体悟到一位深谙书法之道的书论家、诗论家独到的欣赏眼光，以及所企及的审美境界，耐人寻味。而后一首末尾两句"歌成与扫松斋壁，何似曾题《说剑篇》"，还告诉我们，司空图写好赠诗后，又诚请彦光像曾经给他题写庄子《说剑篇》那样，也将赠诗题写在自己的"松斋"粉壁之上，留作纪念。

除了两首歌诗作品外，司空图还特意为彦光撰写了一篇赠文《送草书僧归楚越》：

伧荒之俗，尤恶伎于文墨者。华民流寓而至，则遽发其橐，焚弃札牍之累以快。既自容矣，又仇沮继至者，若不胜其怨。噫！是华舌夷心，而又甚之者矣。

洎天下将乱，则虽吾里，其风亦变。果伧荒之流民亦多矣，倘或未化，亦其益孤，不能自振。苟闻志于吾伎，则必跃而游之，矧踵门而勤请者耶？

彦光僧生于东越，虽幼落于佛，而学无不至。故逸迹道劲之外，亦恣为歌诗，以导江湖沉郁之气，是佛首而儒其业者也。虽孟荀复生，岂拒之哉？今系名内殿，且为归荣，足以光于远矣。

永嘉西峤，康乐胜游之最。是行也，为我以论诗一篇，题于绝壁。

细心研读这篇短文，发现其中至少包含了两个重要信息——

首先，依照文中所言"华民流寓而至，则遽发其橐，焚弃札牍之累以快"等句，司空图在《〈荥阳族系记〉序》和《书屏记》中所述的七千四百多册图籍被陕军所毁的说法，似乎不够准确，至少相当大的一部分，应该是被到王官谷躲避战乱的流民焚烧掉的。而且先到的流民还恐吓驱赶后来的流民，看不出一点同情之意。他们之所以这么干，就是因为"尤恶伎于文墨者"的缘故。

还有一个尤为重要的信息："是行也，为我以论诗一篇，题于绝壁。"这显然是晋光和尚格外欣赏司空图的诗论作品，以期通过摩崖镌刻传至久远的举动了。这篇作品的具体内容，摩崖镌刻的具体方位，因为时代久远，已无从考证。有学者推测，应该与传主文集当中的《诗赋赞》相类：

> 知道非诗，诗未为奇。研昏练爽，忧魄凄肌。神而不知，知而难状。挥之八垠，卷之万象。河浑沈清，放恣纵横。涛怒霆蹴，掀鳌倒鲸。镜空攉壁，琤冰掷戟。鼓煦呵春，霞溶露滴。邻女有嬉，补袖而舞。色丝屡空，续以麻纻。鼠革丁丁，炘之则穴。蚁聚汲汲，积而成垤。上有日星，下有风雅。历诙（一作诋）自是，非吾心也。

如果从四言赞诗的角度考量，这篇赋作是司空图现存诗赋作品中与《二十四诗品》赞词形式最为近似，品评诗赋作品艺术风格的类别也高度一致的作品。更为重要的是，《诗赋赞》所品论的艺术风格，与《二十四诗品》列出的多品艺术风格多有对应，而相关的批评观点，也与他的论诗作品相呼应。比如"河浑沇清，放恣纵横"句，可以理解为诗赋作品的品格，有的像黄河一样恣肆，有的又像沇（西）河那样"清越"，恰似《愍征赋》中"其雅调之清越也"句意；接下来的"涛怒霆踯，掀鳌倒鲸"句明显对应着《雄浑》一品，"镵空擢壁，玚冰掷戟"句显然对应的是《劲键》一品，与前两句均有宏肆、壮阔、遒举的格调……

通过訾光书司空图诗论于绝壁的信息，至少可以确定一点，此时的司空图，不仅仅是一位闻名中外的亦官亦隐的高卧之士，更是一位得到推崇的论诗大家。再者，司空图能特意于文章中提及，显然也是非常看重这一点，并引以为自豪的。

"笔砚近来多自弃"

这一年中，司空图还收到诗友虚中和尚寄达的《寄赠华山司空图二首》：

> 门径放莎垂，往来投刺稀。
> 有时开御札，特地挂朝衣。
> 岳信僧传去，仙香鹤带归。
> 他年二南化，无复更衰微。
>
> 逍遥短褐成，一剑动精灵。
> 白昼梦仙岛，清晨礼道经。
> 黍苗侵野径，桑葚污闲庭。
> 肯要为邻者，西南太华青。

着"短褐""梦仙岛""礼道经"，以青山为邻，以僧鹤为友，以黍苗、桑葚为事，似官非官、似农非农、似僧非僧，一副再典型不过的辞官隐居者的形象跃然纸上。但是前一首"有时开御札，特地挂朝衣"句，还是给我们揭示出司空图虽然表面避居山下，礼佛近道，而内心深处，则仍然时时牵挂着朝廷的安危。

或许正是被虚中道破了自己貌似逍遥、内心忧虑的臣子衷肠，所以司空图特意回赠《言怀》，予以高度赞誉。该诗现仅存两句："十年太华无知己，只得虚中两首诗。"另一个版本则是《唐才子传·虚中传》所载的："十年华岳山前住，只得虚中一首诗。"

那么被虚中和尚道出的如焚忧心又是指什么呢？自然是面对心怀"苞茅（芽）不贡"的韩建，在这一年中亲自操控实施的一幕幕逼宫、围捕与血腥杀戮的惨剧，为唐王朝凄惨的末路伤悲莫名。

自唐昭宗驻跸华州，韩建虽然把自己的办公场所让作行宫，却拒绝到廷以近臣礼。更为严重的是，虽然唐昭宗不断给韩建添加越来越尊贵显要的职位，而韩建却在招招致命地算计着这个囊中之物，意在将其玩弄于股掌之间，仿效曹操挟天子以令诸侯的伎俩。

自乾宁四年（897）年初起，韩建先是忌惮诸王手中掌控的兵权，让华州防城将张行思等控告皇室的睦、济、韶、通、彭、韩、仪、陈八王图谋害他，还要劫持皇上的车驾到河中去；进而要求唐昭宗命令诸王回十六宅潜心学习，不要再掌管军队干预朝政，并将他们统领的兵力解散；随即又带兵围困行宫，立逼唐昭宗就范；接着又逼迫唐昭宗裁撤安圣、捧宸、保宁、宣化四支亲军两万多人，处斩捧日都头李筠；再胁迫唐昭宗召回各地的皇室诸王，立德王为太子……

不堪其辱的唐昭宗，于八月间暗地里派延王李戒丕前去联络河东节度使李克用，希望得到解救。结果被韩建抓住把柄，拿下李戒丕，并以诸王酝酿发动变乱为由，立逼唐昭宗处置！懦弱的皇帝孤立无助，只能消极拖延，不予答复。肆无忌惮的韩建，竟与知枢密刘季述假借朝廷的诏令，发兵围攻十六宅，以谋反的罪名将通王以下十一王系数捉拿，驱赶到石堤谷全部杀掉！

司空图的《华下》一诗，不无隐晦地记下了这一血腥惨剧：

> 日炙旱云裂，迸为千道血。
> 天地沸一镬，竟自烹妖孽。
> 尧汤遇灾数，灾数还中辍。
> 何事奸与邪，古来难扑灭。

自以为得计的韩建，又以皇帝的名义将华州改称兴德府，准备依仗傀儡皇帝作威作福，进一步实施篡权夺位的图谋。不想就在这个时候，却传来朱全忠在东都洛阳营建宫殿，要迎接唐昭宗车驾东去的表奏。如坐针毡的韩建，与狼狈为奸的李茂贞权衡利弊，选择于乾宁五年（898）八月送唐昭宗返回长安。这样既可以继续操控皇帝，又给朱全忠来了个釜底抽薪。

司空图于乾宁五年（898）三月，曾作《戊午三月晦二首》，其一如下：

> 随风逐浪剧蓬萍，圆首何曾解最灵。
> 笔砚近来多自弃，不关妖气暗文星。

"笔砚近来多自弃"，表明传主懒得再动笔墨的坏心情。那么是什么样的坏事情，才能让就靠作诗、撰文、评诗打发时光的司空图丢弃笔墨、远离了砚台呢？后一句就是回答，但却是正话反说，"不关妖气暗文星"——是可怕的"妖气"昏暗了天宫中的文昌星（又名文曲星）。多么直白的指代！什么样的出格行为，何等严重的恶性事件，才能刺激得让他用上了这么严厉、愤懑的词语？这不正是诗人对发生在华州的血腥乱象的含蓄影射吗？而同年所作的《狂题十八首》，更有多首从不同角度记录下诗人对韩建、朱全忠、李茂贞等的嚣张与唐昭宗的软弱无能的忧愤与苦闷。比如其中的第一首：

> 莫恨艰危日日多，时情其奈幸门何。
> 貔貅睡稳蛟龙渴，犹把烧残朽铁磨。

"貔貅睡稳蛟龙渴"，即指不安守人臣本分、狼子野心昭然若揭的韩建，困住了喻指皇帝的"蛟龙"。"蛟龙"与第十五首"六龙飞辔长相窘"中的"六龙"同义。如果说这样的指称还比较含蓄，那么第四首后两句"偶作客星侵帝座，却应虚薄是严光"，则通过一则东汉隐士严光的典故，对韩建进行讽喻，希望他们应该像严光那样高风亮节，无害于皇帝。至于第三首，似有借司马迁与李陵的故事，暗自哀悼从长安一路护卫皇帝到华州的李筠的不幸遭际：

> 交疏自古戒言深，肝胆徒倾致铄金。
> 不是史迁书与说，谁知孤负李陵心。

"有是有非还有虑"

诚然，凭借笔墨抒发情怀、排遣郁闷心情的司空图，显然不可能真正抛弃手中那管笔毫，但他更多的是转向了内省。《狂题十八首》第十一首、第十七首，就是对自己三十年苟且偷生于坎坷仕途的回顾与检讨：

> 初时拄杖向邻村，渐到清明亦杜门。

三十年来辞病表，今朝卧病感皇恩。

十年三署让官频，认得无才又索身。
莫道太行同一路，大都安稳属闲人。

依照古人以"虚年"计算年龄的习惯，司空图自咸通十年（869）三十三岁考中进士至本年，已是六十二岁了，连皮算恰好是三十年；再自龙纪元年（889）至本年，又正好算作十年。自中和五年（885）唐僖宗征召他为知制诰、中书舍人后，就开始了屡屡因病辞官避居赋闲的故事，"三十年来辞病表"所言非虚。尤其是从龙纪元年至乾宁三年，他先后辞去了属于中书省的中书舍人、门下省的谏议大夫、尚书省的户部侍郎和兵部侍郎等官职，故有"十年三署让官频"之谓。

频频辞官的举动被世人妄自猜疑的无可奈何，以及因为自己的懦弱犹豫、藕断丝连的行为举止，导致已经难以回头的苦恼无助，都被司空图记述在第五首当中了：

不劳世路更相猜，忍到须休惜得材。
几度懒乘风水便，拗船折舵恐难回。

但是作为一名手无缚鸡之力、也不愿意违逆时机挺身而出的司空图，更怕一不小心泄露心中的不平之气而招灾惹祸，所以还要表现出若无其事的样子来：

有是有非还有虑，无心无迹亦无猜。
不平便激风波险，莫向安时稔祸胎。

163

其实后两句，诗人还是忍不住对朝局面临的危机心存告诫。困扰在这种矛盾与痛苦的煎熬当中艰难度日的司空图，只好假托佛道的虚幻自我安抚，并以东晋时代终生不仕的著名美术家、音乐家戴逵（第二首）自况，于最后一首当中，遥想着故乡王官谷，传达出有家难归的无奈心绪：

> 曾闻劫火到蓬壶，缩尽鳌头海亦枯。
> 今日家山同此恨，人归未得鹤归无？

相类的情绪，也宣泄在了《狂题二首》当中：

> 草堂旧隐犹招我，烟阁英才不见君。
> 惆怅故山归未得，酒狂叫断暮天云。

> 须知世乱身难保，莫喜天晴菊并开。
> 长短此身长是客，黄花更助白头催。

司空图除了在诗作当中抒发自己的苦闷心情，还通过有感而发的作品《疑经》《〈疑经〉后述》和信函形式的《复陈君后书》，进一步明确表达了对朝廷昏暗、藩镇割据、战火连天、朝局危在旦夕的忧虑。至于这三篇作品之间的关联，司空图在《〈疑经〉后述》里已表述得很清楚，都是以考辨《春秋》经文为题旨的。具体而言，是陈用拙呈送族人陈岳撰写的数十篇《春秋折衷论》，令司空图"因激刚肠"；又受到友人孙郃《卜年论》讨论周成王即位后，通过卜卦获得王朝有三十世君王、七百年国运之迷信举动的影响，遂成《疑经》之文。

据《春秋经》桓公十五年载，应为"天王使家父来求车"，而没有"天王使来求金"。所以《疑经》一开篇，司空图即开宗明义，引述"经曰：

天王使来求金，又曰求车。岂天王之使私有求于鲁耶？不然，传闻之误耳……"借"求车""求金"的误传差别，生发出"《春秋》之旨，尊君卑臣"的议论。进而在《疑经后述》中指出，两汉儒生论经，脱离实际，是"迂儒"，而他"为儒证道"，乃是"急于时病"。这正是司空图秉笔为文的用意所在，即针对晚唐幼主当政、朝纲毁弃、臣慢君轻、宦官弄权、军阀割据，最终导致天下大乱、民不聊生的现实危局，希望当时的各路藩镇军阀能改正"苞茅不贡"、图谋不轨、犯上作乱的恶行，尊重拥戴唐王朝皇帝，维护国家统一。

陈用拙拜读司空图的这篇作品之后，又回复信函置疑文中"急于时病"的观点，这才令司空图再作《复陈君后书》，以比喻的形式，进一步申明自己的题旨态度，和丹心一片、日月可鉴的自信：

> 虽然，舅姑之疾且馁，苟力不能制其悍妇，则必赢其声，哀求于一饭，岂忍诮之乎？吾本朝之臣耳，岂敢诲其苞茅不贡之渐耶？千载之下，必有知言者。

《书屏记》与《二十四诗品》

光化三年（900）八月三日，司空图在华阴寓所写出一篇关于书法赏析的重要文章《书屏记》。据文末自述，因在女婿姚顗的居所获览李嗣真的《书品》及徐浩的《论书》，由此想起父亲早年获赠的徐浩书屏真迹，可惜已在陕军之乱当中与收藏的图籍一起被焚毁了，遂"感愤追述"成文：

> 人之格状或峻，其心必劲。心之劲，则视其笔迹，亦足见其人矣。历代入书品者八十一人，贤杰多在其间，不可诬也。国初

欧虞之后，继有名公。元和长庆间，先大夫初以诗师友兵部卢公载，从事于商於，因题纪唱和，乃以书受知于裴公休，辟倅钟陵。及征拜侍御史，退居中条。

时李忻州戎亦以草隶著称，为计吏在蒲，因辍所宝徐公浩真迹一屏以为贶。凡四十二幅，八体皆备，所题多《文选》五言诗，其"朔风动秋草，边马有归心"，十数字或草或隶，尤为精绝。或缀小简于其下，记云："怒猊抉石，渴骥奔泉，可以视碧落矣。"先公清旦披玩，殆废寝食。常属诚云："正长诗英，吏部笔力，逸气相资，奇功无迹。儒家之宝，莫逾此屏也。但二者皆美，神物所窥，必当夺璧于中流，飞铤于烈火也。殆非子孙之所可存耳。"

庚子岁遇乱，自虞邑居负之置于王城别业。丙辰春正月，陕军复入，则前后所藏及佛道图记（籍），共七千四百卷，与是屏皆为灰烬。痛哉！今旅寓华下，于进士姚颉所居，获览《书品》及徐公评论，因感愤追述，贻信后学。且冀精于赏览者，必将继有诠次。光化三年八月三日，泗水司空图衔涕撰录，谨记。

文中所述父亲司空舆的生平故事以及书法造诣，已见第二章"父亲司空舆的仕途进退"部分；而关于司空图的书法信息与书论见解，也已见他与前宰相卢携的交往部分、奉敕为李蹊撰写行状等章节当中。所以在这里，笔者想着重介绍司空图读到的书法理论著作《书品》及徐浩的《论书》，与他创作当中的《二十四诗品》之间的内在关联。

司空图在文中提及的《书品》，并不是指南朝梁代文学家庾肩吾（487-551）所著的叙述书法的渊源于流变、评论历代书法家创作特色的《书品》（或《书品论》），而是唐代武则天时期的李嗣真所著《书品》。不过李嗣真在《书品》中，也仿效庾肩吾的《书品》高、中、低三等分品体例，共选取古今八十二位书法家（司空图文中所言"历代入书品者八十一人"应为误算），分品予以品评区分，并在"上上品"之上，增设至高无上的"逸品"一品，成为中国书法绘画领域影响后世的重要理论贡献。后人为了区别与庾肩吾的同名著作，故而又称作《续书品》《书品后》或《书后品》等。

司空图在文中提到的第二位书法家徐浩的《论书》，则在探讨论述书法作品"风骨"的著述当中，直接引用了南北朝时期南朝著名文学评论家刘勰《文心雕龙·风骨》篇中的句段，只是把"翙翥"改成了"翱翔"：

> 然人谓虞得其筋，褚得其肉，欧得其骨，当矣。"夫鹰隼之彩，而翰飞戾天，骨劲而气猛也。翚翟备色，而翱翔百步，肉丰而力沉也。"若藻耀而高翔，书之凤凰矣。欧、虞为鹰隼，褚、薛为翚翟焉。

而司空图在《二十四诗品》第一品"雄浑"当中，也与《文心雕龙·体性》第一章一样，同样引用了《庄子》"冉向氏得其环中以随成"句意中的"得其环中"，这应该不只是语言句式上的偶然巧合。或许正是《文心雕龙·体性》当中"沿隐以至显，因内而符外"的观点，影响共鸣出他在《书屏记》开篇发表的议论之语："人之格状或峻，其心必劲。心之劲，则视其笔迹，亦足见其人矣。"更为关键的是，在这一章里，刘勰将文章分类为八体——典雅、远奥、精约、显附、繁缛、壮丽、新奇、轻靡，必定会对他确立和完善以分品体例来品评鉴赏诗赋作品，产生潜移默化甚至是启迪性的影响。

既然言及司空图的《二十四诗品》，就绕不过南北朝时期南朝诗评家钟嵘的《诗品》（又名《诗评》），那是第一部专门品评五言诗及诗人的著作。虽然司空图的作品有前缀"二十四"，但很可能像是庾肩吾的《书品》

与李嗣真的《续书品》的关系那样，是后人为了区别二者的指称，比如还有"《诗品》二十四则"等。不过，《二十四诗品》的内在审美格调与艺术表达特色，与《诗品》既一脉相承又有所区别。

我们知道，钟嵘品评诗人诗作，既注重追根溯源人品与文品的关系，还注重现实生活内容对艺术表达形式的影响力度，以品区分。而司空图作品里的"品"，已经没有了等级与高下区别，是专门从艺术鉴赏的角度，把唐代诗人诗作在艺术风格层面与所达到的审美境界，区分为特色鲜明、相互辉映的二十四种艺术品类，以诗品诗地予以同样艺术形象的解读、赏析与呈现。如果从这个角度解读司空图的这个"品"的蕴含，应该属于"品格、格调"的意味。

再就诗味的审美观点而言，钟嵘在作品当中提出的"滋味"说，既继承了以味觉来品评文学艺术作品的传统观点，又从美学层面创造性地提出了直寻动情的问题，所谓"使人味之，亹亹不倦"，"使味之者无极，闻之者动心"，借以比喻诗赋作品能否经得起品味和琢磨，已经触及优秀诗歌作品所企及的含蓄蕴藉、韵味无穷的重要特征。司空图无疑是在对钟嵘"滋味说"继承的前提下，又把这一审美情趣推向了一个新的更趋完美的境界之上。诚如他后来在《与李生论诗书》一文中提出的一个重要诗评观点——味外之旨。

故而，对司空图而言，《二十四诗品》借鉴《文心雕龙·体性》从艺术角度将文章分为八种审美表现形态的经验，以及唐代杜甫等诗人偶尔为之的以诗的形式品评诗歌艺术风格的表达形式，确立的专注于作品艺术审美的鉴赏体例，既是对钟嵘综合性的品评形式宏微转化的拓展，更是在题材选取与艺术定位层面的一个创造与建树。

第十一章　自河西归山

休，休也，美也，既休而且美在焉。司空氏王官谷休休亭，本濯缨也。濯缨为陕军所焚，愚窜避逾纪。天复癸亥岁，蒲稔人安，既归葺于坏垣之中。构不盈丈，然遽更其名者，非以为奇，盖量其材，一宜休也。揣其分，二宜休也。且耄而聩，三宜休也。而又少而惰，长而率，老而迂，是三者，皆非救时之用，又宜休也。

——摘自《全唐文·休休亭记》

再遁郧乡

就在司空图二度寓居华阴，撰文作诗排遣忧闷、聊以自慰的时候，长安的宫廷里面又不消停了。

由于唐昭宗备受宦官操控之苦，又想学着早年唐文宗的路数，与宰相崔胤密谋如何根除这一毒瘤，永绝后患。可惜不慎走漏了风声，以左神策军中尉刘季述、右神策军中尉王仲先、内枢密使王彦范、薛齐偓等为首的宦官们，为了保全自身的权势地位，决定先下手为强，于光化三年（900）十一月发动宫廷政变，逼迫唐昭宗退位，拥立皇太子李裕为皇帝。

刘季述随即派亲信到大梁晋见朱全忠，许诺把大唐社稷献给他。朱全忠意识到，这的确是一个夺取政权的天赐良机，但他没有与宦官们为伍，而是选择与崔胤合谋，支持唐昭宗复位。崔胤随即在长安策反了追随刘季述的左神策指挥使孙德昭、右军清远都将董彦弼和周承诲等军将，于光化四年（901）正月初一，在宫中设伏，先后捕杀刘季述、王仲先、王彦范等首犯，迎请唐昭宗复位，三月改年号天复。

但是事情并没有结束，被激发出改朝换代欲望的朱全忠，为了彻底打败对他最有威胁的河东节度使李克用，发兵直取李克用的"蛇腰"——河中府，杀掉李克用的女婿王珂，要求皇帝委任自己兼任河中护国节度使，并宣武、宣义、天平三镇节度使，被誉为当朝的"齐桓公与晋文公"。十月三十日，他接到崔胤假传迎请密诏，再度陈兵河中府，上表立逼唐昭宗东迁洛阳。结果导致京城为之大乱，朝堂无官可朝，街市士民四散。十一月四日，右神策军护军中尉韩全诲借机纵火烧了皇宫，劫持唐昭宗奔往凤翔节度使李茂贞治所躲避。

朱全忠率军追击围攻凤翔的同时，派遣大将司马邺率兵围攻华州，逼降韩建。

这一变故的发生，直接威胁到司空图的安危。面对朱全忠已经昭然若揭的篡位图谋，他显然无法接受。为了不被朱全忠裹挟，毁了自己忠臣与高士的节操，他就在华州遭到围攻之际，携家人悄悄逃离了华阴寓所。

但他没敢返回家乡，因为河中府已经落入朱全忠之手。而此时的长安，皇帝逃跑了，留下的大臣和武将们，则处于观风使舵的投机状态，就连器重过他的老上司卢渥，都在宰相的授意下，与其他二百多位大臣们一起，联名表请朱全忠率兵迎请唐昭宗归京。也就是说，长安也已落入了朱全忠的把控之中，同样去不得！

既然东归无望，西去不成，情急之下的司空图，辗转躲避到富平县境内的檀山。司空图在随后所撰的《〈绝鳞集〉述》中，将出发地写作擅山，学者虽然辨析"擅"字为"檀"字的草写，但也无法确定是指陕西富平县的檀山，还是河南永宁县的檀山（壇山），抑或是河南荥阳西北的檀山（亦名壇山）。亦有学者从地理位置研判，更倾向于河南永宁县的檀山。但笔者以为，司空图就近前往富平檀山的可能性最大，理由有二：其一，对当时的乱局，司空图无法预判将会如何发展；其二，作为年近七旬的老人，司空图常年多病，还患有足疾，除非万般无奈，他定然不会轻易选择再次长途跋涉远避郇乡。以当时的情势，他应该是抱着走一步看一步的无奈心态，打算先找个落脚的地方，暂时避开朱全忠的锋芒。一旦家乡局面安定下来，就回家去。那么距离最近、又没有被朱全忠波及到的富平县境内的檀山，自然就是比较合适的选项了。

只是等熬到了第二年开春，眼见朱全忠和李克用再次让家乡陷入征战杀伐的漩涡当中，同时为了争夺对唐昭宗的控制，朱全忠还与李茂贞在凤翔地面争斗不休。战乱平息无望，司空图这才被迫选择离开檀山，沿着当年追随王凝去商州的路线，再次绕道逃往郇乡。

司空图的诗作《浙上（一作江浙上）》二首，描述了他此次经过浙川的见闻与心境，还特意记录下村容地貌的变化：

华下支离已隔河，又来此地避干戈。

山田渐广猿时到，村舍新添燕亦多。

丹桂石楠宜并长，秦云楚雨暗相和。

儿童采栗迷归路，归得仍随牧竖歌。

西北乡关近帝京，烟尘一片正伤情。

愁看地色连空色，静听歌声似哭声。

红蓼满村人不在，青山绕槛路难平。

从他烟棹更南去，休向津头问去程。

卧病编修 《绝鳞集》

司空图虽然远避郫乡，但片刻也没有放松对动荡时局的关注，并记录
在《寓居有感三首》诗中：

亦知世路薄忠贞，不忍残年负圣明。

只待东封沾庆赐，碑阴别刻老臣名。

不放残年却到家，衔杯懒更问生涯。

河堤往往人相送，一曲晴川隔蓼花。

黑须寄在白须生，一度秋风减几茎。

客处不堪频送别，无多情绪更伤情。

面对心怀谋篡之心的枭雄们在河中、河东、同州、华州、凤翔一带相
互攻伐的乱象，诗人即表达了自己不愿趋附任何一方，做出有负朝廷的不
忠之事，还期待朝廷平复这场军阀混战之后，在记录庆功的碑刻背面，能
有刊刻自己名字的位置；同时又抒发出因避居他乡经受的老病煎熬、心神
恍惚、感伤悲秋、度日如年的消沉情绪。

在这一年当中，传主还完成了一件重要的工作，就是继光启三年

（887）于王官谷编辑"前集"《一鸣集》之后，又支撑病体，奋力编成了"后集"《绝鳞集》，并自序《〈绝鳞集〉述》：

> 驾在石门年秋八月，愚自关徽窜浙（浙）上，所著歌诗，累年首题于屋壁，且入前集。壬戌春，复自擅山至此，目败疮作，火土二曜，叶力攻凌可知矣。冒没已多，幸无大愧，固非赏恨而有作也。尚虑道魁释酋见之，慊然于我者。盖自此集杂言，实病于负气，亦犹小星将坠，则芒焰骤作，且有声曳其后，而可骇者撑霆裂月，挟之而共肆其愤，固不能自戢耳。今之云云，况恃白首，无复顾藉。然后之贤英能喀出肺肝以示千载，亦当不免斯累，岂遽咄咄耶？知非子述。

这篇序文，给我们透露出以下几层意思。

其一，上次避居之时，他曾经把累年所作的歌诗作品，题写到住所的墙壁上，并且编入了被称为"前集"的《一鸣集》当中了。

其二，说明了再次避难来此，又编选了"后集"《绝鳞集》。

其三，因为路途迢迢，跋山涉水，鞍马劳顿，不幸染上了疟疾病，数天就会发作一次，冷热无常，病情严重。他当时观测星象，正好火土二星相会，真可谓是最凶险的二煞会合、合力攻击的兆象，真怕自己会性命不保，客死他乡。好在幸无大碍，终使他得以完成这部书稿的编辑，即便辞世，也不会留下什么缺憾了。

其四，是借道长和佛长老看到都会感到不满意为托词，为这部作品集的欠缺，自我开释为"实病于负气"，但继而又以即将坠落的流星划过夜空之际"芒焰骤作，且有声曳其后，而可骇者撑霆裂月，挟之而共肆其愤，固不能自戢耳"来自喻，"况恃白首，无复顾藉"了。

其五，"然后之贤英能喀出肺肝以示千载，亦当不免斯累，岂遽咄咄耶?"一句，应该是司空图心怀抛砖引玉之期许，即希望后来之"贤英"能以心血才情，创作出可以流传千载的不朽之作，届时也期待大家还能够记起自己这部负气之作，而不至于对自己的言辞感到奇怪才好。换句话说，表达了司空图期待作品能够传至后世的心愿。

说司空图有抛砖引玉之心，源自他所编选的唐诗选本《擢英集》，就曾特意选入了当时尚没有多大名气、但诗赋作品非常出类拔萃的诗家作品。司空图在《注〈愍征赋〉后述》一文当中，还特别提及《擢英集》的编著初衷与卢献卿之间的关系："又尝著《擢英引》，以雪词人之愤，其旨亦属于卢君。"而且该文当中还有这么一句："然则著明（卢献卿）幸于弃默，而能以《愍征》争勍于千载之下，吾知彼之作者，有呕血不能逮之者矣。""争勍于千载之下""呕血"句意，与本文所言之"然后之贤英能喀出肺肝以示千载"，何其相似？只不过在这里，司空图的喻体小有变化，"呕血"者，不是卢献卿，而是指其他一些作者呕心沥血也难以企及的。再结合传主在随后的《与王驾评诗书》一文当中，又曾转述相类句意为"吾适又自编《一鸣》所集，且云撑霆裂月，劫作者之肝胆，亦当吾言之无怍也"，足以说明，司空图这句话的本意，是在赞许优秀诗人的作品是"能喀出肺肝"和"呕血不能逮"的心血之作，并期待它们可以传示千载，而非像明代晚期著名学人胡震亨和清代学人翁方纲以为的那样，是司空图对自己作品"夸负不浅"的"狂言"。

回到如何抛砖引玉的话题上，有鉴于如上联想辨析，笔者进而联系到由《擢英集》而来的《二十四诗品》，莫非就是这个时候或者返回王官谷之后，被司空图辑录到一起，作为独立的一组品鉴之作，收入《绝鳞集》中？如果真是这样一种情况，那么我们即使认可胡震亨、翁方纲二位学人的理解，司空图所言"然后之贤英能喀出肺肝以示千载，亦当不免斯累，岂遽咄咄耶"句意，就是认为自己这部作品集，一定会让望尘莫及的识珠者"喀出肺肝"，为他传至千年，也并不为过啊。因为流传至今，承担抛砖引玉之功的《二十四诗品》，果然如司空图预言的那样，已逾千载。

解读至此，笔者仍然不能释怀作者文中的这段话："亦犹小星将坠，则芒焰骤作，且有声曳其后，而可骇者撑霆裂月，挟之而共肆其愤，固不能自戢耳。"这哪里是司空图对这部作品集的自谦比况，简直就是对自己非常不满意的曲折行迹充满悲戚的呐喊啊！如果再与他在《题〈柳柳州集〉后》中对韩愈诗作的形容进行比照，应该能够体味出它们之间相同的壮怀激烈吧："愚尝览韩吏部歌诗累百首，其驱驾气势，若掀雷抉电，奔腾于天地之间，物状奇变，不得不鼓舞而徇其呼吸也。"这也自然让人联想到司空图最为推崇的隐逸诗人陶渊明，也曾在《读〈山海经〉》组诗当中，吟出"刑天舞干戚，猛志固常在"这样金刚怒目式的句子。从中，我们似乎切实感受到了置身宦官权阀横行、君王蒙羞受辱、神州生灵涂炭的末日悲惨景象之中的司空图，内心那犹如陨星迸裂般燃烧、呼啸着划过夜空的悲慨血性。

"楚柳绵绵今送归"

朱全忠自天复二年（902）六月重新挥兵包围凤翔后，终于于天复三年正月降服李茂贞，将唐昭宗迎回长安，控制在自己手中，开始为篡夺唐王朝江山做最后的铺垫。

宰相崔胤在朱全忠的支持下，终于实现了多年的心愿，先后捕杀宦官多达七百余人，几乎根绝了自唐玄宗以来日趋猖獗、祸乱朝政的宦官集团。然而这样做的成效，对于行将就木的唐王朝而言，早已于事无补了。因为经过这场大决战，朱全忠几乎完胜李茂贞，大败李克用，不但将河中、同州、华州、凤翔这些重要的京畿之地完全纳入自己的势力范围，更是将唐昭宗和朝廷完全控制在自己的股掌之间。

天复三年（903）二月初七至初九，唐昭宗赐封朱全忠"回天再造竭

175

忠守正功臣"，署太尉，充任诸道兵马副元帅，晋爵梁王。朱全忠则加紧在宫禁宿防及京辅各处遍布自己的党羽亲兵，并借唐昭宗之手，贬杀了看破自己篡位图谋的韩偓。二十七日，朱全忠志得意满地返回了大梁。因为在他眼里，此时的唐王朝，不过是一副徒有其名的空架子，灭亡只是一个时间早晚的问题了。

这年春夏之间，闻知朱全忠与李茂贞这场角力赛已经尘埃落定，家乡河中府一带也复归安定了，司空图便迫不及待地收拾行囊，伴随着天上的雁阵，匆忙北归了。诚如诗作《自郧乡北归》所描述的那样：

巴烟幂幂久萦恨，楚柳绵绵今送归。

回避江边同去雁，莫教惊起错南飞。

"巴烟幂幂久萦恨"句中的"巴烟"，显然指的是蜀地。因为郧乡一带，正是古代楚、蜀交界的地域，只有从西边返回，或许需要绕行邻近的巴蜀之地，才有可能经见到历历在目的巴蜀风光。

随后，他和家人又马不停蹄地转而登上黄河渡口的渡船，在浊浪颠簸当中，隔河望向对岸的家乡。这种惊魂甫定、归心似箭的迫切心情，也被他描述进"危"情"多惊"的《自河西归山二首》诗中了：

一水悠悠一叶危，往来长恨阻归期。

乡关不是无华表，自为多惊独上迟。

水阔风惊去路危，孤舟欲上更迟迟。

鹤群长扰三珠树，不借人间一只骑。

既然诗作的题目明确是从河西归来，那自然应该是从蒲津渡乘坐着危

176

危晃晃的一叶扁舟过的河。这不免让人生疑：为什么不走蒲津浮桥？难到再次被战火毁坏掉了吗？

记得《旧唐书·王重荣传》在记述王重荣决定反正朝廷、重新对抗黄巢义军的时候，提到过蒲津渡口上的"河桥"："吾以外援未至，诡谋附贼以纾难。今军府积实，苦被征求，复来收兵，是贼危我也。倘不改图，危亡必矣！请绝桥道，婴城自固。"其中那句"请绝桥道"，就是建议毁掉蒲津渡浮桥，使之不能通行的意思。直到《资治通鉴》记述到天复元年（901）二月初六，当朱全忠的大将张存敬率兵包围了蒲州城后，有关河中节度使王珂狼狈欲逃的描述中，才又一次提及这座浮桥："王珂势穷，将奔京师，而人心离贰，会浮梁坏，流澌塞河，舟行甚难，珂挈其族数百欲夜登舟，亲谕守城者，皆不应。"这段话又给我们透露出一个重要的信息，即"会浮梁坏"——适逢蒲津渡浮桥坏了。依照陈述的语气，似乎坏掉的时间并不长。如果是王重荣抗拒黄巢义军期间拆毁后一直未曾修复的话，就不会在这个要命的节骨眼上提到它了。也就是说，自黄巢之乱平定到这次朱全忠攻打河中府，大约十八年间，这座著名的蒲津浮桥是曾经被修复通行过的。

司空图回到再次阔别达六年之久的故乡别业，王官谷的山水依旧，亭堂屋舍的残损景象，亦应和他六年前短暂落脚后又去华阴时一样，或者在风霜雪雨的侵蚀之下，更加破败了。但再破败，它也是自己的家啊。俗话说，金窝银窝比不上自家的狗窝。而作于这一年前后的《即事九首》，便记录下司空图终于安身自家天地当中的踏实感，更表达出那份"全家与我恋孤岑""峰前犹自恋吾庐"的满足感。比如他终于可以像第七首描写的那样，尽情享受心无挂碍、身安意懒、从容赖床的惬意自在了：

> 林鸟频窥静，家人亦笑慵。
> 旧居留稳枕，归卧听秋钟。

但是醒着的惬意，总还是无法抚平十多年异乡寓居与颠沛流离的艰辛遭际，诚如第六首、第二首描述的那样，它们已然悄悄潜入了司空图的梦里：

旅思又惊夏，庭前长小松。
远峰生瑞气，残月敛衰容。

十年深隐地，一雨太平心。
匣涩休看剑，窗明复上琴。

　　当然，歇息好了，缓过神来，养足精神后，他少不了又得筹备银两、雇佣人力，开始了修复家园屋舍的工作，这正是第八首给我们透露出来的重修别业的情形：

华宇知难保，烧来又却修。
只应巢燕惜，未必主人留。

　　末两句"只应巢燕惜，未必主人留"，让人读来，好像修复的这些屋舍，只是得到那些年年衔泥筑巢的燕子们的珍惜与呵护，至于颠沛流离、匆匆过客似的屋主人在与不在，似乎倒显得不很重要了。字里行间，不无显露出司空图日渐衰老、心慵意懒、超然物外的禅味来，一如最后第九首的心境呈现：

幽鸟穿篱去，邻翁采药回。
云从潭底出，花向佛前开。

《休休亭记》明心迹

这次重回王官谷别业，司空图显然已经没有了光启三年（887）第二次从长安乱局当中抽身"偷归"时的无限心劲，也再没有了恢复与添建的宏大规划，更谈不上匠心独具的亭堂构造与蕴含儒释道学理教义的风雅命名。他只是在简单恢复家园的同时，将原来的濯缨亭因陋就简地重新建起来，更名为"休休亭"，并特意作了一篇《休休亭记》，成为我们了解司空图历尽劫波之后真实思想境况的一个窗口：

> 休，休也，美也，既休而且美在焉。司空氏王官谷休休亭，本濯缨也。濯缨为陕军所焚，愚窜避逾纪。天复癸亥岁，蒲稔人安，既归葺于坏垣之中。构不盈丈，然遽更其名者，非以为奇，盖量其材，一宜休也。揣其分，二宜休也。且耄而聩，三宜休也。而又少而惰，长而率，老而迂，是三者，皆非救时之用，又宜休也。

《旧唐书》本传里面说他是"尝拟白居易《醉吟传》为《休休亭记》"，《醉吟传》即白居易的《醉吟先生传》。仅从题目看，司空图为文之时，已然无意于王官谷中昔日引以为傲、无限惬意的山水楼榭，眼里居然只有一座亭了，一座旧时的濯缨亭。它因被陕军焚毁，需要重新修复，但限于材料，也只有丈余高低的样子，远没有恢复到原有的面貌格局。这种因陋就简的对付态度，是财力不济？抑或是心力衰竭？文章透露出来的万事皆休、消沉出世的心态，对这个疑问做出了明确的回答。

如此这般一番说明，看似在说因修亭子的材料局限，但是"量其材"不够，就这么对凑着还说得过去，但"揣其分"便有些费解了，材料也有天分、才分乎？等言及第三条，"且耄而聩"，显然不是在说造亭子的材料了，而是借题发挥，在对自己大半生几乎无所作为的仕途进行自我检讨，意在表白自己尚有自知之明啊！多么自然而然、不露痕迹的偷换概念、借题发挥的艺术表达技巧啊！如此，便导出了终极之休——"少而惰，长而率，老而迂"。

从罗列出来的这些个"休"中，不难读出司空图想彻底归隐休息，不再闻听关注纷乱世事的绝望心绪。然而自己又毕竟是一个曾经心怀经国之大业的儒士，混迹仕途大半生的朝臣，尽管审时度势，自知才力不济，时局也不适合自己施展济世抱负，多以退隐闲居为计。但心系朝廷，坚守忠节，以朝廷、皇帝、时局的安危为牵挂的初心并未改变啊。也就是说，他虽以种种借口一再避就官职，但是面对朝廷被宦官、藩镇和权臣几股势力操控，成为他们各自争权夺利甚至是私相授受的交易凭借，这让他情何以堪?！面对国家危亡在即，力不从心，独木难支，生不如死，徒唤奈何，就是他哀怨悲苦心境的真实写照。故而司空图虽以这该休那该休来开脱自己心头的责任，终归嘴说不过心去，时常寝食难安，万般忧虑，遂成白日一梦：

> 尚虑多难，不能自信，既而昼寝，遇二僧，其名皆上方刻石者也。其一日阐顽，谓吾曰："吾尝为汝之师也。汝昔矫于道，锐而不固，为利欲之所拘，幸悟而悔，将复从我于是溪耳。且汝虽退，亦尝为匪人之所嫉，宜以耐辱自警，庶保其终始。与靖节、醉吟第其品级于千载之下，复何求哉？"

司空图无非是假托早年的僧人师父之口，进一步否定自己年轻时候所痴迷的入世救时、匡正时弊之道，锐意进取却又做不到坚定不移，实为理想化的建功欲望所困厄。幸亏及时悔悟过来，愿意重新跟随师父隐居于这祯陵溪旁。但是这位师父后边的话，就有些耐人寻味了：他说司空图虽然远离朝廷那个是非场所，但是匪人仍然对他心存嫉恨，所以他必须耐得住羞辱，时时小心自警，或许才能够全身而归，保住性命，善始善终，获得像陶渊明、白居易一样的品级，名传千秋后世。结合司空图后来的遭遇，这段话正好预言了他将要面临的一劫——朱全忠和柳璨假借诏命召他赴东都洛阳。如果不是事后补入这些内容，这段文字便显得颇有几分玄妙了。在正文收笔的时候，司空图还不忘强调一句：

　　休休乎，且又殁而可以自任者，不增愧负于国家矣。复何求哉？

　　由此足见传主虽然自我解脱了半天，最后还是回到了问题的原点，对自己避灾躲祸、未曾竭诚服务朝廷的行为举止，深感惶恐的矛盾苦闷，仍然无法排解。所以只能自嘲自解道：对于一个行将就木、辞别人世的老朽而言，除了没有做什么愧负国家的事情外，还能怎么样呢？

　　据《全唐文》本，司空图在文末还特意注明："自开成丁巳岁七月，距今以是岁是月作是歌，亦乐天作传之年，六十七矣。"明显有这样一种意味在其中：特意选择这个时间，用这篇文章，对自己六十七岁的生日，做个纪念。如此看来，后面落款日期"七月二十七日"，自然就是传主的诞辰之日。

　　这里还有一点需要辨明，即司空图的年龄问题。司空图自言开成二年生，三十三岁考中进士，按实际年龄推算，三十三岁应为咸通十一年，但是记载为咸通十年。陶礼天先生在《司空图年谱汇考》一书当中，也以司空图出生的襁褓之年为一岁，这样与咸通十年中进士的年龄就吻合了。这应该理解为中国人习惯以虚岁计算年龄，也就是比实际出生的年龄添加一岁，其实就是把十月怀胎到出生算作一岁了。

诚然，传主如此选择为文的时日，应该不仅仅是追求年岁的偶合这么一层意思，还应该有对彼此情趣爱好与价值取向方面的认同和尊崇。比如他们共同推崇的，都是东晋至南朝宋初著名遗世独立的隐逸派诗人陶渊明。白居易在《醉吟先生传》中，明言醉吟先生出游的轿子里，除了置放一琴一枕，就是"陶、谢诗数卷"，"陶、谢"即陶潜与谢灵运。况且白居易还曾作过《访陶公旧宅》，诗中就有赞誉陶渊明的句子："垢尘不污玉，灵凤不啄膻……连征竟不起，斯可谓真贤……不慕樽有酒，不慕琴无弦。慕君遗荣利，老死此丘园。"作为同样生活在朝代更迭乱世的知识分子，陶渊明也是受过儒家教育的人，早年也曾在《杂诗》中表达过"猛志逸四海，骞翮思远翥"的志向。但是借《归园田居》表白"少无适俗韵，性本爱丘山"的他，虽迫于生计入仕为官，但是终归还是不堪吏职烦扰，厌倦了官宦生活，决然解印辞官，率性归隐田园。之后又数次拒绝任职，直至生命结束，足见其洁身自好的超然品格。所以钟嵘在《诗品》中，这样高度赞扬陶渊明的品德与诗作的密切关系：

> 文体省净，殆无长语。笃意真古，辞兴婉惬。每观其文，想其人德。世叹其质直。至如"欢颜酌春酒"，"日暮天无云"，风华清靡，岂直为田家语邪！古今隐逸诗人之宗也。

对于这样一位让自己景行行止、高山仰止、心向往之的隐逸高士的标杆，司空图更是借僧人阐顽之口，表达出自己期待像陶渊明和白居易那样留名千秋的心愿。而有意仿照白居易的作品，作这样一篇自我讽喻调侃的《休休亭记》，应该更有一层深意蕴含其中，即鉴于时局危难、朝廷一蹶不振，让他别无选择，唯有深避乡野，独善其身，最后自命"耐辱居士"。而自号"耐辱居士"，足见佛教对司空图此时心境的影响与开示。

我们知道，佛教六度论，即六波罗蜜，其行法六种之一就是"忍辱"。

而六度二义之"次第生之故",即指菩萨既已舍弃一切世俗之物出家学道,虽有骂打,亦默受而不报,名为"羼提波罗蜜"。"羼提"当译为忍辱,意思是能够忍受诸般侮辱恼害而无恚恨之念。这样的道理,互见于各种经书当中——《维摩经·佛国品》里讲道:"忍辱是菩萨净土,菩萨成佛时三十二相庄严,终生来生其国。"《瑜珈论》说:"云何名忍,自无愤勃,不报他怨,故名忍。"《唯识论》里亦说:"忍以无瞋,精进审慧,及彼所起三业处性。"《大乘义章》九有言:"慧心安法,名之为忍。"《三藏法数》五亦有言:"忍即忍耐,亦安忍也。"……

总之,佛教要求信徒忍耐一切违逆之境而不起瞋心,安住于道理而不动心。生于唐末动荡年月,且混迹于朝廷权力角逐的风口浪尖之上的司空图,经见了太多的生杀予夺,可谓是历经坎坷。最后面对唐王朝被朱全忠完全操控、名存实亡的无奈现实,失去忠君报国这一精神支柱的他,不得不通过对自己犹豫矛盾、消极遁世的仕途之道进行彻底检讨,由积极进取,到量力救时,再到无力救时,最后唯有凭借佛教教义,来开脱和自我拯救。而"耐辱"便是一剂释然的良药,"居士"便是安顿落魄灵魂的最佳所在,并借着僧人之口,似乎表明了自己在精神上皈依佛门的诚意。

换句话说,传主这是在和寄托着他量力救时、施展抱负的唐王朝,做出情感上的切割与决裂,尽管非常痛苦——不然,既为佛教徒,理应不瞋不恚,无屈无辱,又何来忍辱?所以从这个角度来看,司空图所"耐"之"辱",与其说是个人的小荣辱,倒不如说是心里仍然在替那位傀儡皇帝承受那有损帝国尊严、皇家斯文、宗法威严的大屈辱啊!故而,他又创作了一首别有伤心怀抱与心志寄托的《耐辱居士歌》,题写在休休亭东北向的楹柱之上:

　　咄,诺!休休休,莫莫莫!
　　伎两虽多性灵恶,赖是长教闲处著。

休休休，莫莫莫！一局棋，一炉药，天意时情且料度。

白日偏催快活人，黄金难买堪骑鹤。

若曰尔何能，答言耐辱莫。

第十二章 总结唐家一代诗

《与王驾评诗书》：诗家所尚『思与境偕』

《与极浦书》：诗家之景『象外之象 景外之景』

《与李生论诗书》：辨味后可言『韵外之致 味外之旨』

坠笏朝堂为失仪，吟成廿四品尤奇。

王官谷里唐遗老，总结唐家一代诗。

——摘自杨深秀《仿元遗山论诗绝句五十首》

　　身临人生晚境的司空图，更有一种来日无多、只争朝夕的紧迫感。虽然，对恩师王凝的知恩图报、义服始终，对恩公卢携的心存感念、有始有终，对唐王朝的恪守忠义、从一而终，可以说做到了立身。但是生逢末世，纲常废丧，致使他在仕途上难以立功，不能不说是人生最大的缺憾。既然难以立功，那就凭借自己擅长的论诗所长，把精力最大限度地花费在对唐诗的选编与艺术品鉴上面，诚如他在《〈擢英集〉述》中所言及的"见志于言""翘心不朽"那样，努力立言以存世吧。

　　其实回溯以往，早在广明元年（880）年初前后，司空图被卢携拔擢礼部期间，就开始着手《擢英集》这部唐诗分类选本的编选工作，并撰写出无异于纲要骨架的序文《〈擢英集〉述》；其后，在他频频辞官寓居华阴期间，又在《力疾山下吴村看杏花十九首》之六中，明言"侬家自有麒麟阁，第一功名只赏诗"这一安身立命的寄托所在，也是他决意以分类编选、品鉴唐诗的《擢英集》来安顿思想精神的选择态度。那么"赏诗"自然会有心得，心得自然包含褒贬之论。成稿于那时的《题〈柳柳州集〉后》，注《愍征赋》的两篇后记，以及一些论诗诗，就应该是他"赏诗"的收获所在。

现如今，司空图作《休休亭记》，既可以视作他与朝廷彻底决裂的宣示，更应该视作他抓住最后的时光，把以意象批评的手法，集中品论唐诗选本《擢英集》作为重中之重的开始。而完成于这一时期的书信体论诗作品《与王驾评诗书》《与极浦书》和《与李生论诗书》，便是他全力以赴于这一工作的理论总结之部分成果的折射与体现，更是继续孕育、提炼和充实《擢英引》——《二十四诗品》的诗理凭借。

《与王驾评诗书》：诗家所尚"思与境偕"

《与王驾评诗书》的题目，一目了然地告诉我们，这是一封写给一位诗友王驾的论诗书信。而在司空图的作品当中第一次出现王驾这个名字，是他作于景福元年（892）的《与台丞书》。当时在华阴寓居的司空图，虽然没有接受朝廷委任的谏议大夫之职，但为了举荐王驾和另一位青年才俊邢贲，书就了这封《与台丞书》。在书信中，他先以一位花农售货向来供不应求，和曾经做过谏官的杜牧举荐人才邢群做比，向这位台丞大人举荐邢群的侄子邢贲，和于大顺元年（890）及第、已经待职三年的"勋休之后"、忘年诗友王驾：

……又有王驾者，勋休之后，于诗颇工，于道颇固。但其所知，方在显清之地，不敢越境以输其珍耳。所与论诗一首，亦辄缄献。其他当俟阁下操人柄救时艰，而后敢以志英豪之事业者，达于执事，庶不驱之仇敌也。

王驾在《唐才子传》卷九有传，河中府人，和司空图是老乡，自号"守素先生"。大顺元年（890）杨赞禹主持省试时考中进士。因为传中没有记载他获授校书郎的具体时间，不知与司空图的推荐有无直接关系。又据《唐诗大系》记载，王驾出生于大中五年（851），小司空图十四岁。在司空图现存的诗集中，有一首《喜王驾小仪重阳相访》：

> 白菊初开卧内明，闻君相访病身轻。
> 樽前且拨伤心事，谿上还随觅句行。
> 幽鹤傍人疑旧识，残蝉向日噪新晴。
> 拟将寂寞同留住，且劝康时立大名。

由此可知，王驾应该是在乾宁三年（896）随皇帝来到华州后，前往敷溪边上的寓所拜望司空图，当时他已经升任礼部员外郎了。这次相见，给传主带来莫大的快乐，多病的身体似乎都清爽许多。司空图还生动记述了二人把酒感伤时局危难，游走溪边吟诗作对，以及勉励王驾珍惜韶光，为朝廷安定混乱时局建功立业的寄语。王驾的这次拜望，会不会是对司空图曾经举荐自己的答谢呢？依据诗意，倒是很符合对刚刚升迁的王驾进行勉励的口吻。

不过王驾做官的时间并不长，官至礼部员外郎后，就因时局动荡而辞官，隐居家乡别业。他与司空图、郑谷皆为诗友。有学者据此推论，王驾早在中和二年（882）就与司空图有了交往。当年秋天，王驾于四川唐僖宗行在应试落榜，和郑谷作别返回故乡的时候，司空图已经避居王官谷，故不排除这种可能。

　　作为莫逆之交的投缘诗友，在往后的日子里，司空图与王驾二人或谋面，或书信，应该一直持续着有关诗歌创作方面的切磋，而被司空图收入文集的重要诗论作品《与王驾评诗书》，正是这种书信交流往来所激荡出来的珍贵成果：

　　足下：

　　　　末伎之工，虽蒙誉于贤哲，未足自信；必俟推于其类，而后神跃而色扬。今之赞艺者反是，若即医而靳其病也，惟恐彼之善察，药之我攻耳。以是率人以谩，莫能自振，痛哉！且工之尤者，莫若工于文章，其能不死于诗者，比他伎尤寡，岂可容易较量哉！

　　　　国初主上好文雅，风流特盛。沈、宋始兴之后，杰出于江宁，宏肆于李杜，极矣。左丞、苏州趣味澄敻，若清风之出岫(一说"若清沈之贯达")。大历十数公，抑又其次焉。元、白力勍而气孱，乃都市豪估耳。刘公梦得、杨公巨源，亦各有胜会。阆仙、无可、刘得仁辈，时得佳致，亦足涤烦。厥后所闻，徒褊浅矣。然河汾蟠郁之气，宜继有人。今王生者，寓居其间，浸渍益久，五言所得，长于思与境偕，乃诗家之所尚者，则前所谓必推于其类，岂止神跃色扬哉！

　　　　经乱索居，得其所录，尚累百篇，其勤亦至矣。吾适又自编《一鸣》所集，且云撑霆裂月，作者之肝脾，亦当吾言之无怍也。

　　　　道之不疑。

　　鉴于司空图在文中转述的《〈绝鳞集〉述》句意——"撑霆裂月，劫作者之肝脾"，也就明确了这篇作品的成文时间，是在他天复二年（902）自郢乡返回王官谷之后。而书信的由来，则是缘于前来看望安抚他的王驾，所呈请求指教乃至作序的诗作辑录。

具体到这篇论诗书信作品，司空图是围绕着对王驾诗作的评价展开的。首先提出诗人的诗作水平所达到的境界，不是几句褒奖就能令作者满意，只有通过与其他名家名作进行比较，才能令其心悦诚服。司空图在这里带出当时文坛的一种不良风气，即不敢正视自己作品的欠缺，不愿意面对真诚有益的批评，反而喜欢听一些虚情假意的夸赞，陶醉在一种你好我好大家都好的虚夸幻象当中。

然后，司空图由唐初诗歌创作成就开始梳理，以在诗歌创作特别是对诗律定型方面做出突出贡献的沈佺期、宋之问为发端，继之以王昌龄的杰出创作，李白、杜甫的伟大作品则让唐诗达到了隆盛至极的高度。到这里，传主话锋一转，特别提到王维、韦应物趣味澄淡、清新自然的优秀作品，一如山间荡出来的拂面熏风。与前面概括之论相比，这样具体的艺术评价，明显传达出传主独到的艺术审美趣味，似乎这就是他心目当中的诗作所应企及的艺术至境，直接呼应着在《二十四诗品》中品类相近又各有侧重、如同主旋律一般不断回环往复的《冲淡》《沉着》《高古》《典雅》《飘逸》《疏野》《超诣》《旷达》诸品，互为表里，相得益彰。

紧接着，司空图又以此为标准，衡量大历十才子李端、卢纶、吉中孚、韩翃、钱起、司空曙、苗发、崔洞（一作峒）、耿湋、夏侯审等诗家的作品成色，觉得稍有逊色。及至由元稹、白居易的"新乐府运动"催生的现实主义作品，认为虽用力强劲，但缺少气韵，就像都市里的豪强富商一样色厉而气馁。至于刘禹锡和杨巨源的诗作，其中也有一些艺术意象不错的表达。到了贾岛和他的从弟无可僧人以及刘得仁这几位，虽说大部分作品差强人意，但是偶尔得之的一些妙句，也可以赏心悦目、涤除烦恼。至于之后能够听闻见读的诗家作品，就更显狭隘肤浅、不足挂齿了。

通过以上一番梳理，传主已经为王驾的诗作罗列出可以比照的对象，回过头来，才具体评说王驾的诗作水准。传主指出：由春秋战国时期的卜子夏、隋末大儒王通，到有唐以来的王之涣、王维、卢纶，再到他认可的杨巨源、无可等众诗家聚集起来的河汾一带非凡文脉，理应获得继承和发展，而作为河中人的王驾，在这样的艺术氛围当中浸淫已久，耳濡目染，果然在五言诗的创作上有所突破，已经企及"思与境谐"之妙境，这也是以王维、韦应物为代表的诗歌大家都颇为崇尚的艺术高度。

这评价，可谓至高矣！但是司空图仍觉意犹未尽，又借用重编自己诗文著作《一鸣集》和《绝麟集》时于序文当中言及的"撑霆裂月"和"作者之肝脾"，来进一步赞誉王驾至勤至工的诗作。

而对后人来讲，这篇品论诗歌作品的诗论最为重要的价值，就在于第一次以提要形式，将唐代初、盛、中、晚不同时期具有代表性的诗家作品予以概括梳理和评价，开综论唐诗创作之先河，自然引起了古今学人的关注。具有代表性的观点，一个是明代的胡应麟在其著述的《诗薮》外编卷四中的评述：

> 唐人评骘当代诗人，自为意见，挂一漏万，未有克举其全者。唯图此论，撷重概轻，繇巨约细，品藻不过十数公，而初、盛、中、晚，肯棨悉投，名胜略尽。后人综蕝万端，其大旨不能易也。

另一个则是陈伯海先生在所著述的《唐诗学引论》中以《与王驾评诗书》一篇为例的相关论述：

> 这段文字自然十分简略，谈到的作家也不算多，甚至还存在着后人所批评的"论中晚唐人，殊乖公允"的毛病。尽管如此，

它却是现今所能见到的唐人对唐诗的发展历史作出系统归纳的第一篇文献。在短短的篇幅中，要言不烦地综括了各时期诗歌创作的代表作家和基本风貌，反映出唐诗的盛衰起伏。

因为在司空图之前，唐人虽然也编选过许多唐诗选本，其中也有许多对唐人诗作的精辟评论，但基本上仅限于对一位诗人、一个地域的诗人、一个诗人群体的评说。即使是唐以后的五代时期，虽说又出现了多种唐诗选本，限于著者鉴赏能力、理论修养、道德品质以及社会地位等方面都难以匹配，所论仍不及司空图之项背。可以说，这是一种历史的选择，是司空图以自身所具有的艺术修养，当仁不让地承担起了这一责任使命，也由此奠定了他对唐诗进行总体论述第一人的重要地位。

这篇诗论的再一个重要价值，就在于第一次提出了一个全新的艺术理论观点——"思与境谐"。所谓的"思"，就是指诗人用语言形象显现出来的思想情态；而"境"，就是诗人通过描绘的形象所要导引创造经营出来的一种让人意会体味、难以言传的高远境界。也就是要让此二者达到完全和谐统一、浑然天成的艺术效果。恰如当代学人李泽厚所论述的那样："'意境'和'典型环境中的典型性格'一样，是比'形象'（象）'情感'（情）更高一级的美学范畴。因为它们不但包含了'象''情'的两个方面，而且还特别扬弃了它们主（情）客（象）观的片面性而构成了一完整统一、独立的艺术存在。"

《与极浦书》：诗家之景 "象外之象 景外之景"

《与极浦书》，是司空图另一篇重要的论诗书信作品。他在文中又提出了一个重要的艺术理论观点——"象外之象"和"景外之景"。与这一题旨相对应，作者还阐述了另一个层面的艺术表达也不可偏废，即如何体现题

纪之作"目击可图"的艺术效果。传主为了能将这个问题说明白,还不揣冒昧,列举了自己两首近作:

> 戴容州云:"诗家之景,如蓝田日暖,良玉生烟,可望而不可置于眉睫之前也。"象外之象,景外之景,岂容易可谈哉!然题纪之作,目击可图,体势自别,不可废也。愚近作《虞乡县楼》及《柏梯》二篇,诚非平生所得者,然"官路好禽声,轩车驻晚程",即虞乡入境可见也。又"南楼山最秀,北路邑偏清",假令作者复生,亦当以著题见许。其《柏梯》之作,大抵亦然。浦公试为我一过县城,少留寺阁,足知其不怍也,岂徒雪月之间哉?仁归山后,"看花满眼泪","回首汉公卿","人意共春风(原注:上二句杨庶子)","哀多如更闻",下至于"塞广雪无穷"之句,可得而评也。郑杂事不罪,章指亦望呈达,知非子狂笔。

这封论诗书信,是针对诗作"可望而不可置于眉睫之前"的艺术境界,和可以置于眉睫前的"题纪之作"两个问题展开的讨论,也就是如何才能认识、辨析、区分这两种不同的艺术表现形式。所以司空图起笔就开门见山,以戴叔伦有关诗的意象一如"蓝田日暖,良玉生烟"这一生动可感的比喻,道出了前者颇为不易的表现效果。随即折回第二个问题,指出作为一如绘画写生的"题纪之作",则要求把看到的景致具体准确、形象传神地表达出来,让没有到过现场的读者也能获得身临其境的艺术感受。基于此,司空图以自己符合这一要求的近作《虞乡县楼》《柏梯》中的诗句为例,并且认为即使戴叔伦复生,也会赞许他的切题。为了强调这一点,司空图甚至提请极浦公可以前往县楼和柏梯寺亲自感觉检验一下。

解决了"题纪之作"的"著题",司空图话锋再转回"可望而不可置于眉睫之前"的艺术境界如何体味的问题。他又撷取数位诗家的佳句，提供给验证归来的极浦公细加品味——第一句"看花满眼泪"，出自王维的《息夫人》；第二、三句"回首汉公卿"，"人意共春风"，选自一个杨庶子的作品；第四句"哀多如更闻"，出自杜甫的《孤雁》；最后一句"塞广雪无穷"，则出自贾岛的从弟、僧人无可的《送颢法师往太原讲兼呈（一作谒）李司徒》。仔细研读其中三句诗作在各自诗篇当中生发的意境，或悲伤，或孤独，或空旷，恰恰是一种超出所描写人物、事物及景象的无限延伸的艺术境界，即司空图所说的一般人"岂容易可谈"的"象外之象，景外之景"这一高远艺术情境。

"象外之象，景外之景"，其中第一个"象"和"景"，即司空图在文中所谓的可以"置于眉睫之前""目击可图"的现实景象的艺术再现；而第二个"象"与"景"，自然就是基于第一个艺术"象"和"景"之外的"诗家之景"，是诗家所要生发传达出来的心中另一番更为含蓄旷远、遐思无限的心"象"与情"景"。也就是说，"象外之象、景外之景"指的情境，即超越了诗作所描绘的生动意象之外的、具有无限自由想象空间的艺术镜像。有学者认为，唐诗自大历年间以后的最大成就，就是在意象层面对盛唐诗歌的超越于拓展。而司空图的"象外之象、景外之景"的理论观点，正是对大历以来诗歌意象所取得成就的生动总结，同时也是对他的"思与境谐"当中"境"的内涵的生动阐述。

如果说《与王驾评诗书》的书信对象王驾是明确的话，那这篇作品的对象极浦的身份，却还是一个存在着争议的谜。现在通常根据《全唐诗》小传记载，注为名汪极，字极浦，徽州歙县（今属安徽省）人，司空图的友人。他的生卒年不详，唐昭宗大顺三年（892）进士，《全唐诗》存诗一首。但是据文末司空图称投书对象为"郑杂事"（"杂事"一职，即总管御史台庶务的侍御史知杂事的简称），可知极浦姓郑不姓汪。又据司空图敬称"郑杂事"为"浦公"，可知其为长者，大顺三年才中进士的汪极，年岁似乎也不符。再者，司空图于文中提出让极浦亲往虞乡县楼亲自体验的要求，除非极浦当时恰巧在河中府地面做官，不然这样的建议就显得不现实了。质疑至此，倒让笔者记起在第九章"第一功名只赏诗"部分曾经介绍过的司空图《华下送文浦》一诗来：

> 郊居谢名利，何事最相亲。
> 渐与论诗久，皆知得句新。
> 川明虹照雨，树密鸟冲人。
> 应念从今去，还来岳下频。

《全唐诗》中的这个题目，到了《司空表圣诗集》卷一中，则成《华下送文涓》，并注明一作"文蒲"。联想到当下我们也不时会把熟人、朋友的名字写成别字的现象，而古代刻板印刷当中，也时常会出现文字错谬的现象，这"浦"与"蒲"、"浦"与"涓"之间，会不会也有这类错谬的可能呢？再者，根据诗中"渐与论诗久，皆知得句新"描述的二人论诗的惬意情形，如果结合《力疾山下吴村看杏花十九首》第十五首、第十六首的论诗诗和《与极浦书》的内容，这位与司空图论诗者的水平非同一般。末两句"应念从今去，还来岳下频"，明显期待文浦今后还能常常到华阴相见的句意，似乎也给我们透露出这个"文浦"应该是居家较近的老朋友，或者就是河中府虞乡人。由"文浦"名字中的"浦"字，笔者生发出一个猜想：司空图文中所称的极浦，并非远在徽州歙县的"汪极"，而是这个"文浦"。"文浦""极浦"或者就是这位"郑杂事"的名或字。

《与李生论诗书》：辨味后可言"韵外之致 味外之旨"

如果说前面两篇诗论作品的写作时间，学人还有疑义，那这篇《与李生论诗书》的写作时间，则因其中引用的"殷勤元旦日，歆午又明年"诗句，而非常明确起来。

天复四年、天祐元年（904）正月，是司空图从郧乡回到故乡后度过的第一个新年。适逢甲子年，不免让他生发出无限感慨，赋成一首《元日》：

> 甲子今重数，生涯只自怜。
>
> 殷勤元旦日，歆午又明年。

因为上一个甲子年，是会昌四年（844），他时年八岁。也正是在那一年，他的父亲司空舆由江西钟陵转任河东道盐铁处巡院治下的安邑、解县两池榷盐院巡官。他也在那一年或晚些时候，随家人一起迁居虞乡新居，成为一个河中府辖区内的虞乡县人。回想六十年的人生轮回，颇似他于光启二年所作《证因亭》诗中"他生此地却容身"句意，真可谓是悲慨良多，一言难尽啊！故而，虽然感叹生逢末世，"生涯只自怜"，但是能够和家人邻里一起"殷勤"迎接新一年的到来，已经很知足了。

就在这之后的某个时段，正在休休亭中编选唐诗、品评诗作、辑录著作的他，接见了前来拜访的年轻诗作者李生。这位年轻人带来了自己的一些新作，诚请司空前辈批评指教。李生应该像现在的许多文学初学者那样，会给司空前辈提出许多写作当中的困惑，寻求答案。

等送走了李生，司空图得以静下心来仔细阅读其诗作，觉得它们多是缺乏含蓄、留白、旷远之美的直白描写，于艺术效果而言，显得太寡淡乏味了。他由此想到了近在咫尺的盬盐咸味来，再联想到曾经品味过的江南梅子的酸味，进而又联系到江南人家对饭食滋味的要求，仅仅满足于饭菜有点咸酸味道可以下饭饱腹即可，而我们北方人因为富足的美食诉求，则早已不能满足于简单的酸咸之味，而是更加注重适可而止的咸酸口感背后由其他调味品融会而成的言说不清、余味无穷的美妙滋味。那么好的诗歌作品，不也正是具备了这样的表象之外言说不清而又余味隽永的感觉，大家才会公认其为上乘佳作吗？司空图旋即铺展信笺，拎袖挥毫，将这些思考记写下来：

> 文之难而诗尤难，古今之喻多矣。愚以为辨味而后可以言诗也。江岭之南，凡足资于适口者，若醯非不酸也，止于酸而已。若醢非不咸也，止于咸而已。中华之人所以充饥而遽辍者，知其咸酸之外，醇美者有所乏耳。彼江岭之人，习之而不辨也宜哉。
>
> 诗贯六义，则讽谕抑扬、渟蓄渊雅，皆在其中矣。然直致所得，以格自奇。前辈诸集，亦不专工于此，矧其下者耶？王右丞、韦苏州，澄澹精致，格在其中，岂妨于遒举哉？贾阆仙诚有警句，然视其全篇，意思殊馁。大抵附于蹇涩，方可致才。亦为体之不备也，矧其下者哉？噫！近而不浮，远而不尽，然后可以言韵外之致耳。

司空图首先言道，诗比文章尤为难写，而且只有懂得了如何辨别味道，才可能悟出作诗的门道。随即以咸酸之味做比，和这位李生着重讨论了在诗作当中应该如何艺术体现《诗经》的"风、雅、颂、赋、比、兴"六义的问题。他的观点，就是要将它们有机地融入"讽谕抑扬、渟蓄渊雅"等艺术表现手段当中，使自己的作品意象收到在《与极浦书》中提出的具有"象外之象 景外之景"的"韵外之致"。

司空图继《与王驾评诗书》后，再次以王维和韦应物的艺术表现境界为例，指出他们的诗作清雅淡远，精巧工致，自成一格，并没有妨碍他们作品格调的遒劲挺拔啊。然后又以"苦吟"著称的诗人贾岛作为反面的例子，指出其诗作虽说不乏警句，但整体内容则显得空泛苍白。究其原因，就在于仅靠苦吟雕琢来显示才能，而忽略了诗歌作品丰富多彩、浑然一体的意境美。由此可知，诗人在作品当中，既能让眼前的景象不落于肤浅的俗套，又能使诗意当中的艺术镜象虚无缥缈、含蓄不尽，然后才可以体味感知更为高远的"韵外之致"了。

所以明人许学夷在《诗源辩体》卷三十五中这样评论道："司空图论诗，有'梅止于酸'二十四字，得唐人精髓。其论王摩诘、韩退之、元白正变，各得其当，远胜皎然《诗式》，东坡、元瑞皆称服之。"

司空图在以盐梅做比，又阐释了王维、韦应物、贾岛的诗作优劣之后，针对李生的诗作多为缺少意味的五言、七言绝句，（为了便于作者理解掌握）他以"愚窃尝自负，既久而愈觉缺然"的谦虚态度，从自己诗作中选出诗句二十多联，现身说法，予以示范：

> 然得于早春，则有"草嫩侵沙长，冰轻着雨销"。又"人家寒食月，花影午时天"。（上句云："隔谷见鸡犬，山苗接楚田。"）又"雨微吟足思，花落梦无憀"。又"夜短猿悲减，风和鹊喜灵。"得于山中，则有"坡暖冬生笋，松凉夏健人"。又"川明虹照雨，树密鸟冲人"。得于江南，则有"日带潮声晚，烟和楚色秋"。（一作"戌鼓和潮暗，船灯照岛幽。"）又"曲塘春尽雨，方响夜深船"。得于塞上，则有"马色经寒惨，雕声带晚饥"。得于丧乱，则有"骅骝思故第，鹦鹉失佳人"。又"鲸鲵人海涸，魑魅棘林幽"。得于道官，则有"棋声花院闭，幡影石幢高"。得于夏景，则有"地凉清鹤梦，林静肃僧仪"。得于佛寺，则有"松日明金像，苔龛响木鱼"。又"解吟僧亦俗，爱舞鹤终卑"。得于郊园，则有"暖景鸡声美，微风蝶影繁"。又"远陂春草渗，犹有水禽飞"。（上句云："绿树连村暗，黄花入麦稀。"）得于乐府，则有"晚妆留拜月，春睡更生香。"得于寂寥，则有

"孤萤出荒池，落叶穿破屋"。得于惬适，则有"客来当意惬，花发遇歌成"。虽庶几不滨于浅涸，亦未废作者之讥诃也。七言云："逃难人多分隙地，放生鹿大出寒林。"又"得剑乍如添健仆，亡书久似忆良朋"。又"孤屿池痕春涨满，小栏花韵午晴初"。又"五更惆怅回孤枕，犹自残灯照落花"。（上句云："故国春归未有涯，小楼栏槛别人家。"）又"殷勤元旦日，歘午又明年"。（上句云："甲子今重数，生涯只自怜。"）皆不拘于一概也。盖绝句之作，本于诣极。此外千变万状，不知所以神而自神也。岂容易哉？

　　这些作品既有五言绝句，也有七言绝句，包括新近所作的《元日》中的那两句。它们大都属于抒写闲情逸趣而偏于静美的，但也不乏别有志趣怀抱之作。比如选自《秋思》《喜王驾小仪重阳见访》《狂题》《偶书》《河湟有感》等诗作当中的句子。对于这些摘录的诗句范例，司空图特意强调它们都是自己尽力追求兼蓄众味、兼备众体而非拘泥于某一种意趣之作。期间还不忘再次自我澄清道："虽庶几不滨于浅涸，亦未废作者之讥诃也。"即自己这些浅陋之作，其意蕴是否切题，还可以和阁下一起讨论批评啊。

　　正是司空图在本文及《与极浦书》中对自己诗句的频繁引用，又成为一些学人诟病的对象。比如明代晚期著名文学家、藏书家、学者胡震亨，首先认为司空图的诗文"篇法未甚谐，每每意不贯浃，如炉金欠火未融"，也无视本文中引用这些诗句的具体用途，和传主直言自讽的谦逊态度，抓住司空图在《与王驾评诗书》中的文句"撑霆裂月，劫作者之肝脾"，据此断章取义，批评司空图"夸负不浅"，未免有失偏颇。相比较而言，倒是清末学人许印芳在读《与极浦书》后撰写的跋语，比较客观公允：

书内所举近作，原非出色之诗，而自夸如是者，喜其著题也。可见古人作诗，以真切为贵。初学之士，宜先讲明此理，从真切处用功；门路不差，自有升堂入室之日，慎勿视为老生常谈也。……表圣自号知非子，此书自夸其诗，故云"狂笔"。

随后司空图又对李生谆谆教导道：这绝句的创作成功与否，取决于艺术造诣所达到的高远境界。一旦达到那样的境界，你就会驾轻就熟，令自己的作品面貌在不知不觉间就企及千变万化、多姿多彩的神奇境界。而要想达到这样的艺术境界，可不是轻而易举的事情啊！并针对李生不被时辈认可的诗作，坦诚地开出药方：努力追求诗作所应该蕴含的丰富意趣与品之不尽的醇厚之美，这样就会体会到什么是"味外之旨"了。

"味外之旨"加上前面提出的"韵外之致"，这是司空图在这篇作品当中提出的又一个重要的诗论观点：诗歌创作应该做到"近而不浮，远而不尽"，既要使自己的描写具体形象、鲜明可感，又要能使作品含蓄悠远、意在言外。这与他在《与王驾评诗书》《与极浦书》中提出的"思与境谐"和"象外之象""景外之景"等观点，明显有着理论层面一脉相承的统一性。就像作者在《与极浦书》中提出的"象外之象""景外之景"，就是"思与境谐"当中"境"的内涵所在一样，本文提出的"韵外之致""味外之旨"，也就是"思与境谐"当中"思"的内涵所在。

综观司空图的诗论著述，不难看出，他正是在继承前辈诗论家钟嵘、刘勰、殷璠、皎然等的趣味、意境说，注重含蓄蕴藉的韵味与清远醇美的意境的前提下，具体结合初唐、盛唐、中唐、晚唐不同时期唐诗作品的艺术表现形式的发展流变，进行了较为系统的梳理与论述，既推崇王维、韦应物"趣味澄夐"的诗风，赞美李白、杜甫之作与韩愈歌诗的气势奔腾，"物状奇变"，也批评了元稹、白居易倡导的"元和体""新乐府运动"之作为"力勍而气孱"，以及贾岛苦吟的"蹇涩"，臧否诠释，观点明确，并遵从自己的审美取向，提出了有所发展与创新的"思与境偕""象外之象""景外之景""韵外之致""方外之致""味外之旨"等诗论观点。

　　而且司空图通过三篇诗论作品所提出的诗论美学观点的一致性，评骘诗家诗作的集中系统性，明确地告诉我们，他是在借助书信机缘，对深思熟虑、业已定型、辑录成篇的《擢英引》——《二十四诗品》所要传达的诗歌艺术理论，所做出的具有针对性的撮要与诠释。

第十三章　奉诏力疾赴洛都

噩耗连连
坠笏失仪
汇编《寿星集》
《神道》一篇酬恩泽
揖别唐王朝

昭宗迁洛，鼎欲归梁，柳璨希贼旨，陷害旧族，诏图入朝。图惧见诛，力疾至洛阳，谒见之日，堕笏失仪，旨趣极野。璨知不可屈，诏曰："司空图俊造登科，朱紫升籍，既养高以傲代，类移山以钓名，心惟乐于漱流，任非专于禄食。匪夷匪惠，难居公正之朝；载省载思，当徇栖衡之志。可放还山。"

——摘自《旧唐书·司空图传》

噩耗连连

就在司空图决意置身事外、潜心编选唐诗，润色充实辑录到一起的各品引诗，与诗友后生论诗评诗的时候，已经名存实亡、摇摇欲坠的唐朝廷，也苟延残喘到了最后倾覆的时刻。

201

天复三年（903）二月，朱全忠回到大梁后，就开始紧锣密鼓地谋划着篡权的最后一步——请君入瓮，除之后快。

这年十二月，他上书唐昭宗，对企图阻挠皇帝迁都洛阳的宰相崔胤进行诬陷，致其被罢官、处死，挑拣比较顺从的独孤损、崔远，还有光化二年（899）才考上进士、善于逢迎拍马的柳璨，一并担任宰相。到了天复四年（904）正月，他再次屯兵河中府，立逼唐昭宗携文武臣僚、皇亲国戚们踏上动迁之路，又命兵将即刻拆取宫殿的椽檩，搬运到洛阳作为建造新宫的材料，并一把火烧掉其他皇家建筑。由于新宫殿尚未修造好，唐昭宗与朝臣被滞留在陕州，直到四月十一日才得以抵达洛阳新宫。八月十一日，朱全忠即密令左龙武统军朱友恭、右龙武统军氏叔琮、枢密使蒋玄晖等一起，趁着夜色冲进皇后居住的椒殿，将唐昭宗杀死，随即矫诏另立十三岁的辉王李祚为皇太子，更名李柷，于枢前即位，即唐王朝最后一位皇帝昭宣帝，改元天祐。

至此，朱全忠谋权篡位的时机可谓已经水到渠成，只待将那些心有腹诽、恋念唐室的文武臣僚清除掉，即可鸠占鹊巢，改朝换代了。

朱全忠弑君改立这一凶信，传到司空图的耳朵里，应该不迟于本年秋末冬初。他初闻噩耗，该是怎样的反应呢？或许觉得都是意料之中的事情，只在迟早，除了暗自神伤，又能如何？不过到了即将过去的除夕之际，作为唐朝老臣，面对曾经雄强四海的大唐帝国来日无多、行将就木的凄惨末路，万分悲伤之中，他终于忍不住借诗作《岁尽二首》，不无隐晦地抒发了明眼人皆能一目了然的曲折胸臆：

明日添一岁，端忧奈尔何。

冲寒出洞口，犹校夕阳多。

莫话伤心事，投春满鬓霜。

殷勤共尊酒，今岁只残阳。

如果说第一首末句的"夕阳"是指自己明年又要老一岁的自喻，那第二首"莫话伤心事"之后，却说"今岁只残阳"，竟比明年可见的夕阳更不堪面对。这其中，显然不只是一个寻常老者对来日无多的感伤抒怀了。唐昭宗遇弑，唐昭宣帝即位，这由枭雄朱全忠一手导演的闹剧，岂不正是唐祚之"残阳"吗？

及至天祐二年（905），对于司空图而言，注定会是非常艰难、生死难料的一年。但新年伊始，按虚岁已经可称古稀老人的司空图，似乎并没有意识到祸事即将临头，正月初七所作的《乙丑人日》诗，似乎还流露出些许的喜气来：

自怪扶持七十身，归来又见故乡春。

今朝人日逢人喜，不料偷生作老人。

品读弥漫诗句当中那份劫后余生、喜得延寿、知足自慰的个中心绪，毫无半点遮掩，恰似一首写给自己的祝寿诗。可是他不知道远在东都洛阳，朱全忠正假十几岁的傀儡皇帝昭宣帝之手，把屠刀指向了皇家诸王与朝廷大臣们。新的血腥杀戮，正由助纣为虐的奸相柳璨等人紧锣密鼓地布置着。

先是在二月九日，为了绝掉李唐宗室的血脉承嗣后患，朱全忠效仿当年韩建在华州绞杀十一王的手段，将以德王为首的唐昭宗的九个儿子全部处死。

及至五月间的夜空中，西北方出现了横贯太微、文昌、帝座诸星宿的彗星。占卜者视之为妖星，预言它将使君臣共同面临一场巨大的劫难。而消弭这场劫难的办法，就是要大开杀戒，严厉惩处敌对势力，以顺应改朝换代的天意！朱全忠随即授意枢密使蒋玄晖和太常卿张廷范，设计剪除那些有品行声望却不愿意顺从他的臣僚。而柳璨为了邀功，借机率先上疏，将平时与自己有过节心怀怨恨的臣僚，诸如刚被贬谪的宰相裴枢、静海军节度使独孤损、左仆射崔远、吏部尚书陆扆、工部尚书王溥、司空致仕裴贽、检校司空兼太子太保致仕赵崇、兵部侍郎王赞等三十余名朝臣，全部扣上了该杀的罪名。这样的陷害，正中朱全忠的下怀。他当即派人将这些遭到贬谪的臣僚全部召集，押送到滑州的白马驿中，胁迫唐哀帝李柷全部赐死！

六月一日，震惊朝野的白马之祸，在黄河岸边凄惨地上演了！一个个效忠唐室的文武官员，在朱全忠的爪牙鹰犬胁迫下，用一杯杯毒酒了断了冤屈悲愤的生命！其中一个叫李振的歹毒之徒，还给朱全忠出了一个带有侮辱性的馊主意："这些自命不凡的家伙平日里无不以清流自居，今天咱就把他们统统丢进这浑浊的黄河里，让他们全部变成再也清不起来的浊流！"那时候的黄河，显然还没有获得"母亲河"这一时尚至尊的敬称，但她仍旧以浑浊而包容的胸怀，呜咽着接纳了这些不幸的牺牲者。

这一场场血腥屠杀的噩耗，又是何时传到王官谷的？应该很快，毕竟只有一山之隔。那么，司空图又会做何感想呢？七月十六日，他在应邀为阳城县灵泉寺撰写的《泽州灵泉寺记》碑文落款处，起首有"耐辱居士病且死……"之句意。以"病""死"等字眼入请托之文，读来很是有些不吉利的感觉，有违为文之常情；况且随后他还能前往洛阳皇宫面圣，可知病情还不至于到了垂死的境地。这其中，显然是郁闷沉重甚至是无法遮掩的绝望心情的流露，也是刻意寓有的弦外之音。想想当时的官场，已被人心惶惶的末世氛围所笼罩，而能让他的坏心情更加绝望的缘由，也只能是已经知道了白马之祸，并且由此预感到，朝中的宵小奸佞量难轻易放过自己。危及衰朽生命的祸事，降临只在迟早间。

坠笏失仪

果不其然，时至八月，河东的天气刚刚褪去奥热蒸人般的酷暑，隐身清凉世界的司空图，就接到了朝廷的诏书——又是柳璨心怀叵测的举荐，朱全忠遂假昭宣帝之名，仍以兵部侍郎旧职诏他赴洛阳就职。

去？还是不去？司空图堪称进退维谷。

因为眼下的局势，已经是秃子头上的虱子，一目了然：朱全忠就是借着傀儡小皇帝的招牌，行铲除难以为用的骨鲠忠臣之实，用以威慑朝野，为他的篡权夺位做最后的清场。多年以来，面对多由权臣、阉党、军阀操纵下颁发的皇帝诏封，自己总是称病不朝，或赴朝辞谢，明眼人一看就知道自己虚与委蛇的不合作态度，更何况已经万事俱备只看心情的朱全忠？如果自己不得不腆着老脸冒险走一遭，很可能正好中了朱全忠指使的柳璨、蒋玄晖、张廷范一干奸佞的圈套，像白马之祸当中的三十多位朝臣那样，成了新一波被屠戮的冤魂。即使为了表面上的粉饰，暂保无虞，一旦朱全忠篡得大宝，革故鼎新，难保不会出现血腥清洗前朝臣僚借以立威的恐怖局面，这杀身之祸岂能躲得过去？可是如果不去，他们毕竟还是打着唐家皇帝的幌子，那可就是无视他们咄咄淫威的直接抗命，必会扣上大逆不道的罪名，立即快马赐死了。以司空图这么多年称病不起、东躲西藏、避祸偷生、隐忍"耐辱"的选择原则，断然不会在自己临近寿终之年，再招此无端横祸。

那又该怎么做，才能侥幸脱此横祸呢？思前想后的司空图，终于打定了主意，不管他们是否真心举荐，自己都仍旧以老朽之身，托病辞官。这样，他借着《泽州灵泉寺记》碑文的不堪落款，就算是预先给朱全忠传递过去的一个重要铺垫：我司空图已经体衰多病，行将就木，不久于人世喽！

抱着生死由命的无奈，司空图以永诀的心境，别家辞亲，话别邻里，再回头深深地凝望一眼才回来一年多的栖身之所，挥别那座休而难休的休休亭，踏上了吉凶未卜的行程。

　　旅途上的行色匆匆那是一定的，朝廷应该会有一定的时限。

　　八月十四号清晨，鞍马劳顿、稍事缓歇的司空图，便随着一班臣僚，一起朝觐小皇帝。他以年迈体衰却又表现出无比感恩戴德之情态，更以眼花耳背、腰弯背驼、腿弓手颤之龙钟老态，凭借着藤条或者崖柏做成的拐杖帮扶，蹒蹒跚跚地勉强登上殿外高台，挪步廷堂，颤颤巍巍地冲着龙椅上那个十四岁的傀儡皇帝勉强一跪，算是尽了君臣之礼。可是就在他必须凭借两只手把持拐杖吃力起身的过程当中，"噗嗒叮当"一声作响，手里握着的笏板失手跌落在了地上！这时候，身边相邻的朝臣老友，赶忙帮他捡起笏板递了过来。而司空图又以耳聋之人才有的大声朗笑，和一句"老了老了不中用了"的家乡土语自嘲起来，假意掩饰自己失态的尴尬。

　　这一情形，与其他臣僚因心惊胆战而显沉闷的神色，形成了巨大反差。小皇帝木然讪笑着，位置居前的奸佞柳璨也回过头来，用多疑诡诈的神色，琢磨着眼前发生的这一幕……

　　等昭宣帝郊礼祭奠仪式刚刚结束，司空图就赶紧呈上了恳乞病归的奏章，其中有"……察臣本意，非为官荣，可验衰赢，庶全名节"等句意。对皇帝说自己不为"官荣"，还要"庶全名节"，这岂不等于挑明了对皇帝说，我看不上你的高官厚禄，我就是要保全我这清高的名节吗？依照当时朱全忠指使柳璨一帮奸佞找茬枉杀的血腥氛围，这不是自己把头往砧板上放吗？所以有学者质疑为后人假托之辞。

　　不过笔者细细品读文意，联系司空图的特殊经历，和先皇帝赐予的"行在三绝"名号，觉得这份奏章有其合理性。也就是说，司空图所要保全的"名节"，正是指唐僖宗封赐的"行在三绝"这个金字招牌！前任皇帝赐封的名号，儿孙辈皇帝敢不认真对待尊敬如故吗？

回头再说柳璨，他虽然奸诈成性，一门心思借着朱全忠篡逆之机，加害对自己有所威胁的朝臣贞士，但同时也在顺着朱全忠笼络人心、网罗新朝班底的意图，借机卖一些人情给那些愿意屈膝附逆的臣僚，培植自己在朝中的势力。所以就有了这次举荐包括老乡司空图在内一干朝臣的举动。没想到司空图还不买账，这该如何处置呢？

按照朱全忠的授意，只要是不识时务，不愿意改弦更张归附于他者，统统杀掉。但是对于这个司空图，柳璨还是有所忌惮的。因为通过朝堂上那一幕"坠笏失仪"的情状，再回溯十多年间司空图屡屡辞官远避的隐士品行，清楚这位自命清高的老家伙，或许心里明镜似的，只是为了保全性命，不惜癫讪不经，自取其辱，但也证明了他着实无意恋栈仕途的心思。如果因他倚老卖老、癫狂轻慢、拒不附逆，就加个罪名杀掉，岂不落下个连隐逸遁世之辈也容不得的恶名，寒了天下人心？毕竟朱全忠还是需要有臣僚拥护着他接替唐王朝的权柄，来开启朱家王朝。就是柳璨自己，也在奢望着攀附朱全忠享一人之下万人之上的权欲美梦，所以必要的粉饰还是不可少的。更何况司空图常年居家不朝，和他也没什么过节，甚至关系还不错的。比如去年正月，司空图的女婿姚颐刚在唐昭宗滞留的陕州行在考上进士，六月就被他极力举荐为校书郎，当年就得以入朝为官了。

如此斟酌再三，柳璨选择给傀儡皇帝上了一道《请黜司空图·李敬义奏》，其中写道：

> 近年浮薄相扇，趋竞成风，乃有卧邀轩冕，视王爵如土梗者。司空图、李敬义三度除官，养望不至，咸宜屏黜，以劝事君者。……司空图俊造登科，朱紫升籍，既养高以傲世，类移山而钓名。心惟乐于漱流，仕非颛于禄食。匪夷匪惠，特忘（难居）公正之朝；载省载思，当徇遁栖（栖衡）之志。可放还归山。

既然自己举荐的人不给面子，又不能杀掉，还得放回去，自然需要给自己台阶下，还要让朱全忠的威势尽显，那只有极尽贬斥诽谤之词了。尽管柳璨在奏折当中对司空图的评价极不公道，司空图却以此躲过了一场杀身大祸，也算是不幸当中之大幸了。

我们过去有过一种脸谱化的传教，好像坏人天生就是坏人，天生就只会干坏事。其实坏人有时候与一些所谓的"好人"一样，往往也都只是主观评判之语，颇具针对性。我们还经常会说有些人是好心办坏事，那么又有些人也会"坏心办好事"的。比如当下的柳璨，他的一道奏折，不但保全了司空图的性命，也为唐朝保全了一位重要的诗论家，从而让煌煌近三百年的唐诗，获得一个从理论高度、以艺术形式进行完美总结的机会，这岂不是一件功德无量的大好事?! 而且这一道奏折，还让司空图实现了与唐王朝一同谢幕的人格完整，这又岂不是一件大好事?!

既然捡回一条性命，那司空图就该刻不容缓地速速离开这凶险之地，赶紧回山了吧? 没有，他还不能走，他还有两件事情要办。

汇编《寿星集》

第一件事，因为众位臣僚眼见司空图借口衰老得以脱祸将归，庆幸之余，自发地为他举办了一个饯行聚会，并多有诗咏唱和之作。

如何答谢这些或将一揖成永诀的同僚们? 司空图想起了天台道士司马承祯。唐睿宗景云二年（711），司马道士被征前往京师面圣后打算离开的时候，当时的朝廷官员莫不赋诗唱和相赠，竟多达三百多人。后由善文辞的徐彦伯（与善判的韦暠、工书的李亘并称"河东三绝"），择其佳者三十一首，编为《白云记》，并作序。何不仿效《白云记》，把大家的唱和之作汇总成集，作为永久的纪念? 于是司空图在作别众位臣僚后，就借居一处寺庙当中，抓紧时间编出了一本《寿星集》。

《寿星集》？莫非司空图此时也心意飘然，以古稀老人自诩了吗？大半生低调隐忍的司空图，当然不会在这样的特殊时节"老夫聊发少年狂"的，即便是有这样的心思，那也应该喟叹他仍然隐忍暗含的巧妙。为什么要这样说呢？原来就在司空图心怀惴惴赴朝堂面圣，实际是过朱全忠与柳璨的生死关的八月十四日当晚，河南府官员奏报天际出现了老人星。

那个时令，老人星是夜间宇空中第二亮度的星斗，但在我国北部很难看到，只有长江流域及以南的地方，才能于每年农历二月的晚上，在位于正南地平线低垂的天际间，短暂地看到它。李白有诗吟道："衡山苍苍入紫冥，下看南极老人星。"因此人们对它非常重视，把它当作一颗吉星，称作"南极老人星"和"南极仙翁"。星占家认为，老人星的出现是天下太平的征兆，见到了这颗星，将预示着国泰民安，所以诗人还有"海内逢康日，天边见寿星"的句子。寿星即老人星，因主长寿，故又名寿星。

这一天文事件，便成了司空图命名诗集的因由，也被他详细地记述在辞藻优美的骈体序文《〈寿星集〉述》当中：

《国史》：司马先生辞归，朝中赠诗，号为《白云集》。余天祐乙丑岁八月五日《过僧阁》云："昨夜嘉祥西阁望，老人星见为时明。"十四日朝参，其日大河南府奏老人星见，因以寿星目群公之作云云。

自昔贞期不爽，逸轨难留。尧天大而必容，岂独追往；汉道亨而必至，终亦超然。未足济时，且资激俗；宜经商略，乃称搜扬。

若某者，孤立多虞，衰年谢病，因耕岩而自给，非欲贩山；知在木而无堪，便当为社。莫敢张皇邱壑，拟议巢由；且自顷求贤，多因肆眚。盖乘运泰，莫顾才难。今上哲御临，元勋振服，英衮赞翘勤之旨，幽人荷旌贲之恩。虽云例追，亦谓优礼；但已申拜阙，况毕悬车。冀修知难之规，免冒诡荣之诮。昔江表则赋诗而襃孔令，汉廷则出钱而宠疏翁。时振孤芳，实标胜事。

　　今也龙门回望，鹤盖交驰；落日琴樽，前朝图画。想家山之醉石，认客处之渔舟。白首归心，黄花缘路。来时不下，漂零海上之鸥。去矣自怜，放旷人间之世。斯乃仅能忘怨，庶可息机；敢慕高风，猥烦众作。诗家此会，谁邀清夜之游；仙装不回，别有白云之集。徒攀逸唱，益愧馁才？

不难看出，司空图于文中以"因耕岩而自给，非欲贩山""莫敢张皇邱壑，拟议巢由"等言辞，特别强调自己无意于钓名傲世，显然是针对柳璨在《请黜司空图、李敬义奏》中贬斥他"既非伯夷之清，又非柳下惠之和"的言辞而发。现在读来，笔者都不免为传主担心，他就不怕被暗探闻听，禀报柳璨，再招祸端吗？这可是一个比腹诽要严重得多的杀头借口，至少也可以被投进大牢啊！以笔者的理解，既然之前柳璨会积极拔擢姚颛，显然是看在司空图的情面上，随后又给朱全忠积极举荐司空图，自然是把他视作可以笼络的对象了，所以才有可能面对司空图佯装癫狂的表现而未动杀机。那么柳璨面对《〈寿星集〉述》里面的辩解之词，再放司空图一马，也应该是基于这个个中缘由了。

此外，读至"今也龙门回望，鹤盖交驰；落日琴樽，前朝图画"数句，又不由得联想到司空图的《洛阳咏古》诗来：

　　　　石勒童年有战机，洛阳长啸倚门时。
　　　　晋朝不是王夷甫，大智何由得预知。

诗作议论的对象，是西晋重臣王衍。后世指责他对洛阳失守有着不可推卸的责任。那么诗人又想表达怎样的寓意呢？莫非借此发出痛苦的质问：唐王朝这座大厦即将倾倒的责任，究竟该由谁来承担？也有观点认为，这首诗是与司空图同时代的诗人胡曾所作。

在《〈寿星集〉述》中，司空图虽然情不自禁地显露出期盼早日归山的迫切心情，但是在完成第二件大事之前，他仍然不能脱离这难说不会灾祸重降的险境。

《神道》一篇酬恩泽

那么在这险象环生的京城里，还有什么大事比他逃命更重要的？有。他要完成卢渥大人的临终嘱托。

还是在司空图来到洛阳后，得知以检校司徒退休的卢渥大人，此时已经重病在身，寄居于长寿寺寓所。司空图在过了面圣生死关口之后，前去拜望这位对自己同样有着抬举之恩的老长官。

说起卢渥，自然会让人想起天复元年（901）十一月京城没有皇帝、凤翔没有宰相的支离局面。是卢渥在宰相崔胤授意下，出面联络其他二百多位大臣，联名提请朱全忠前往凤翔迎回唐昭宗。或许正是这一姿态，让他随后躲过了洛阳无比血腥的清洗之祸。而此时，面对八十六岁的卢渥沉疴难起的情势，司空图心增悲凉，徒唤奈何。除了好生抚慰，他不知道自己还能为卢大人做些什么。思来想去，唯有趁暂居洛都期间，殷勤探视。

当司空图再次早早前往卢府探视的时候，卢渥似乎早有准备，亲手将一首新写好的诗作赠予他。当司空图读至"释氏多言宿分深"一句时，似有所悟，抬头看卢大人，才发现卢大人正直勾勾地盯着他，目不转睛、一言不发。从那双情真意切的眼神里，他似乎读懂了一种强烈的期待：老朽的一生功过，就托付给你司空图的笔墨了……顿时，在卢大人期许的眼神里，司空图的思绪沉入了与恩公多有交集的记忆当中——

乾符六年（879），由于重返朝廷任职兵部尚书的卢携推荐，时任陕虢观察使的卢渥，当即上奏朝廷，提请把他司空图调到身边做幕僚。正是这一荐拔，为卢携重登相位后将自己升任礼部员外郎，随即又赐绯鱼袋，获迁本司郎中做了必要的铺垫。其后，卢渥也被卢携举荐为礼部侍郎，重新成了自己的上司。广明元年（880）十一月，黄巢义军占据京师，当自己辗转逃回王官谷后，自长安潜出的卢渥大人，也于第二年二月间带病躲至王官谷。正是这次相遇，才通过这位老长官，让僖宗皇帝知晓了自己"义不归巢"的故事，与孙樵、李潼同列"行在三绝"，嘉许自己"有巢、由之风"……

故而，司空图在后来的碑文里，描述了自己这一时刻的心境情态："……默至感悟，誓竭菲才，况业履谟庸，三纪备熟，虽有文酉之工，亦莫能详悉。"

九月十日，卢渥大人因病不治，驾鹤西去。唐昭宣帝特为他罢朝一日，以示哀悼。悲痛当中的司空图，应该是在下葬之日以前，含泪完成了长达两千二百多字的《故太子太师致仕卢公神道碑》。碑文对卢渥的孝道、德行、胆识、政绩都做了较为深刻的揭示，令人读之由衷而生敬意。且司空图才思不减当年，反倒更显老成，堪与《纪恩门王公宣城遗事》比肩，也是学人公认司空图写得最成功的两篇祭悼类文章。读此文，自然看不出"坠笏失仪"的老态，更见出司空图应召时的言行做派，是拒绝与朱全忠、柳璨之流合污的智慧之举。

从碑文中"嗣王辍朝，赠某官，谥曰某"和"十月某日，附葬于缑氏某乡某里"的文意可知，当他撰文之际，皇帝的谥号还没有拟定，计划于十月间安葬的具体乡、里，也不清楚，故有如上空缺之表述。这说明，司空图没有等到卢渥灵柩归葬卢氏墓地的隆重葬礼，就先行返回王官谷了。

还值得留意的是，碑文当中提到的"缑氏"，就是指古缑氏镇，位于今天的河南偃师县南，因境内有缑氏山而得名。该山位于河南省洛阳市东南四十公里处，距离嵩山不远。相传西王母姓缑，曾在此修炼，故得名，后简称缑山。而更为著名的传说，是被汉代文学家刘向录入《列仙传》的周灵王太子晋乘鹤成仙的故事。这自然让笔者联系到《二十四诗品》之《飘逸》一品来：

> 落落欲往，矫矫不群。缑山之鹤，华顶之云。
> 高人画中，令色絪缊。御风蓬叶，泛彼无垠。
> 如不可执，如将有闻。识者已领，期之愈分。

如果把"缑山之鹤"一句与这通碑文中的"缑氏"联系起来，似乎就不只是引用乘鹤升仙的典故，用以比喻飘逸之人悠游绝尘一如缑山上的仙鹤那么简单了，更给人一种有所实指、有所怀念的意味于其中了。也就是说，司空图将自己对老上级卢渥的怀念之情，以艺术的手法，含蓄地融入这一品的表述当中了。

如果顺着这个思路追索下去，其内在的蕴含应该还远不止此。笔者曾经在第八章"心有块垒寄哀思"部分中，推论《旅居重阳》一诗"旧交坟向北邙新"句中的"旧交坟"，就是暗指从长安迁回洛阳家族墓地重新安葬的故相卢携的坟茔。那么根据北邙山在偃师县境内南向所对的地理位置，正是缑山的对应关系，说明卢携的墓地也在这缑山一带。因为卢携与卢渥是同出范阳卢氏的本家，卢渥既然安葬于此，说明卢氏的家族墓地，就在这一带。而且司空图曾经为死于非命的恩公卢携作《携仙箓九首》，祝福他升入仙界，灵魂安宁。那么道家成仙便离不了仙鹤相伴，而他在《飘逸》一品中再次巧借乘鹤升仙故事，暗自祝祷于他有恩却无法明言的故相卢携羽化成仙，"高人画中"，逍遥神界，应该不算勉强吧？

辨析至此，与"缑山之鹤"对应的第二句"华顶之云"，自然又会让人联想到司空图的恩师王凝。前文已经介绍过，他生前曾在华山脚下敷溪河畔的桥院别墅养过病。司空图寓居华阴之初，还曾怀着崇敬的心情前往凭吊，并写下一首《敷溪桥院有感》。以王凝耿介忠直、忍辱负重、死而后已的高风亮节，应该担得起"华顶之云"的高洁美誉。所以这一句，笔者以为是在喻指王凝忠贞逸群的人生境界，一如华山上空的悠悠白云。

将两位恩师、恩公集中融入一首品评之作当中，化作艺术意象的喻体，司空图这种融情感寄托与艺术匠心于一体的高超表达手法，也应该视作《二十四诗品》创作的重要特色之一，值得深入探讨。

揖别唐王朝

完成了这两件大事之后，司空图终于可以以臣子的身份、同僚的身份、文学的身份和门人的身份，既保持理性又富有情感地和行将寿终正寝的唐王朝，深深揖别，做一个无可奈何花落去的了结，心无挂碍地永远归去了！

司空图当真就能做到心无挂碍了吗？从他作于返回故乡后的《偶诗五首》当中，我们应该能够比较真切地感知出那种经历过这场生死大考之后的别样心境：

闲韵虽高不衔才，偶抛猿鸟乍归来。
夕阳照个新红叶，似要题诗落砚台。

芙蓉骚客空留怨，芍药诗家只寄情。
谁似天才李山甫，牡丹属思亦纵横。

贤豪出处尽沉吟，白日高悬只照心。
一掬信陵坟上土，便如碣石累千金。

声貌由来固绝伦，今朝共许占残春。
当歌莫怪频垂泪，得地翻惭早失身。

中宵茶鼎沸时惊，正是寒窗竹雪明。
甘得寂寥能到老，一生心地亦应平。

这五首诗作，恰似一篇《东都洛阳纪行》。第一首一句"偶抛猿鸟乍归来"，即是他东都归来、惊魂甫定之情态的活画。第二首，应该是借赞颂不第诗才李山甫的《牡丹》诗作，对洛阳臣僚旧好赠诗相送的回味。第三首末两句"一掬信陵坟上土，便如碣石累千金"，则理当是对卢渥的追思悼念。第四首中"当歌莫怪频垂泪，得地翻惭早失身"两句，显然隐含着对自己能够脱身祸端，得"许占残春"之结果的庆幸。末一首，仍然心有余悸地感叹着只要能全身而退、老死故乡，不应该再有什么不知足、不如意甚至是心怀不平之气的啦！

可是待到年终岁末，司空图在《丑年冬》中，却又流露出一种更为消极的情绪：

醉日昔闻都下酒，何如今喜折新茶。
不堪病渴仍多虑，好向濑湖便出家。

他不单是忍耐不了"消渴"之症，也就是多渴尿频低血糖的糖尿病症的折磨，更无法承受朱全忠篡唐乱象的刺激。在这双重煎熬当中，他居然想起了当年随王凝去湖南期间曾经到过的濑湖，而且想要去那里的濑湖山寺"出家"！

笔者以为，应该是柳璨在洛阳被朱全忠处死的消息，再次重重地触动到他敏感的神经，以至于生发出这样的念头。据《旧唐书·柳璨传》记载，正是因为柳璨借朱全忠之手，除掉那三十多位朝臣之后，朝堂为之一空，朝野怨声载道，给朱全忠提供了一个卸磨杀驴的借口。在朱全忠的授意下，部下王殷诬陷蒋玄晖、张廷范和柳璨密谋复兴李唐王朝，并于这年十二月底车裂张廷范的同时，处斩柳璨。临刑之际，柳璨羞愧难当地呼号道："负国贼柳璨，死其宜也！"

但是，依照传主当时年迈老病、"消渴"缠身的困境，以及局势动荡、藩镇割据、国破家亡的混乱环境，再千里迢迢前往漏湖边上的佛寺出家，这样的想法显然是不切实际的。所以笔者以为，《丑年冬》诗作中所言说的"出家"，绝非寻常远离红尘、剃度为僧那样的彻底出家，而是一种"人之将死其言也哀"的不祥预感，很有可能是在为自己辞世之后飘忽的魂魄寻找安顿的清净去处！

第十四章　殉唐而亡

笑对生死，与民同乐惠泽乡里
有虑难戒，别有怀抱蕴《诗品》
殉唐而亡，一片丹心向本朝
忠节高隐，名与青山万古高

　　唐祚亡之明年，闻辉王遇弑于济阴，不怿而疾，数日卒，时年七十二。

——摘自《旧唐书·司空图传》

笑对生死，与民同乐惠泽乡里

　　《旧唐书》司空图本传当中，有这样一段记述，充分印证出司空图"出家之想"的真切含意，果真是在考虑身后灵魂的安顿问题。只不过他安顿身体与灵魂的去处，并不在千里之外的濑湖，而是在让自己可以躲避纷乱末世的王官谷：

　　　图既脱柳璨之祸还山，乃预为寿藏终制。故人来者，引之圹

217

中，赋诗对酌。人或难色，图规之曰："达人大观，幽显一致，非止暂游此中。公何不广哉！"

这位古稀老人为自己预先打好墓室，备好棺材寿衣，还邀请前来拜访的"故人"一起下去，在其中饮酒赋诗。看到"故人"面有难色，他便又畅论一番"幽显一致"的达观宏论：阳界和冥界其实都是一样的，我们并非只是暂时在这里面坐一坐，聚一聚，百年之后，坟墓里面才是身体灵魂长久安顿的地方啊！所以做人应该达观一些，看开生死，不要有所忌讳。而这样的达观见解，司空图在《释怨》一文当中也曾论及。他借"振俗先生"教训"殉华公子与夸世豪举、绮纨"的口吻，辨析"怨"之四端——浮名、权势、美女、财货和俗常五交——势交、贿交、谈交、穷交、量交之后，先警告世人道："夫电波悠悠，人生若浮，一瞬朝暮，百年今古。"然后又规劝道："至人达观，物我俱遗，混休戚，忘健羡，孰荣孰健？大笑几何，虚舟无怨。"司空图通过人生短暂的常识，表达了希望人们能够摆脱名利困扰，做到释怨亲和、达观忘我的生活态度。

司空图的达观，还体现在与乡民野老打成一片、融洽相处的和睦关系，一如《旧唐书》本传随后的记述：

> 图布衣鸠杖，出则以女家人鸾台自随。岁时村社雩祭祠祷，鼓舞会集，图必造之，与野老同席，曾无傲色。

这一段，同样生动精彩地再现出司空图与邻里相互往来、参与村社活动的情形——身着布衣的他，手持一柄扶手雕成斑鸠鸟形状的寿杖，身边陪伴着女家人鸾台。每遇王官谷乡间举办春社，或求雨祭神，或祝祷祈福，只要是乡民热闹会聚的日子，司空图都会以邻家老者的身份前往参加，并和农夫野老同席而坐，谈天说地，欢声笑语，脸上从来看不到有什么朝官身份的傲慢之色。

这样的记述，与《二十四诗品》之《旷达》一品的艺术描写，何其神似啊。杖藜而行于亦名南山的中条山下的司空图，几乎呼之欲出：

> 生者百岁，相去几何？欢乐苦短，忧愁实多。
> 何如尊酒，日往烟萝。花覆茆檐，疏雨相过。
> 倒酒既尽，杖藜行过。孰不有古，南山峨峨。

待村民求雨成功后，应村正耆老们的请托，司空图乘兴替他们撰成答谢两尊掌管降雨之神的祭文《移两神》：

> 夏满不雨，民前后走神所，刳羊豕而跪乞者凡三，而后得请。民大喜，且将报祀，愚独以为惑。何者？天以神乳育百苗谷，必时既丰，然后民相率以劳神之勤，于是而祀焉。今始吝其施，以愁疲民，是神怠天之职也。必希民之求而遂应，是神玩天之权也。既应而俾民输怨于天，归惠于己，是神攘天之德也。推怨何以为义？利腥膻之馈何以为仁？怠天下之事何以为敬？蔑是数者，何以为神？假曰非吾所得颛，然知民之情，而不时请于上，是亦徒偶于位？此愚所以惑也。噫！天不可终谩，民不可久侮。窃为神危之，奈何！

按说答谢之辞，理应说些类似"上天言好事，回宫降吉祥"的赞颂感激之语，可是司空图却反过来，将这两尊非等百姓奉献三牲、百般求告之后才吝啬地降下甘霖的失职神偶，狠狠地谴责了一通，并以"天不可终谩，民不可久侮"收尾，令人耳目一新，很有替乡民吐出一口恶气的痛快淋漓！为百姓代言，不惧代天帝行使兴云布雨职责之天神，这种无神论思想，难能可贵。

不仅如此，司空图还会应婚嫁事主之请，参与主事婚庆，并且少不了提前备好一份《障车文》，待新妇车轿在巷道里面被围观难行之际，由司礼者念诵：

> 儿郎伟（喂）！且子细思量，内外端相。事事相亲，头头相当。某甲郎不夸才韵，小娘子何暇调妆。甚福德也，甚康强也。二女则牙牙学语，五男则雁雁成行。自然绣画，总解文章。叔手子已为卿相，敲门来尽是丞郎。荣连九族更千箱，见却你儿女婚稼，特地显庆高堂。儿郎伟（喂）！童童遂愿，一一夸张。且看抛赏，必不寻常。帘下度开绣阁，帷中踊上牙床。珍纤焕烂，龙麝馨香。金银器撒来雨点，绮罗堆高并坊墙。音乐嘈杂，灯烛莹煌，满盘罗馅，大榼酒浆。儿郎伟（喂）！总担将归去，教你喜气扬扬。更扣头神佛，拥护门户吉昌。最要夫人娘子贤和，会事安存，取个国家可畏忠良。

当代学者陈鹏先生在《中国婚姻史稿·婚礼》中这样介绍道："障车之俗，盛于唐代，盖新妇车至中途，游人拥为戏乐，且邀酒食也。自天子嫁女，至庶民纳妇，莫不皆有障车。"可见这一风俗在当时流行广泛。但也有学人片面认为，司空图这篇作品只是游戏之作，难免有敝帚自珍之嫌。但论者却忽略了这篇作品以生活化的口语情态，让一千一百多年前的虞乡乡里热闹的婚庆场面跃然纸上，生活气息非常浓厚的文学特色，它不但是一篇乡土气息浓厚的文学作品，还是对古代民间婚礼障车习俗的生动再现，具有不可多得的文献价值。

司空图与邻里们的日常交往，也被他描写进了诗作当中。比如《修史亭二首》其二首两句："篱落轻寒整顿新，雪晴步屧会诸邻。"《修史亭三首》其一首两句："山前邻叟去纷纷，独强衰羸爱杜门。"

司空图很早的时候，就已经把王官谷别业几十顷祖业田分籍于乡民耕种，不收取地租，以至于自家的生活都显得有些窘迫。司空图在《归王官谷次年作》当中那句"缺粒空怜待鹤疏"，似已有所印证。想必正是传主与乡民之间这样的融洽关系，让他有机会帮助周边村民解决了一件大事情——分水立法。

据王官谷谷口原龙王庙碑文记载，王官谷周边八个村子王官、半道、楼上、清华、洗马、南沃、吴闫和新义的八千亩土地，就靠从王官谷流出的祯贻溪浇灌。这股溪流清澈甘甜，水质肥美，但凡用它浇灌过的小麦、玉米等庄稼，无不长势茂盛，颗粒饱满，产量喜人。但各村村民也常常会因争水浇地而发生口角，甚至械斗。其结果，就形成了谁家人多势众便可霸占水流多浇地，谁家势单力薄就只能眼巴巴看着庄稼打蔫干枯，唉声叹气徒唤奈何！

由于司空图身份特别，德高望重，一些村民免不了上门求告，请他出面解决浇地纠纷。司空图在调解纠纷的过程当中，也逐渐了解清楚问题的症结所在，并不是水不够用，而是缺少切实可行的用水章程。于是他通过实地考察、研究，为大家提出设立用水规矩的解决办法，得到一致拥护。

如此，就有了碑文记述的配合水规设立而建造的分水设施。首先在王官谷口涧东高地上修一个分水池，再沿王官谷口东侧崖根筑起一道渠台，在分水池口装好一扇直径三尺的磨盘，并在上面凿出东西两个大小相等的石孔。当溪水从石孔中流出，就以同等流量分成东渠水和西渠水，流向东、西两边村子的田地。司空图还根据东西两边村子、家户多少的不同，将两股水分成不同的等分，详细规定了各村各户轮浇田地的时间。再把八个村子按水分多少分成五社，按年轮流管理，按水分收取税银，用来承担修渠清淤的费用，和每年二月二龙王庙会祭祀、唱戏的一应花销。每年庙会结束后，当值的村社，要将收支账目张榜公布，接受村民监督，并将结余累存的银两，交转给下届承办村社保管使用。

这个水规，结束了八个村子自古以来无序浇水的乱象，彻底解除了各村之间的积怨，融洽了邻村之间、村民之间的和睦关系，民风为之一变。后来，村民为了纪念司空图分水立法、福泽大家的功德，八村村民共同在分水池北边建起一座分水庙，供上司空图的坐像，每年二月二龙王庙会期间，男女老幼都会自发地到分水庙中给司空图敬香祭拜，然后再到王官谷里面的司空表圣影祠供奉瞻仰。

到了宋代，曾经在虞乡县任职县官的俞充，专为司空图分水立法故事作了一首《东渠台》，予以纪念：

> 二渠日夜流，利厚争所起。
> 先生坐东亭，立法书在纸。
> 老农到今采，后来谁敢毁。
> 斯人不可见，空听竹涧水。

更值得欣慰的是，司空图生前制定的科学分水法，一直被村民们雷打不动地遵守到二十世纪五十年代中后期的合作化时期，才根据村落、家户、人口的变化因素，由当时在王官谷深入生活的"山药蛋派"知名作家西戎先生主持，进行了一次改进完善。最主要的就是将东西两渠的用水时限均按十二天轮浇一次，每次浇水时间的长短，依照人口多少平均到户，做到更加合理有效地分配浇地用水。与此同时，被誉为当代"司空先生"的西戎，还积累素材，创作出著名的小说《两涧之间》，先改编成当地的蒲剧剧目，后又拍摄成电影作品，在当时产生了很大影响，于千年以后，为王官谷又续写了一段文坛佳话。

有虑难戒，别有怀抱蕴《诗品》

貌似逍遥乡里做老人的司空图，其实根本遮掩不住对朝局的牵挂萦怀，还会忍不住检讨探究唐王朝之所以一步步走向末路的根由。比如《杂宝藏经》中的一则佛经故事《共命鸟缘》，就引起了他的强烈共鸣：

> 昔雪山中有鸟，名为"共命"，一身二头。一头常食美果，欲使身得安稳。一头便生嫉妒之心，而作是言："彼常云何食好美果，我不曾得。"即取毒果食之，使二头俱死。

文中的"美果"和"毒果"，不正是朱全忠、李克用、李茂贞乃至韩建、王重荣之流的绝佳比喻吗？当他们势力弱小的时候，便装扮出一副忠于朝廷、讨伐叛逆的及时雨模样，是所谓"美果"。可是一旦羽翼丰满，实力强盛起来，便会像朱全忠那样，借救驾为名，包藏祸心，颐指气使，利用朝臣与宦官的矛盾、贪心，游刃其间，令其相互消耗削弱，将他们和傀儡皇帝一起玩弄于股掌之间，只待时机成熟，坐收渔利，鸠占鹊巢，成为一枚枚灭亡唐王朝的致命"毒果"！

忧思至此，无处排遣，唯有研墨命笔，立就一篇《共命鸟赋》，并于短序中注明由来：

> 西方之鸟，有名共命者，连腹异者，而爱憎同。一伺其寐，得毒卉乃饵之。既而药作，果皆毙。吾痛其愚，因为之赋，且以自警。赋曰：
>
> 彼翼而飞，罔憎其类。彼虫而螫，罔害于己。惟斯鸟者，宜禀乎义。首尾虽殊，腹背匪异。均休共患，宁忿宁已。致彼无

猜，衔堇以饵。厥谋虽良，厥祸孰避。枭鸱竟笑，凤凰愕视。躬虽俱毙，我则忘类。

人固有之，是尤可畏。或竞或否，情状靡穷，我同而异。钩挐其外，胶致其中。痈囊已溃，赤舌靡缝。缓如□□，迅如骇蜂。附强迎意，掩丑自容。忌其不校，寝以顽凶。

若兹党类，彼实孔多。一胜一负，终婴祸罗。乘危逞怨，积世不磨。孰救其殆，药以至和。怪虽厉鸟，勿伐庭柯。尔不此病，国如之何。

司空图于篇尾一段议论之语，点破了他笔下的"共命鸟"，就是借朝廷无休止争斗的宦官与朝臣，并幻想他们能停止利益争斗，"药以至和"。如若不然，朝臣借军阀之手杀宦官，宦官勾结军阀挟持皇帝清除有威胁的朝臣，争斗的结果，便是让当下的唐王朝吞下朱全忠这枚实施篡唐阳谋的"毒果"，面对凄惨的亡国结局！

天祐三年（906）重阳节，祯贻溪边绽放的丛丛白菊，吸引了司空图的目光。已度过七十岁生日的他，面对这些傲霜独放的皎洁花容，他不知道是面对了陶渊明，还是面对了他的内心。他以隐逸遁世的陶渊明为镜，检讨着自己以赏诗自诩的过往得失，吟成《白菊三首》：

不疑陶令是狂生，作赋其如有定情。
犹胜江南隐居士，诗魔终衰负孤名。

自古诗人少显荣，逃名何用更题名。
诗中有虑犹须戒，莫向诗中著不平。

登高可羡少年场，白菊堆边鬓似霜。

益算更希沾上药，今朝第七十重阳。

　　陶渊明偏爱秋菊，通过诗作，既赋予秋菊以清香绝俗、刚正坚贞的文化品格，也成了他的人格化身，隐逸文化的代名词。同样爱秋菊的司空图，在诗中自称"江南隐居士"，自谦诗才远不及陶令之"狂"。因为陶渊明之"狂"，在司空图眼里，那就是中国传统文化一道耀眼的光芒，具有极强的感召力。而他司空图，虽然一生钟爱品诗论诗，推崇"味外之旨""韵外之致"等"思与境偕"的艺术标尺，却只能孤老山林，与这末世乱象何补？面对血腥险恶的时局，但凡诗作涉及怨愤、牢骚，无论含蓄与否，都有可能招灾惹祸，而明哲保身的办法，只能是"诗中有虑犹须戒，莫向诗中著不平"了。可是，诗中没有了应该贯彻的"六义"，没有了"兴、观、群、怨"，只剩下堆砌起来的华丽辞藻与风花雪月的小情调，即使是再怎么清幽雅致，那还是诗吗？既然不是了，那还作它做什么？那还品它做什么？司空图这种被孤寂绝望、百无聊赖裹挟下的悲凉心境，也融进了作于这年冬天的《修史亭三首》当中：

山前邻叟去纷纷，独强衰羸爱杜门。
渐觉一家看冷落，地炉生火自温存。

甘心七十且酣歌，自算平生幸已多。
不似香山白居士，晚将心地著禅魔。

乌纱巾上是青天，检束酬知四十年。
谁料平生臂鹰手，挑灯自送佛前钱。

　　虽然他自嘲尚且不像晚年的白居易那样，"晚将心事著禅魔"，却也

225

是用自以为可以建功立业的"臂鹰手"，做着"挑灯自送佛前钱"这类聊以自慰、麻醉灵魂的营生，两下里又有多少差别呢？

　　或许正是深埋心中的悲凉心境，才促使司空图再次直面生死这一终极命题，思考，感悟，并将自己对生死轮回观念的独到理解，有机地融入《二十四诗品》最后一品《流动》当中：

　　　　若纳水輨，如转丸珠。夫岂可道，假体遗愚。
　　　　荒荒坤轴，悠悠天枢。载要其端，载同其符。
　　　　超超神明，返返冥无。来往千载，是之谓乎。

　　通过对生命喟叹的"荒荒坤轴，悠悠天枢"，"超超神明，返返冥无"数句，以及最后对生命无法抗拒之终极归宿的"天问"，司空图提炼完成了这品既收束全篇又没有休止终结的题旨：在证明诗歌艺术的丰富意境在于创造出新，像苍茫天地宇宙一样永无止境的同时，也期待让在现实当中绝望的生命，能够蕴藉于浩渺的诗意境界当中，得获千载流传之不朽永恒！

　　联系到之前章节引述过的诸如《悲慨》一品之于卢献卿，《飘逸》一品之于卢携、王凝，《旷达》一品之于司空图超脱自在的晚境，都明显传达出一个重要信息，这部《二十四诗品》，恐怕不仅仅是以源自生活的喻体、艺术品鉴唐诗风格境界的论诗之作那么简单，似乎同时还隐含着传主曲折莫名的生平履迹、冷暖自知的心路历程。

　　真的，伴随着文字阅读的导引，你会觉得自己好像戴着一副身临其境的电子模拟眼睛，进入了一个个或雄浑、豪放，或劲健、沉着，或自然、典雅，或纤秾、绮丽，或清新、飘逸，或旷达、高古，或洗炼、超诣，或疏野、流动等等纵横捭阖、鸟语花香、曼妙绝伦、不一而足的艺术情境之中，醉心忘返了。而这双眼睛，正是那个贯穿二十品目的"幽人""畸人""高士""佳士"等形象多角度全息变幻的双眼。而他们,不正是传主艺术再现的自画像吗?不正是他漫行于自家"左右修竹"、别有洞天的王官谷,所经见体验的种种生活情境么——"窈窕幽谷,时见美人";"脱巾独步,时闻鸟声";"眠琴绿阴,上有飞瀑";"空潭泻春,古镜照神";"月明华屋,画桥碧阴";"金樽酒满,伴客弹琴";"碧山人来,清酒满杯";"筑屋松下,脱帽看诗";"娟娟群松,下有漪流";"晴涧之曲,碧松之阴,一客荷樵,一客听琴";"乱山乔木,碧苔芳晖";"孰不有古,南山峨峨"……当然,除了王官谷,作品里面还有他寓居华阴期间所曾领略到的"太华夜碧,人间清钟"等他处情境,和因王凝、卢携、卢渥等故人而生发出来的"缑山之鹤,华顶之云"之内涵深蕴……

回头综观司空图的曲折人生,他也曾经心有怀抱。曾几何时,立志臂鹰、量力救时、建立功名,气魄何其"雄浑"!及至面对病入膏肓的唐王朝你方唱罢我登场的争斗乱局,他虽深谙舍得、退隐之道,但却没有遁入空门、虚度光阴,而是以品鉴诗赋作为完善自我的"第一功名",寄托心志。之后,遂以锲而不舍、集腋成裘的恒久努力,创造性地完成了唐诗选本《擢英集》,以艺术表达风格与所企及的超远艺术境界为标尺,甄别、遴选、品鉴有唐一代杰出诗家的优秀作品,最终以辉映其间的《二十四诗品》,为行将与唐王朝一起终结的唐诗"树碑立传"。

但仅仅凭借著作传名,他就可以心满意足了吗?似乎还不尽然。就《二十四诗品》中明显隐含着传主诸多生平影踪这一特点,自会令人联想到《新唐书》本传里对其著述的评议之语:"其言诡激不常,以免当时祸灾云。"据此推论,司空图以同样含蓄高超的艺术表现手法,将自己无法明言或不愿多说的心境行迹,不露痕迹地融进这组系列品鉴之作当中,以一种独特的形式,为自己留下一个别样的诗体"自传",应不为过吧?

然而综观古往今来有关《二十四诗品》的诠释、解说乃至理论探究、提炼的成果,绝大多数著者总是选择跨过作者生平事迹本身,立足于纯粹的诗歌创作艺术风格和意境的表现角度，或从内涵，或从诗句，引经据典，竭力诠释。如果与司空图有所联系，也多是选取宽泛的人格品行与诗论观点角度，很少关注到作者的真实生活与这部作品之间的关联，也少有从作者的情感意蕴与心路历程的角度，深度探究这部作品是如何著述完成的。这样的解读与诠释，顶多只为我们勾勒出一个艺术化的司空图形象，和他所置身的诗意澄明的诗论境界。这一欠缺，着实应该引起学界的足够重视。

殉唐而亡，一片丹心向本朝

当司空图在王官谷满腹忧患、悲凉度日的时候，令他最为担心的最后一幕大戏终于上演了：天祐四年（907）四月十八日，在朱全忠一手操纵谋划之下，十六岁的傀儡皇帝李柷非常配合地上演了禅让传位的闹剧，朱全忠则在大梁接受象征帝王权柄的玉玺，登上了觊觎已久的皇帝宝座，改国号为梁，史称"后梁"。

一个轰轰烈烈、兴盛沉浮了近三百年的大唐王朝，就这么并不那么悲悲戚戚、甚至还有些祥和喜庆地"安乐"死去，过渡给一个野心残暴大过治国才能的朱梁王朝。

史书本传里面没有记述司空图对朱全忠篡唐的评骘，但是记录下他再次以病老之由，谢绝朱全忠——已经改名朱晃的后梁皇帝——诏封礼部尚书的征召！这种拒不合作的态度，不就是拒不承认其取代唐王朝的合法性吗?!

但是，根据司空图最终选择殉唐而死的结局，却没有选择在这个时候，便有些耐人寻味了。是什么理由支撑他挺住了这一致命打击？只有一个合乎情理的解释，即此时以李克用、李茂贞为代表的割据军阀，仍坚持使用唐天祐年号为正统纪元，并以复兴唐朝为名，对抗朱全忠的篡逆之举。这势必会给司空图一个期待——当年邠宁节度使朱玫、凤翔节度使李昌符，虽然胁迫宰相萧遘等文武重臣，拥立襄王李煜在长安称帝，最后不是败了吗？后来又有左神策军中尉刘季述、右神策军中尉王仲先、内枢密使王彦范、薛齐偓发动宫廷政变，囚禁唐昭宗，拥立皇太子李裕为皇帝，不是也失败了吗？那么现在由朱全忠僭越帝位的恶行，就一定能成功吗？不是还有像李克用、李茂贞这些节度使仍在纷纷传檄讨逆吗？就连助纣为虐的奸佞之徒蒋玄晖、张廷范和柳璨，不是也反悔了吗？所以，我们这位抱定从一而终的古稀老者，真心期待唐王朝还能在这些军阀们的支持下，起死回生。

但是，司空图等来的，却是让他彻彻底底完全绝望的噩耗——

开平二年（908）二月二十一日，朱全忠派人前往曹州，毒杀了被封为济阴王的废帝李柷，以王礼安葬在济阴县定陶乡，追谥为唐哀皇帝。至此，能够找得见的与唐王朝宗室有血脉关系的根苗，都被杀绝了。从今往后，就是再有人想恢复唐王朝，也难以找到一块招牌啦！

对司空图来说，这个噩耗，犹如天边一道并不耀眼的闪电之后，必定会传来沉闷的滚雷之声，它虽不震耳，却是令他心碎的绝响！它果真像朱全忠期待的那样，绝了他对于复唐的最后一丝幻念，也绝了他继续苟活下去的最后一点支撑。曾经避居首阳山的伯夷、叔齐，尚能做到不食周粟，自己岂能再苟活于世，成为僭越之国的臣民?！

悲伤忧愤的司空图，彻底病倒了！《旧唐书》本传这样记述道：

> 唐祚亡之明年，闻辉王遇弑于济阴，不怿而疾，数日卒，时年七十二。

《新唐书》本传这样记述道：

哀帝弑，图闻，不食而卒，年七十二。

《唐才子传》本传这样记述道：

后闻哀帝遇弑，不食扼腕，呕血数升而卒，年七十有二。

总而言之，司空图被这一噩耗击垮在卧榻上后，做出了最后的不是选择的选择：不再治疗，不再进食。数日之后，他在扼腕喟叹，悲不自胜的绝望当中，熬得油尽灯枯，吐血气绝，灵魂出窍，驾鹤西去矣！

司空图这一死，死出了一种悲壮，也死出了一种节操，成为唯一一位自愿殉唐的忠臣节义之士，追随着代表唐王朝最后象征的唐哀帝李柷，辞别了必将更加纷攘血腥的混乱时代！

还是司空图的隔世老乡、知名作家和文化学者王西兰先生，在讲演稿《我们脚下的这一片土地》中，以这样一段表述，论定了司空图殉唐的意义所在：

在唐朝正式落幕的时候，在所有人都无可奈何地成为大梁新王朝的臣民的时候，是司空图以个人的生命为曾经辉煌的唐朝殉葬。一个中国历史上最伟大的王朝，在它行将退出历史舞台的时候，没有一个人以身殉之，是无法向历史交代的。

……辉煌的唐朝，最后一页日历，是在王官谷揭下的；最后一个句号，是在蒲州画定的。司空图用自己的理论，总结了唐诗；他又用自己的生命，陪同唐朝走到了终点。

以唐朝开放的宗教信仰并存互融的文化环境而论，司空图青少年时代就受家庭影响，对佛道思想颇感兴趣。但是为了人生志向，也为了家族荣耀，他还是选择了由儒家思想主导的入仕为官、求取功名之路。这样兼收并蓄的思想营养，让三十三岁才踏上仕途的他，选择了"穷则独善其身，达则兼济天下"的人生道路。综观他的一生，开始追求显达，虽说有所曲折，后来也在卢携的赏识提携之下，迅速显达起来了。可惜运气不佳，正待他志得意满，期待有所作为的时候，偏偏碰上了势头日盛、进而占据长安的黄巢义军的攻伐战乱，使他的从政道路从此穷塞不通。

知难而退、选择隐退的司空图，自然就会重新让思想躲进佛道的虚幻世界里，自我安慰，以求保全。所以说，通过司空图的诗文作品，我们不难发现，在传主以退隐避居为主的后半生当中，儒家思想和佛道思想兼而有之，并且随着唐王朝日渐式微，佛道思想也就日见浓厚起来。他先自命"知非子"，最后干脆以"耐辱居士"自号，便是一个明证。但是所谓"耐辱居士"，其实正好暴露出司空图内心深处极度矛盾的思想状态。按说已经自称"居士"，表明他皈依了佛门，应该在认识上达到"一切皆空"的境界；可是却又在前面加一个"耐辱"，便暴露出他做不到以"静虑"为思想准则，把逆境视为顺境，而是仍然一心挂念着曾经给他"一举高科，两朝美宦"的唐王朝的安危存亡。也就是说，被我们视为"禅隐"与"报国"的矛盾，在他生命的最后阶段，仍然深深纠结着他那颗无法彻底超脱的忠节情怀。

或者是传主刻意让佛道的外象，遮掩了自己依旧"丹心向本朝"的真实思想倾向，故而通过诗文作品，给人一种遁身佛道不问世事的假象。只有到了唐哀帝被鸩杀、唐王朝彻底灭亡了，他唯有选择绝食而死的时候，才让世人看清了他的真实面目，原来是一位口谈佛老、心恋君王，一肚子苦水倒不出来，唯有一死以明心迹、以谢君王的忠臣节士。也正是他这决然一死，才让世人真切地感知到那深埋心头的忠与隐的矛盾，对他的心灵造成了多么巨大而又持久的创伤啊！从这个角度上理解《新唐书》将司空图归于《卓行传》，的确名至实归。

据《大清一统志》记载，司空图去世后，"卜葬王官谷"；"司空图墓：在虞乡县东南王官谷下。"

推想当年，面对黄土新冢，送葬的亲人至少应该有过继的儿子司空荷，女儿和女婿姚颖，还有外孙姚惟和这些直系亲属。当然，还有倾力襄助的邻里们，帮助他们为司空图建起了祭祀的祠堂。

关于司空荷，史料匮乏，只知道他曾经官至永州刺史，其他缺如。而女婿姚颖，据《旧五代史·姚颖传》所载，他曾先后为官后梁、后唐、后晋三朝，并被荒唐的后唐末帝抽签选中，官拜中书侍郎、平章事。后晋天福五年（940）冬去世，终年七十五岁。

司空图辞世的消息传开后，前面提到过的诗友徐寅，作《闻司空侍郎讣音》以示哀悼：

園绮生虽逢汉室，巢由死不謁尧阶。
夫君殁去何人葬，合取夷齐隐处埋。

诗作先以秦朝末年的"商山四皓"东园公唐秉、夏黄公崔广、绮里季吴实、角里先生周术的名望，称颂司空图的洁身自好；又将司空图比作尧舜时期的巢父、许由，赞誉他拒绝称臣朱梁的孤忠之志；再以商末隐居首阳山不食周粟的伯夷、叔齐为喻，赞扬司空图绝食而死、忠贞不渝于唐王朝的节操。这与司空图生前所获"行在三绝"的美誉相符合。宋初文学家、史学家王禹偁在《五代史阙文·司空图传》中，也称谓传主晚年隐居王官谷，"时多以四皓、二疏誉之"。文中的"二疏"，指西汉时期两位深明功成身退道理的叔侄贤人疏广、疏受。徐寅认为，司空图正是这样一位知道进退、不恋名利的贤人逸士。

又据宋人叶梦得在《石林燕语》中记载：

司空图，朱全忠篡立，召为礼部尚书。不起，遂卒。宋次道为河南通判时，尝于御史台案牍中，得开平中为图蒐辍朝敕，乃知虽乱亡之极，礼文尚不尽废，至如表圣，盖义不仕全忠者，然亦不以是简之也。

这条珍贵的史料文献告诉我们，对于拒绝应诏、绝食殉唐的司空图，朱全忠也特意为他辍朝以示哀悼，从中足见传主的人格魅力与享世盛名，连逆臣贼子也为之钦敬、折服。

忠节高隐，名与青山万古高

作为孤忠之臣，司空图以身殉唐，志节可嘉。然而在旧《梁史》中，他的形象却一度被歪曲甚至丑化：

图字表圣，自言泗州人，少有俊才。咸通中，一举登进士第。雅好为文，躁于进取，颇自矜伐，端士鄙之。初，从事使府，洎登朝，骤历清要。巢贼之乱，车驾播迁，图有先人旧业在中条山，极林泉之美。图自礼部员外郎因避地焉，日以诗酒自娱。属天下版荡，士人多往依之，互相推奖，由是声名藉甚。昭宗反正，以户部侍郎征至京师。图既负才慢世，谓己当为宰辅，时要恶之，稍抑其锐。图愤愤谢病，复归中条，与人书疏，不名官位，但称知非子，又称不辱居士。其所居曰祯贻溪，溪上结茅屋，命曰休休亭，尝自为《亭记》云。

引文除开头一句"少有俊才"之后，几乎都是围绕司空图的"自负"记述故事的。先是说他虽然擅长为文，但却浮躁冒进，恃才夸功，正派的士大夫都很鄙视他。接着又有唐昭宗诏命司空图为户部侍郎后，他却自以为经纶满腹，应该委以宰相重任，目中无人。遭到当朝宰辅憎厌排挤，这才稍有收敛，愤愤不平地托病辞官，重新退居中条山别业。司空图几乎完全成了另外一副模样：恃才傲物，负才慢世。反差之大，令人费解。

这样的记载，引起了史学家王禹偁的警觉。他在遭贬期间，曾经担任解州团练副使，应该瞻仰过王官谷内纪念司空图的影祠和休休亭等尚存的诸多遗迹，并通过当地官员民众的口碑，了解到许多有关司空图的生前事迹，所以就发现了旧《梁史》中种种错谬之论，并在自己著述的《五代史阙文》当中，特别为司空图撰写了一篇评传，对那些强加给司空图的不实之词，逐条予以辩驳。

首先，通过引述司空图自述因为追随恩师王凝不忍离去，致使遭贬东都光禄寺，十年之后才得以到礼部任职的事实，质问道："此岂躁于进取者耶！"紧接着，又以司空图频频托病辞官避居的史实，质问道："此岂有意乎相位耶！"之后，又引述司空图在世之时时人多以四皓、二疏誉之，又引虚中和尚的诗句"道装汀鹤识，春醉野人扶"，驳斥柳璨放还司空图的诏文所谓傲世乃不实之词；再以司空图诗句"有时开御札，特地挂朝衣"，证明其"尊戴存诚，非邀君也"。那么，旧《梁史》为什么要这样贬低丑化司空图呢？王禹偁给出了令人信服的答案：

> 梁室大臣如恭翔、李振、杜晓、杨涉等，皆唐朝旧族，本以忠义立身，重侯累将，三百余年，一旦委质朱梁，其甚者赞成弑逆，惟图以清直避世，终身不仕梁祖。故《梁史》指图小瑕，以泯大节者，良有以也。

应该说是王禹偁的纠错，还原了司空图本真的高洁品格，凸显出司空图隐逸、节烈的高士形象。随后，欧阳修在重修《新唐书》时，又将司空图从《文苑传》改列《卓行传》中，并在赞词中这样评价司空图："图知命，其志凛凛与秋霜争严，真丈夫哉！"进而得到宋代以降历代仁人志士的景仰推崇。

宋熙宁年间（1068—1077）曾经在虞乡做过县令的俞充，为王官谷作《王官十咏》和《贻溪怀古十篇》，并在后者的序中言道：

> 唐衰，全忠僭窃，士之有忠义之心者皆深嫉之，而能潇然脱去不污其身，得全其节者，表圣一人而已。予今于虞，表圣之居适在境内，造其祠，拜其像，想慕其生平，为之赋《王官十咏》，更邀世之能诗者和之，以发扬其潜德，奈何世之知表圣者以休休莫莫而止耳。予近得表圣《一鸣》全集观之，至于一歌一咏，一亭一榭，意皆有谓，非若世之隐者，自弃与山林之中，无心于及物也。信乎全出处之大节，踵夷齐之高风矣。

从中，我们不但读出了宋代士大夫对司空图道德人品的高度敬仰，还从中得到这样两个重要信息：其一，司空图在王官谷别业建造的诸多亭榭尚存，包括纪念他的影祠，塑像其中；其二，《一鸣集》确定刊刻行世了。

纪念评价司空图的诗文，自俞充往后，直至元明清历代，更是不乏其人，不胜枚举。篇幅所限，笔者在此仅撷取不同朝代的数位诗家学人的作品评语以为代表，以观其胜。南宋刘克庄的《杂咏一百首·十节》中有司空图一首，诗中误将司空图的官职称作被他拒绝了的"尚书"：

> 节将飞扬去，牙郎卖弄余。
> 唐臣不负国，唯有一尚书。

金代的文学家，处于宋、金交兵对峙的动荡生活当中，更加推崇司空图的气节品格。比如诗人李楫所作《望天柱峰三绝》之一：

> 先生节义全始终，名与青山万古高。
> 遗像仅存人已远，满岩修竹冷萧骚。

到了元代，由于蒙古人入主中原，广大汉族知识分子处于受压制地位，许多遗民身份的文学家拒绝与新政权合作，怀念故国，多含亡国之痛。因而既能保持气节又能全身远祸的司空图，更成为他们倾心景慕的人物，甚至出现了效仿司空图隐居王官谷的文人麻革、李纯夫、周伯宁。赞扬司空图气节的诗作也为数不少，比如著名文人王恽的《谒王官谷司空表圣祠堂》，就对司空图隐居不仕、绝食向死的气节大加赞赏与称颂：

> 人去空山草木香，撑霆非为汉文章。
> 三休方拟遗身累，一债应怜为国亡。
> 明月不污黄浪浊，清风高并首阳芳。
> 满斟三诏亭前水，拜乞襟灵涤肺肠。

清人所编《御批资治通鉴纲目》卷五十三引宋元间史学家胡三省对司空图的评价语云：

> 唐末进退不污者唯司空图一人，其犹在韩偓之右乎。迹近而意远，情疏而罪微，此蔡邕、伍琼、周毖之所难也。详味其事，想见其人。呜呼，其可谓贤矣哉！

司空图在明代士人的眼里，仍然是一位品格、节操都非常值得推崇的高士。像明初曾与宋濂一同编修《元史》的王袆，就在《书郑子美文集》中言道：

> 唐司空表圣、韩致元所为辞章凡近纤靡，有足多者，而其处进退存亡，能不失其正，节义所在，君子盖深许之，其所为不朽者，有在彼而不在此也。

他虽然名气没有宋濂大，但是作为朝中重臣，在明初刀光剑影的杀戮之风当中能全节自保，果然与司空图有许多相似之处。此外，明人还认为司空图是一位有始有终的真隐士，而不像唐人卢藏用，想入朝做官，却故意隐居在终南山，引起人们的注意，借此达到目的，成为走"终南捷径"的投机分子。明晚期复社文人徐树丕则在《识小录·司空图》题下记述道："唐诗人司空图以气节自高，画烈士于壁以见志，终不仕篡朝。"

随着王官谷的名声愈来愈大，过往游人留下的诗文作品越来越多，要求编写王官谷集的呼声也越来越大。明代嘉靖年间（1522–1566）曾任山西巡按的时昺，到王官谷观览后，认为山壁石碑所刻诗文很有价值，时虞乡因前朝已经并归临晋县，所以命临晋县令丁守中将这些资料收集整理成册。在当时解州判官吕楠和训导张玎的大力协助下，丁守中开始着手收集编辑以诗歌为主的地方艺文总集《王官谷集》，最后又由继任者张舜臣完成并刻印成书。该集三卷两册，收录了包括司空图部分诗文作品在内的宋金元明诗文家的作品一百七十篇（首）左右，流传至今，成为研究司空图、王官谷的宝贵文献资料。

到了清代，由于又是异族统治，许多爱国志士更视司空图为自己反抗清朝统治者的表率，他的气节与品格依然是文人笔下津津乐道的话题。比如与司空图一样生逢革故鼎新之际的顾炎武，不愿意与新政权合作，便以司空图自况。在一首题为《王官谷》的诗作当中，他这样描述自己对司空图的怀念追想：

> ……
> 邈矣司空君，保身类明哲。
> 坠笏雒阳墀，归来卧积雪。
> 视彼六臣流，耻与冠裳列。
> 遗像在山厓，清风动岩穴。
> 堂茅一亩深，壁树千寻绝。
> 不复见斯人，有怀徒郁切。

　　而作为山西的文人墨客，对司空图更是敬重有加。其中尤以吴雯为代表。尽管在唐代，蒲州曾经出过王维、柳宗元、卢纶、聂夷中等著名诗人，但是吴雯似乎对司空图更为青睐，有多首诗作咏及。比如其中的一首《秋日再过王官谷十四韵》，就是对司空图"可与秋霜争严"的大义节操大加称赏之作：

> 表圣幽栖处，白云解郁蒸。
> ……
> 诡激宁伤直，徘徊转见弘。
> 哲先迷柳璨，节已信王凝。
> 龙纪辞荣早，鸾台饮社曾。
> 有怀方坠笏，无碍任分缯。
> 花院谁留客，苔龛尚见僧。
> 避喧勾漏并，绝粒首阳仍。
> 胜日诗堪述，秋霜史亟称。
> 只今书剑外，何处是良朋？

值得注意的是，因为降清而大节有亏的明末清初文坛代表人物钱谦益，虽然被视为"贰臣"，但是对司空图的气节、人品和诗歌理论、诗歌创作以及隐士形象，也多有称许。诚如他在《萧伯玉春浮园集序》中所道者：

　　　　渊明赋《归去来》年四十一，而白乐天作《醉吟传》，司空表圣记休休亭，年皆六十七。千载之下，第其品级，初无间然，则后世之视君其又可知已矣。

　　还有一位，就是受司空图艺术诗评理论影响很大的王士禛。加之他与吴雯是好友，故其诗集当中关涉司空图、王官谷、中条山的诗作有很多首，比如他的《送吴天章归中条山》诗作当中就有这样的句子：

　　　　汝家王官谷，中条青濛濛。
　　　　藤萝相纠水相激，至今猿鸟悲司空。

　　类似这样的并没有亲临王官谷其境，多数时候只是把它作为一种具有象征意义的指代，或是将自己或他人的隐居之所比作王官谷，甚至就是作为一种心境幻象的指代之作，还有朱彝尊、陈维崧、厉鹗、汤时曾、钱箨石等众诗家的作品，这里就不一一列举了。之所以会发生这样的变化延伸，是由于随着时代的日渐久远，司空图的事迹，也就逐渐遥远淡化成一种期待逍遥隐居、远离尘嚣、寄托精神的象征指代了。

　　而这种自宋代以降借游览瞻仰王官谷隐居之地，以诗文作品表达自己对司空图敬仰钦佩之情的寄托方式，使得位于中条山北侧，本来就拥有天柱峰、东西双瀑、祯贻溪和王官古城遗址等清幽景色的王官谷，更加声名鹊起，成为与伯夷、叔齐的首阳山、谢安的东山、王维的辋川山庄等隐居之地享有同等知名度的精神桃花源。

　　正是这种由司空图的经历、人格、诗作、诗论，和后世文人的评价、歌颂、探究的互动融合，共同营造出王官谷特有的地域人文相映生辉、诗意盎然的深厚文化意蕴，将它塑造成为一座屹立于天地之间的诗性丰碑，对忠臣、隐士、诗论家的司空图，做着永恒的纪念。

附录一 《二十四诗品》对文学批评的久远影响与历史地位

《一鸣集》的版本流变与作品逸散

由「二十四韵」、《诗格》到《二十四诗品》

《二十四诗品》对旧时代诗论的持续影响

现当代国内《二十四诗品》研究概况

《二十四诗品》对东西方文学的影响

《二十四诗品》在中国文学批评史上的地位

　　司空图作为一位心怀匡国之志，又胸有不世文采，更是一位继往开来的诗论高才的优秀知识分子，只可惜生逢末世，难以施展政治抱负，唯有退隐远祸，聊以自保。所幸他没有颓废沉沦，随波逐流，虚度光阴，更没有脱离现实，遁入空门，自暴自弃，而是以文学寄托心智才情，在坚持品鉴编选唐代优秀诗赋作品的过程当中，通过书信、序跋和分品品赞的《二十四诗品》等多样形式，将自己在前人基础上进一步发展创新的以意境、滋味为代表的艺术诗论，精彩纷呈地展现给世人，客观上承担起了"总结唐家一代诗"的历史重任，让属于唐代最具代表性的伟大文学形式——诗歌，由创作实践发展到理论总结，完美收官，从而成就了一个体系最为完备的文学时代！

　　由于司空图身处唐代步向灭亡的乱世，又承接五代十国政权割据、国土分裂的混战时期，导致其作品多有流失，其中就包括这部非常重要的

《二十四诗品》。所幸在以苏轼为代表的历代文学家和文化学人的关注、推崇、传续当中，得以从坊间诗法学本重新归属司空图名下，再现其诗论思想与艺术价值，成为不可或缺的一家之言。所以有必要就《二十四诗品》在司空图身后的遭际与陆续显现的重要而又持续的影响力，和由此所奠定的司空图在现当代文学批评史上不可或缺的历史地位，予以概要介绍。

《一鸣集》的版本流变与作品逸散

要想了解《二十四诗品》在司空图身后时代的流传与影响，就需要对其诗文著述的刊行版本《一鸣集》进行梳爬，以探究《二十四诗品》的影踪。

司空图生前亲自编辑成书的，有前集《一鸣集》和后集《绝鳞集》，皆是诗文同集的杂著体例，但都没有明确的卷数，也未曾明确是否刊行。后世史书和目录学图籍当中，也只提及现已亡佚的三十卷本的《一鸣集》，却没有《绝鳞集》的影踪。

以现有史料记载的时间顺序，由后晋张昭远、刘昫等编纂的《旧唐书》成书于开运二年（945），其中司空图本传记载"有文集三十卷"。由北宋欧阳修主持编修的《新唐书》成书于嘉祐五年（1060），卷八十"艺文志四"中著录有"司空图《一鸣集》三十卷"条目。至《四库全书》本宋代《崇文总目》"别集类二"中，仍著录有"《一鸣集》三十卷，司空图撰"条目。

两宋期间著名目录学家晁公武的《郡斋读书志》卷十八"别集类中"，亦著录"司空图《一鸣集》三十卷"条目。不同之处，是晁公武在条目后，又有司空图生平及《一鸣集》题目的提要文字："……集自有序，以濯缨亭一鸣窗名其集，子荷别为集后记。"

到了比晁公武稍晚、同为目录学家的南宋人陈振孙编著的《直斋书录解题》，《一鸣集》的内容、版本、卷数都发生了根本变化。首先是在卷十六"别集类上"中，著录"《一鸣集》十卷"条目，后有提要，与作品介绍相关的文字如下："蜀本但有杂著无诗，自有诗十卷别行，诗格尤非晚唐诸子所可望也。"而后，陈振孙又在卷十九"诗集类上"中列有"《司空表圣集》十卷"，后面亦有相关提要："……别有全集，此集皆诗也。其子永州刺史荷为后记。"

从前一条提要当中，我们得到这样一个信息，陈振孙这里提到的"《一鸣集》十卷"，即属蜀本，只有杂著，无诗；而后一条关于诗集"《司空表圣集》十卷"的提要，又明确告诉我们，这部十卷本的诗集直接源自三十卷本的《一鸣集》。据此推测，前一条只有杂著而无诗作的"《一鸣集》十卷"亦应源自三十卷本的《一鸣集》。

此后，蜀本"《一鸣集》十卷"就成了《四库全书》本、《四库丛刊》本（亦即"旧抄本"）之《司空表圣文集》的祖本，而十卷本诗集《司空表圣集》却没有继续完整传世，而是随着岁月蹉跎，在世间传播与学人辑录的过程当中，出现了失散和亡佚的现象。

由宋人洪迈编选的《唐一千家诗》（明代始称《万首唐诗绝句》）中，卷五六至五八录司空图七绝二百三十余首，卷八九录五绝七十五首，应该是直接录自三十卷本《一鸣集》。明代晚期学人胡震亨编著《唐音统签》，从诸多书钞当中重新辑录成第七四"司空图诗"，编足卷六三二至六三四总共三卷，并在卷八八五又补充十首，在卷八九又补充了一阕词，成为清人编选《全唐诗》中晚唐部分的主要凭借。今传《司空表圣诗集》五卷本，基本上就源自胡震亨的辑录本。

仔细研读现今存世的《司空表圣文集》和《司空表圣诗集》，会发现司空图为自编的前集《一鸣集》所作序文《司空表圣文集序》、为自编后集《绝鳞集》所作序文《〈绝鳞集〉述》，也都收录其中。只是宋蜀本、《四部丛刊》缩印旧抄本、刘氏嘉业本、《四库全书》本将《司空表圣文集序》冠于卷首，而《全唐文》则以《中条王官谷序》为题（或者即司空图原序题目），置于卷八〇七中。这样的收录形式，会不会说明三十卷本《一鸣集》的编次体例，可能是按照司空图原编"前集""后集"框架，合刊成一部，故而司空图原"前集"《一鸣集》的序文《中条王官谷序》仍旧成为三十卷本《一鸣集》的序文，即《司空表圣文集序》，《〈绝鳞集〉述》仍为原"后集"《绝鳞集》的起始序文，位于"后集"之首。只是后来蜀刻本的编选者分刊诗文的时候，才打乱了体例，《〈绝鳞集〉述》成了其中的一篇文章。就连原三十卷本《一鸣集》的序文，也以《中条王官谷序》被收入到《全唐文》中。

再者，从晁公武《郡斋读书志》和陈振孙《直斋书录解题》在各自的提要只提及《一鸣集》而未提到《绝鳞集》这一信息分析，司空图生前所编的前集《一鸣集》和后集《绝鳞集》，应该都没有来得及付诸刊刻。据司空图于天复二年（902）在避难地郎乡所撰《〈绝鳞集〉述》中，提及曾将题于屋壁上的部分诗作收入"前集"——即《一鸣集》中；在作于《〈绝鳞集〉述》之后的《与王驾评诗书》一文中，又有"吾适自编《一鸣》所集"语，进一步说明他自编的《一鸣集》并没有最后定稿刊刻，不然，怎么可能如此方便地新增添作品和再次编辑呢？至于《〈绝鳞集〉述》中提及的"后集"《绝鳞集》，从他自郎乡返回王官谷后至去世前，所著《与王驾评诗书》《与李生论诗书》以及其他诗文都被收录三十卷本《一鸣集》中推断，似乎更难有时间安排付诸刊刻了。

这就给出一种可能，即三十卷本的《一鸣集》并不是由司空图生前编定付梓的，而是由后人替他完成的。那会是谁？前面晁公武和陈振孙在各自书目提要中已有明确记述："……集自有序，以濯缨亭一鸣窗名其集，子荷别为集后记。""……别有全集，此集皆诗也。其子永州刺史荷为后记。"

由于继子司空荷撰写的"集后记"也已逸失，合乎情理的推断，应该是在司空图去世后，由他将父亲的两部著作手稿连同在王官谷最后阶段所作诗文作品，统一合编成三十卷本的《一鸣集》（抑或司空图于逝世前已经汇编成形了），并撰成"集后记"，付诸刊刻，形成最早的行世版本。宋代曾经做过虞乡县令的俞充，在其《贻溪怀古十首》序言中述及的"予近得表圣《一鸣》全集观之，至于一歌一咏"，生于南宋宝庆三年（1227）的王恽，在《游王官谷记》一文中述及的"山人李珏出司空《一鸣集》……咏《休休亭歌》，思《考槃》之乐"，应该就是这部三十卷本的诗文合集。生卒年不详但知其《唐才子传》成书于元大德八年（1304）的辛文房，在司空图本传中，亦有"今有《一鸣集》三十卷行于世"的记载，这应该是三十卷本《一鸣集》存世的最后史料信息了。

而北宋文学家、有名的"红杏尚书"宋祁（998-1061），在其《题司空图诗卷末》中记述所见的司空图诗稿残本，似乎与这部刊行的《一鸣集》并不是一回事：

> 唐司空表圣，隐虞乡之王官谷。唐亡，表圣死，无子，家书湮散。后百五十三年，直宋嘉祐岁己亥（1059），武威段绛得书一卷示予曰："表圣私稿也。"纸用废漫，字正楷，凡诗十有二篇。此世所传表圣笔，其真不疑。绛以重番治，背鬃轴锦护，首粲然若新，其势不数百年，不泯也。噫！表圣，贤者也。以其贤，故一言一物为后人爱秘若此，宁当时之人举不及后人之知表圣耶？是不然。同时者娟，异时者慕，尚何怪哉！绛得于虞乡尉孙膺，膺得于谷口民张，张传之祖，祖尝为表圣主阁云。广平宋某记。

就其中的几个关键句意——"表圣私稿"，"纸用废漫，字正楷"，"此世所传表圣笔"以及源自王官谷的乡邻故交的后人所藏，应是司空图自编诗文集的手稿。比如"纸用废漫"，或可折射出因为时局动荡，司空图由华阴而郠乡再回到王官谷，居无定所，就地取材，导致纸张质地优劣不等、因陋就简的写作实况。而这卷书稿辗转流离的来源，也从一个侧面证实了笔者的推测，很可能是在友人传阅当中逸散了。或者也印证了宋祁文中所言"唐亡，表圣死，无子，家书湮散"的悲凉史实。司空图虽然有继子司空荷，但是应该随着到南方永州做官，或许也像他的父亲司空舆迁居虞乡王官谷那样，定居他处，其后人亦再未曾回到过王官谷。这或许就是为什么现在的永济市，没有一个司空姓氏者的缘故所在吧。

　　那么在版本发生变化的过程当中，作品具体的亡佚情况又会是怎样的呢？我们先来了解一下《司空表圣文集》。由三十卷本《一鸣集》中析出这十卷本文集的七十一篇作品，是宋人主动编选出来的，还是当时已经有所逸散，只是将能够收集到的作品全部辑录为十卷，尚不得而知。但从发现的两篇逸文《〈荥阳族系记〉序》和《李公蹊行状》来看，作品显然已经出现了逸散现象。《〈荥阳族系记〉序》发现于明成化十一年（1475）郑太和所编《麟溪集》之"别篇下"中，注明"此一卷，乃唐宋诸儒所作，系遂安郑氏所藏，以与谱图相关也，回附刊于此。"然后再被《嘉业堂丛书》本附录于第二册《司空表圣诗集》之后的"校勘记"中（第一册为《司空表圣文集》）。该文是不是原《一鸣集》中的作品，尚不能确考。而《李公蹊行状》被五代人孙光宪录入其所编著的《北梦琐言》中，再由清人陆心源编入《唐文拾遗》卷三十三中，仅存不完整的佚文。罗联添《唐司空图事迹系年谱》认为，此文应该是《一鸣集》中原有之作品，自宋以来就已经逸失了。

　　再看看有关司空图的诗集。从起初的十卷本，到《全唐诗》的三卷本和《四部丛刊》本《司空表圣诗集》的五卷本，亡佚是显而易见的。《司空图评传》作者王步高先生就指出，司空图现有诗集当中所收诗作的格律样式很不平衡，诸如五七言绝句多达三百多首，五言律诗、五七言古诗却很少，七律、乐府、歌行几乎不见，四言诗也仅见于《二十四诗品》，还未被收入后人所编的诗集当中。而且这种亡佚的证据，还可以从司空图《与李生论诗书》的引诗句中获得印证：文中所举二十多副诗联，至少已有三分之一不见原诗。

由此推测，《二十四诗品》不见诸于现有文集与诗集的一个重要缘由，或者正是与这些缺失的部分诗作一起，随着所在卷册的逸散而亡佚了？

至于司空图著述严重逸散甚至亡佚原因，笔者在查阅《虞乡县新志》的过程中，发现可能还有一个原因，就是与虞乡县自元代并入临晋，直到清代雍正八年（1730）才重新分出，应该有很大关系。据志书所述，当地民风文化都遗失损失严重。那么司空图著作的逸散，与此亦应有一定的关联。因为他退隐本地而终，由继子司空荷刊印的三十卷本《一鸣集》，数量也不会很多，又遭遇了唐亡之后五代十国半个世纪的乱局，估计流传得也不会太广，家乡应该留存最多。后因继子司空荷迁居他处，随着后继乏人，连家业都相继归于效仿他隐居此地的金代麻革、李纯夫、周伯宁等人所有，又何谈遗存的物品，更遑论著作书籍的保存了。

由"二十四韵"、《诗格》到《二十四诗品》

《二十四诗品》的重新被发现或引起关注，应该始于北宋文学家苏轼。他虽说不一定是最先看到它的人，却是最早对它予以赞赏的慧眼识珠者。苏轼是在《书〈黄子思诗集〉后》中，论及司空图及这部诗论著作的：

> ……唐末司空图，崎岖兵乱之间，而诗文高雅，犹有承平之遗风。其诗论曰："梅止于酸，盐止于咸，饮食不可无盐梅，而其美常在咸酸之外。"盖自列其诗之有得于文字之表者二十四韵，恨当时不识其妙，予三复其言而悲之。

正是由于苏轼的赞赏、推崇，从而在一定范围内引起学人的关注，并在两宋时期被普遍引用。比如曾季狸的《艇斋诗话》、洪迈的《容斋随笔》、张镃的《诗学规范》、魏庆之的《诗人玉屑》等著作。

及至南宋目录学家陈振孙，在其《直斋书录解题》中关于"《一鸣集》十卷"的提要当中，又以《诗格》明确提到了司空图这部作品："蜀本但有杂著无诗，自有诗十卷别行，《诗格》尤非晚唐诸子所可望也。"这句记述评介之语，层次分明地告诉世人，三十卷本的《一鸣集》原本包括三部分内容：一是杂著（文），二是诗，三是《诗格》。

今人张伯伟先生在《诗格论》中这样表述道："诗格是中国古代文学批评中某一类书的名称。作为某一类书的专有名词，其范围包括以'诗格''诗式''诗法'等命名的著作，其后由诗扩展到其他文类。"这应该是中晚唐及五代文学批评中较为特殊的现象。唐代这类《诗格》著作，绝大多数也都出现在这一时期。张伯伟在《全唐五代诗格汇考》中，就收录了十九种之多。尤其耐人寻味的是，与司空图有诗作寄赠唱和的齐己、卢携、徐夤、李洞、尚颜、虚中等诗家，以及与司空图有交往的诗友郑谷和王驾八人当中，就有四人著有这类《诗格》作品传世，即齐己的《风骚旨格》、虚中的《流类手鉴》、徐夤的《雅道机要》、郑谷的《新定诗格》。

陈振孙一句"《诗格》尤非晚唐诸子所可望也"，明确指出，司空图的这部诗论之作，是晚唐郑谷、齐己、虚中、徐夤诸子所著《诗格》之作无法相比的。这话与苏轼"恨当时不识其妙"的评价，颇具异曲同工之妙。而由清代学者纪昀总编纂的《四库全书·总目提要》卷一九五《集部·诗文评类一》"《诗品》·一卷（内府藏本）"条目下的提要中，则直接以《诗格》指称司空图的《二十四诗品》：

> 唐人诗格传于世者，王昌龄、杜甫、贾岛诸书，率皆依托。
> 即皎然《杼山诗式》，亦在疑似之间。惟此一编，真出图手。

这一呼应，证明陈振孙所言《诗格》，即《二十四诗品》。

南宋另一位受到司空图"意境说"影响、以诗论著作《沧浪诗话》名世的严羽，在其诗论"诗辩"一章中，明确引述了《二十四诗品》中"曰雄浑、曰飘逸、曰悲壮"三个完全相同的品目，足见《二十四诗品》对严羽的巨大影响。

与陈振孙大约同一时期的王晞，在他作于嘉泰四年（1204）的《林湖遗稿序》中，第一次明确出现了"二十四品"字眼：

> 予阅（高）南仲诗，诗体浑厚，风调清深，脱弃凡近……其始其终，绝无蔬笋气味，无斧凿痕迹，可见其能参高妙之格，极豪逸之气，包冲淡之趣，兼峻洁之姿，得藻丽之妙。诚能全十体，备四则，该二十四品，具一十九格，非浅陋粗疏者之能窃也。

文中所述"全十体，备四则，该二十四品，具一十九格"，即后世风行坊间的诗法学本诸如《虞侍书诗法》《诗家一指》当中辑录的作品内容与体例。由此可知，至迟在南宋时，已有书商将《二十四诗品》辑录编入时尚风行的坊间学本《诗法》《诗家一指》之类。及至元代，更有书商为了畅销，竟假托当时文才出众的元文宗近臣、奎章阁侍书学士虞集之名，以《虞侍书诗法》刊行于世。据现有资料显示，已知最早引述《诗家一指》的书籍，是明洪武二十二年（1389）赵㧑谦任琼州（今海南琼州市）教谕所撰的《学范》。由此足见，至迟源自南宋的《二十四诗品》，明初已经流传于塾师和学子之间。

随后就到了明成化二年（1466），《二十四诗品》又被嘉兴人怀悦和尚偶然得到了。他在《书〈诗家一指〉后》中，如实记述了偶得这编《诗家一指》和付梓刊行的用意——

余生酷好吟咏，然学而未能。江湖间每遇善诗者，辄叩其心法，举不可得。……一旦偶获是编，其诗以唐律之精粹者采其关键以立则焉。……日阅数四，稍觉有进。今不敢匿，命工绣梓，与四方学者共之，庶亦吟社中之一助耳。成化二年(1466)岁次丙戌九月既望嘉禾怀悦谨识。

正是怀悦的接力善举，终于让司空图这一重要诗论佳构，得以"与四方学者共之"，彰显于诗界，为诗论家们广为推崇。成化十六年（1480）杨成序刊《诗法》中也收入此篇，并为此后黄省曾《名家诗法》、朱绂《名家诗法汇编》、谢天瑞《诗法大成》、胡文焕《格致丛书》、吴默《翰林诗法》等诗法书卷所本。

《二十四诗品》除了提供学习诗法的书籍普遍选入外，它还被诸多明人在各自著述的诗话作品中进行引用。据吴文治主编的《明诗话全编》辑录，有李淳（1531-1608）在《黄谷琐谈》卷一自《诗家一指》引《二十四诗品》当中的八品；梁桥在成书于嘉靖二十四年（1545）的《冰川诗式》卷九引《二十四诗品》全文，其中有三十个字与现今通行本有出入，似另有版本所依，或者是转刻导致的笔误；最值得注意的，是许学夷（1563-1633）在《诗源辩体》卷三十五中辨析道："《诗家一指》出于元人，中有十科四则二十四品……二十四品以典雅归揭曼硕，绮丽归赵松雪，洗炼、清奇归范德机，其卑浅不足言矣。"

而《四库全书》所收清初卞永誉《式古堂书画汇考》卷二十五有《枝指生书宋人品诗韵语集》，在"诗有二十四品，偏者得其一，能者得其全，会其全者惟李杜二人而已。其曰雄浑者……"所录二十四品目之后，其末尾有言："故顾箬溪先生岁丙子秋金岭南按察事，公余历览诸胜……顷出《摘翠编》，所述种种诗法，如锃锃紫芝，秀色可餐。诚词坛拱璧，世不多见者。遂为先生作行楷以纪时事云。长洲祝允明。"其题目将《二十四诗品》确指为"宋人品诗韵语"。

又据民国版《金坛县志》记载，明正统元年（1436）进士、金坛人史潜，于河东盐运使任上退休后的天顺年间（1457-1464）编辑刊刻《新编明贤诗法》，并在《凡例》中记述此编"博采唐元名人诗法、诗评，旧未分类，今厘为上、中、下三卷"等语，其中明确旧本内容采自唐、元名人诗法、诗评。有学人指出，其中所收《虞侍书诗法》与《诗家一指》，乃是同一种诗法的不同版本系统。也就是说，《诗家一指》的内容来源也是"唐、元名人诗法、诗评"。虽说中间隔了一个宋代，但是却已经将作品提早到唐代名人诗法和诗评，而唐末诗论家司空图，不正是唐末一位总结有唐一代诗的诗论第一人吗？

应该说，正是诗法学本这一穿越宋、元、明的文化载体，让司空图的《二十四诗品》获得有效保护，并有机会一直存在于诗人、作家和学人的视野之内。它们的编录刊刻者一如怀悦、杨成、黄省曾、朱绂、谢天瑞、胡文焕、吴默等人，都毫无疑问地成为从作品本身保护与承传《二十四诗品》这部不朽佳作的功臣，也才使明代有识之士郑鄤、毛晋等人让它重新荣归司空图名下成为可能。

郑鄤（1594-1639），字谦止，武进人。天启二年（1622）进士，崇祯年间，被巨奸温体仁诬陷杖母不孝，磔于市，年仅四十六岁。郑鄤与司空图均生于末世，也都遭遇权奸，只是司空图善于保全自己，而他却惨遭杀害，令人唏嘘。郑鄤在《题诗品》中引证苏轼《书〈黄子思诗集〉后》中"自列其诗之有得于文字之表者二十四韵"，而后抒发感慨道：

> 嗟乎！千百世上下，凡有得于文字之中者，未有不悲之者也。四言体自《三百篇》后，独渊明一人耳。此二十四韵，悠远深逸，乃复独步，可以（疑作"谓"）情生于文，可以想见其人，以《诗品》署题，亦犹之乐天之《赋赋》也。

毛晋（1599–1659），字子晋，常熟人。家富图籍，世所传影宋精本，多所藏收。家有汲古阁，传刻古书，流布天下。在明代以博雅好事名噪一时，刻津逮秘书十五集，皆宋、元以前旧帙。他于《津逮秘书》本《诗品跋》中这样写道：

> 此表圣自列其诗之有得于文字之表者二十四则也。昔子瞻论黄子思之诗，谓"表圣之言，美在咸酸之外，可以一唱而三叹。"於乎！"崎岖兵乱之间，而诗文高雅，犹有承平之遗风。"惟其有之，是以似之，可以得表圣之品矣。

又据《〈二十四诗品〉作者论争小议》一文当中举证资料，同样处于明末时期的贺复征，在其编著的《文章辨体汇选》卷四百三十九中，收录梁钟嵘《诗品序》和唐司空图《二十四诗品》，表明《二十四诗品》已脱离诗格著述而独立行世。

随着《二十四诗品》重归名下，作为诗论家的司空图，就在已有诗论的基础上，进一步确立了他在中国文学批评史上的重要地位。也让学人能够结合他的身世、阅历，和诞生唐诗的时代背景，更为全面地了解、理解、解读、诠释这部诗论之作所具有的高远题旨意趣，所承载的丰富内涵境界，还有常读常新的艺术创新层面的启迪意义。

《二十四诗品》对旧时代诗论的持续影响

说起司空图诗论著述的影响力，理应追溯到他在世的时候。

司空图在《送草书僧归楚越》一文中，曾提及眘光"是行也，为我以论诗一篇，题于绝壁"。这说明他的诗论在当时已颇具影响，自成一家之言了。通过《旧唐书·文苑传》篇末的总赞语，我们也能够从中体味出当时的史官对司空图文学艺术成就的总体认可程度："国之华彩，人文化成。间代杰出，奋藻摘英。骐骥逸步，《咸》《韶》正声。粲流缃素，下视姬、嬴。"

有唐一代文学艺术的华彩乐章，靠的就是《文苑传》中这群星璀璨的文学家不朽的作品来成就。其中杰出的文学大家所创作刊行、流传久远的优秀作品，犹如尧乐《大咸》与舜乐《大韶》一样，成为一个时代文学艺术不可逾越的雅正风尚与艺术高标，傲视古今。也就是说，这些著名的诗人文豪都是有著作与文声的。那么传中没有列出其代表著作的司空图，又凭借什么获此文名呢？笔者以为，靠的就是其"万取一收"、创举性地总结一代唐诗的不可替代的诗论成就《二十四诗品》及其他诗论著述。

北宋文学家苏轼不但在《书〈黄子思诗集〉后》对《二十四诗品》推崇备至，还在自己的诗词作品当中，频繁引用、化用其中的许多诗句。比如他在《十八罗汉颂》中的"空山无人，水流花开"，就源自《缜密》一品中的"水流花开，清露未晞"；名作《赤壁赋》中的"月出于东山之上，徘徊于斗牛之间"，很可能就是化自《高古》一品中"月出东斗"的句意；在其《后赤壁赋》中，甚至将《冲淡》一品中的"独鹤与飞"化用铺排成一段鹤精幻作道士托梦文中之"我"的神来之笔！

此后，引用、化用《二十四诗品》诗句入诗入词入文者不乏其人。比如北宋另一位著名文学家、史学家欧阳修，不但将司空图今天仅存的一首词作《酒泉子》的最后一句"黄昏把酒祝东风，且从容"，化用在他的词作《浪淘沙》开篇——"把酒祝东风，且共从容。"他还借鉴《二十四诗品》的体例，作洛阳牡丹《二十四花品》。又比如宋人徐积重《节孝集》卷三十《代李驻泊与沂州石比部启》文中，就有对《缜密》一品"犹春于绿"的化用："左符篆竹已交政于黄堂，五马朱轮即班春于绿野。"再比如南宋时期的郑樵，他收入《浃漈遗稿》卷一《夏日题王右丞冬山书屋图》中的词句中，不但借用《典雅》一品中的"人淡如菊"句，同时还节取"上有飞瀑"句中的"飞瀑"一词："绢外似觉风惨激，大江尽断船相逐。室中之人淡如菊。长年手携一卷读，窗外苍虬恣飞瀑。"其中的"飞瀑"应该是司空图对王官谷瀑布独到形容之词。而对司空图《精神》一品中"杨柳楼台"一句感兴趣的，就不仅限于宋人叶茵顺于《试问》诗中化入"在在江湖芦苇，家家杨柳楼台"句中了，元人徐秋云在自己的《西湖》诗中也将此句融为："芙蓉池馆鸳鸯雨，杨柳楼台燕子风。"明人陈裕又将它这样化用在《寄兄景祺》诗中："杏花门巷听春雨，杨柳楼台倚暮烟。"

这其中还有一个颇具代表性的人物，要算清乾隆皇帝爱新觉罗·弘历了。在他被收入《四库全书》的五集诗作当中，明确提到《二十四诗品》的诗作就有十一首之多。比如《含萃斋》中，就结合第一句诗中的"尽得风流"，在第四句中倒装出该品前一句"不著一字"句意："虞乡廿四品如较，一字于斯著亦难。"《寻诗经》中，又点出不同品目于句中："司空廿四品如较，只在清奇委曲中。"《咏痕都斯坦玉壶》中，也巧妙地将《典雅》一品化入诗句当中："典雅司空品，买春且漫论。"仅从所引数例当中，就不难看出这位皇帝对《二十四诗品》的熟稔程度，真可谓是信手拈来，自成佳句。

而《二十四诗品》对后世诗论家的影响，应该首推南宋晚期的诗论家严羽。前面已经提到，严羽被今人确定是受到司空图"意境说"影响、直接汲取《二十四诗品》艺术品鉴经验、又有所发扬创新的诗论家。他不但身经外族侵凌的末世苦难，而且也是隐居不仕，并且也特别推崇王维、韦应物的诗风境界，与司空图的生平遭际和艺术审美都有许多相似之处。他主张诗有别裁、别趣之说，重视诗歌的艺术特点，又以禅喻诗，强调"妙悟"，表达了与司空图的意境说相吻合的审美观点："盛唐诸人惟在兴趣，羚羊挂角无迹可求。故其妙处透彻玲珑不可凑泊，如空中之音、相中之色、水中之月、镜中之象，言有尽而意无穷。"这些理论建树，启迪、影响、覆盖了元、明、清直至近代的文艺理论界。

受到《二十四诗品》影响的另一位有重要建树的诗论家，是清初的王士禛。他继钱谦益之后主盟诗坛，与朱彝尊并称"南朱北王"。他在说明自己的神韵说理论时，最喜欢举司空图《二十四诗品》中"不著一字，尽得风流"八个字，有时又标举出严羽的"羚羊挂角，无迹可求"八个字来说明神韵的含义。由此足见司空图的《二十四诗品》和严羽的《沧浪诗话》对其诗论形成的深刻影响，并促成其对神韵说的倡导，几乎影响了清代前期诗坛一个世纪。

　　其后沈德潜推崇的格调说，袁枚提倡的性灵说，翁方纲倡导的肌理说，都是《二十四诗品》影响的产物，因为同出司空图"三外"说这一理论源头。曾经创作《续诗品》的袁枚，就曾表示，是出于"爱司空表圣《诗品》，而惜其只标妙境，未写苦心"的缘故。不过袁枚对《二十四诗品》的理解，也仅停留在艺术品读的层面，没有深解司空图深寓其中的别有怀抱。

　　清末民初期间的王国维，则是对以《二十四诗品》为代表的司空图诗论思想继承发展成就更大的一位诗论家。他以司空图、严羽的意境说为前提，结合西方叔本华思想的影响，融合、发扬、光大出境界说。他在展现其境界说的代表作《人间词话》的开篇，即开宗明义地言道："词以境界为上，有境界则自成高格，自有名句。"然后在第九条又具体谈及他对前辈学人的继承和发展：

　　　　严沧浪《诗话》谓："盛唐诸公唯在兴趣，羚羊挂角，无迹可求。故其妙处，透澈玲珑，不可凑泊，如空中之音，相中之色，水中之影，镜中之象，言有尽而意无穷。"余谓北宋以前之词亦复如是。然沧浪所谓"兴趣"，阮亭所谓"神韵"，犹不过道其面目，不若鄙人拈出"境界"二字为探其本也。

我们知道，严羽直接受到司空图的意境论的影响，王国维这段的引文，恰恰生动地再现出司空图"三外说"的意趣所在，其内在的承传关系，一目了然。所以说，王国维的境界说，是对司空图意境说继承发展的新高峰。

正是在这样的推崇带动下，作为司空图的诗论思想的精粹体现，《二十四诗品》对诗歌作品意境的表现与批评，成为清人作诗、论诗的典范，经常将其引用在各自的诗论、诗话、诗序当中，诸如：

> 吾与子游苧村药谷间，山重水袤，溪回谷转，青鞋布袜，杳然尘埃之外。于斯地也，穿烟岚，穴云气，扶杖而追寻。司空表圣之论诗曰："晴雪满竹，隔溪渔舟。""可人如玉，步屟寻幽。"吾之遇二邵于斯也，表圣之所云，显显然在心目间，称之曰诗人焉其可矣。
>
> ——钱谦益《邵幼青诗草序》

> 神与气互相为用，曷以离而二之也？曰：《诗品》云："行神如空，行气如虹。"夫神妙物于不知，气入物于无间，固各有当也。
>
> ——李重华《贞一斋诗话》

> 盖古体地位宽余，可使才气卷轴；而近体之妙，须不着一字，自得风流；天籁不来，人力亦无如何。
>
> ——袁枚《随园诗话》卷五

清人在各自的以诗论诗的作品当中，也多会述及《二十四诗品》：

> 金銮应诏集贤同，嘉树无忘赋角弓。
> 万古中条怀古意，岂徒《诗品》付司空。
>
> ——翁方纲《诗论家三昧十二首》

廿四司空品，深谙古作家。

要知真指点，不在炫才华。

理熟言弥粹，心空路不叉。

愿师忠厚旨，黾勉返无邪。

——禧恩《读眉仙先生〈小清华园诗谈〉二首》其一

从以上所引诗文不难看出，《二十四诗品》在清代不仅广为诗论家所熟知，而且将司空图强调的"味外之旨"和崇尚冲淡自然的审美理论，当作他们关照清代及以往诗歌创作审美的锐利武器，深深地影响了清代诗坛。

与此同时，还出现了以司空图的《二十四诗品》为标准体例编选唐诗，竞相为《二十四诗品》赓续、作注、诠释、臆解，研究《二十四诗品》俨然已经成为一门显学，刻本繁多，不一而足。其中尤以杨振纲的《诗品续解》（1824）、杨廷芝的《诗品浅解》（1835）、孙联奎的《诗品臆说》（1839）、无名氏的《皋兰课业诗品解序》等著述颇具代表性。他们通过各自的作品，从不同的认知角度，于宏观理解的基础上对《二十四诗品》进行解说，极富创建性。他们的注解、诠释，在试图窥探这部言简意深、镜像奇诡、意境旷远的诗论天地之玄奥的同时，无疑也为喜欢《二十四诗品》的读者提供了阅读与学习的方便，同时也为进一步深入研究《二十四诗品》开了一个好头，更为现当代学人郭绍虞着手《诗品集解》做好了铺垫。

此外，清人还非常感兴趣对《二十四诗品》的演补仿作。仅郭绍虞的《诗品集解》中，便附录了诸多这类作品：

顾翰的《补诗品》二十四则，袁枚的《续诗品》三十二则，曾纪泽的《演司空表圣诗品》二十四则，马荣祖《文颂》共九十六则，许奉恩《文品》三十六则，魏谦开《二十四赋品》，郭麐《词品》十二则，杨夒生《续词品》十二则。

书画界还有黄钺《二十四画品》，杨景《二十四书品》等等。

总之，清代学人的推崇，使司空图的《二十四诗品》获得了前所未有的肯定，被给予空前至高的地位，产生了继往开来的巨大影响力，更是发挥出已经远远超越文学范畴的应有的艺术影响力，体现出其所具有的对文艺创作指导与批评的恒久价值。王步高先生在《司空图评传》第九章《论司空图对后世的影响》中的一段话，可以视作是清人对《二十四诗品》重视程度以及它所产生的影响力程度的形象概括：

> 司空图故去八个世纪后，他终于找到了自己的大批知音，《二十四诗品》仿佛是一组唐人制造的编钟，运用它演奏出美妙音乐的高手，到清代才大批出现，这组编钟也直到清代，才发出洪钟巨响。

现当代国内《二十四诗品》研究概况

随着二十世纪初五四新文化运动的蓬勃兴起，学人们对司空图的《二十四诗品》及其他诗论著述的研究，也进入了现当代时期。依据现有著作、论文出版、发表的时间，有关研究始于二十至三十年代，至今已近百年时间了，又可分为现代与当代两个阶段。

一九四九年新中国建立之前，作为现代阶段的司空图《二十四诗品》诗论研究，应该视作草创时期。以朱东润、李戏鱼、杜呈祥为代表的司空图研究者，在继承清代学人孙联奎、杨廷芝、杨振纲以及无名氏的注释、解说等著述成果的基础上，开始了他们的研究征程，并先后拿出了研究成果。如朱东润的《司空图诗论综述》、李戏鱼的《司空图〈诗品〉与道家思想》、杜呈祥的《司空图》。其中最具代表性的见解，应推朱东润。他认为作为诗的哲学论，《二十四诗品》主要讨论了五个方面的问题：即论诗人之生活、论诗人的思想、论诗人与自然方面之关系、论作品（阴柔之美，阳刚之美）、论作法。并确定"悲慨一品，不特论评作品，实不啻全篇张本"，第一次道破《二十四诗品》全篇有着"悲慨"的主色调。这一基于传主处于大变革时代悲剧人生的见解，尤为深刻。他由此进一步指出，正是因为身处乱世的无奈，故其诗论不得不抹杀现实而另造一诗人之幻境以自遣；"思与境偕"是司空图论诗真谛，以"味在酸咸之外"论诗自司空图始。这些见解，对后来者具有很重要的启发性，故而在几十年间曾被多次收入不同的论文集，产生了较大的影响。

虽说这一时期的著述不多，却为后来者奠定了现代研究的最初基础，在《二十四诗品》研究的发展中有着不容低估的重要意义，功不可没。

进入当代阶段的《二十四诗品》研究，真正显现成果是一九六一年由祖保泉发表《读司空图〈诗品〉札记》、雷履平发表《诗的含蓄美——读司空图〈诗品〉札记》为标志，拉开了二十世纪六十年代《诗品》研究的序幕。

一九六二年，又有吴调公、雷履平、孙昌熙和刘淦的六篇论文发表。其中首推吴调公的四篇论文：《诗品·构思·风格——司空图〈诗品〉的风格论》；《诗品·诗境·诗美——司空图〈诗品〉的美学观》；《略论司空图及其〈诗品〉》；《司空图的诗歌理论与创作实践》。它们对《二十四诗品》的美学观、风格论，司空图的其他诗论，司空图的生平与创作实践，都做了较深入的考察。

一九六二年，孙昌熙、刘淦将清人孙联奎《诗品臆说》和清人杨廷芝《诗品浅解》合并整理成《司空图〈诗品〉解说二种》出版发行，成为理解《二十四诗品》的重要津梁，为《二十四诗品》研究做了一个很好的基础性工作，也是迄今仅见的对注释、说解《二十四诗品》的专书进行专门性研究的文章。

一九六三年，郭绍虞出版的《诗品集解·续诗品注》，可以视为现当代学人对前代学人《二十四诗品》研究成果的继承与发展，突显出以下优点：诠释《二十四诗品》字词句义，揭示其理论意蕴，所释所论，每每精审明晰，广博畅达；汇集、征引五种前人重要相关著作之精华以说解《二十四诗品》，为现当代《二十四诗品》研究提供了重要的基础性参考资料；书后除附有司空图的多篇论诗、赋的文字外，并附有作者广搜博辑的明清以来与《诗品》有关的序跋题记、题咏、演补类文字数十种，非常方便研究者参阅。郭绍虞还揭示了《诗品》的一个重要特点，即中晚唐人善用形象化的语言品诗论文，从而形成象征的批评；又常用此种象征的批评来刻画形容抽象的风格，而《诗品》就是在此基础上完成的，并成为此类批评的集大成者。所以这部专著具有很高的学术质量与价值，是当代人在《二十四诗品》研究领域所撰的名著，也是《二十四诗品》研究者必读的重要基础性著作，也让这部代表着中国古代诗论著述高度的经典作品，能够在新的文学时代继续绽放出它应有的光彩。

祖保泉于一九六四年出版的《司空图诗品解说》，为《二十四诗品》第一次提供了现代汉语的翻译文本，并对台、港《二十四诗品》研究产生了一定影响。

整个六十年代，中国大陆、台湾、香港共出版包括古籍整理在内的相关著作四种，文章十七篇，《二十四诗品》研究呈现一个明显的小高潮。应该特别提到的是，这一时期还出现了关于《二十四诗品》作者的文学观点是否属于"现实主义"等问题的争论，这是特定时代政治环境影响的结果，只可惜学术意味有所不足。

由于十年"文革"时期的沉寂，七十年代的《二十四诗品》研究成果主要体现在台湾地区，而且在不少方面的研究都有所提升，明显表现出一种将《诗品》研究进一步拓宽与加深的努力和趋势。主要代表为江国贞、萧水顺和王润华。江国贞的《司空表圣研究》，考察了司空图的生平、思想和《诗品》的文学理论；萧水顺的《司空图〈诗品〉体系探讨》等四篇相关论文，对《二十四诗品》的渊源、体系、特质，司空图论诗杂文，《二十四诗品》之影响与评价，都做了比较具体细致的考察；王润华此间发表相关论文三篇，其中《"观花匪禁"之文字及其意象之根源》，据唐代刘禹锡玄都观看桃花之典故与诗作，对《诗品·豪放》之"观花匪禁"一语做出新的解说。

自二十世纪八十年代以来，随着改革开放带来的文艺繁荣的大好局面，《二十四诗品》的研究也进入了一个别开生面、日趋繁荣的重要阶段。据张国庆先生在《〈二十四诗品〉百年研究述评》中的相关统计，自一九八〇年至二〇〇三年，相关著作出版十八种（修订版、再版著作除外），相关文章已发表者至少达二百六十篇以上，年均一部著作、十一篇论文以上。这一时期出版的多种文学批评史、文学思想史和美学史类著作，也基本都设专章或专节对司空图、《二十四诗品》加以评介。这一新气象，不仅表现在研究成果的剧增，也表现在研究领域的拓展，研究视角的增多，研究程度的加深和整体研究质量的提高等方面。在如此蓬勃兴盛的研究阵容当中，中国大陆学者是主力军，台、港学者亦时有成果问世。综观这一时期《二十四诗品》的研究，有如下几个显著特点。

其一，是对《诗品》各品及其相应的风格、意境、审美范畴进行个别的研究，这是八十年代《诗品》研究中的一个突出现象。其中富有特色的代表论述者，应该首推曹顺庆。

一九八五年至一九九〇年，曹顺庆发表了六篇论文，从对司空图和康德的比较开始，主要在中西美学、文化领域展开对"雄浑"与"崇高"的比较研究。其中《司空图与康德美学思想比较》认为，司空图、中国和康德、西方都讲优美与壮美（崇高），但前者偏重优美，后者偏重壮美；而《"雄浑"与"崇高"——中西美学的比较和辨析》则考察了英文 sub-lime 与中文"崇高""雄伟""雄浑"的对应关系，认为 sublime 译为"雄浑"最恰当，但这两个中西概念间仍存在某些重大差别。《大美无言——老庄的雄浑观》指出儒家和道家都推崇雄浑境界，又细致辨析了两家雄浑的异同……显然，曹顺庆的这一研究视野开阔，探讨也比较深入。通过在中西文化大背景下的一系列考察比较、追根探源，确乎在一定程度上对"雄浑"的意蕴和特色有了进一步的认识。

紧扣"雄浑"一品做较深入探讨的，是张国庆的《司空图〈诗品·雄浑〉新探》。此文认为，"雄浑"一品融空间的无限大（康德所谓"数学的崇高"）、力量的绝对大（康德所谓"力学的崇高"）和视觉上的模糊于一体，与西方之"崇高"颇为相似。此外，张海明对"冲淡"的研究，其他一些论者对分品的研究，也有着较高的学术质量。但到目前为止，尚有一半左右的品目仍未有专文加以研究，不少重要的品目尚未得到较深入的研究，很多品目的美学义涵都有待进一步研究和发掘。

其二，是对司空图提出的"味外之旨""韵外之致""象外之象、景外之景"论诗"三外"说的专题研究。

关于"味""味外之旨"和"韵外之致"，大体有这样一些看法："味"是诗歌包含的能给人以美感的内在美，即情趣韵味；"味外之旨""韵外之致"大体上也就是"味外之味"，其特点大致是"情在言外，故远，远则有味；而于远之外，尚有远而又远者在，故不尽，不尽，方有味外之味"。

有学者将司空图的"味"，与钟嵘《诗品》的"滋味"进行比较。王之望在《钟嵘与司空图诗"味"说辨》一文认为，"钟嵘主要是从'实'处谈'味'，是指艺术形象本身给人以味感。司空图……立足于'实'却着眼于'虚'，从境界美和风格美的高度谈味"，"司空图所谓的味主要指

'味外之味、醇美之味'"。肖驰则在《滋味·韵味·神韵——诗歌艺术趣尚的历史沿革》一文中表达了这样的见解：钟嵘《诗品》的"滋味说"，是从内容和形式的统一中建立诗歌审美理论的奠基之作。而晚唐以后新的诗味说，于诗歌中追求一种类似音乐的审美感受，可称为"乐意"。"此所谓乐意，如野云孤飞，去留无迹，它不执着于感性，而深远地向心灵拓展"，而"这种新的诗味说的首倡者是司空图"。

司空图在《与李生论诗书》中又有"辨于味而后可以言诗"的提法，学术界习称"辨味"说。欧阳松在《司字图"辨味"说述评》中认为，此说"一是辨味之有无，划清诗与非诗的界线；二是辨味之深浅……把好诗与一般的诗区别开来；三是辨味外味之形形色色，表达了好诗'不拘一概'的思想"。

关于"象外之象"的理解，罗宗强在《从思维形式看中国古代诗论的一个特点——对"象外之象"的一种考察》中独辟蹊径，从思维形式的角度对"象外之象"做出深入考察。作者首先考察出周秦、两汉赋诗、解诗中所呈现的共同思维形式——物象→义理抽绎→类比，即由形象开始，进入概念和义理推导，是形象和逻辑交错的逻辑思维特征。再对照"司空图的'象外之象，景外之景''味外之味，韵外之致'说的思维形式，是一种借助于情感和图像的思维。它的整个过程，是情绪记忆和图像记忆的唤起、选择、填充和类比联想，是情思和图像的连续呈现。无论是情绪还是图像，它们都是疑似的、具有模糊的性质，是对诗的一种整体的弹性把握"。这两种思维形式并存而又时相交错渗透，形成中国古代诗论思维形式的特点。文章还对"象外之象"思维形式在中国古代诗歌、书法、绘画理论中的广泛运用，以及这一思维形式的形成原因等问题做了讨论。此文角度新颖，见解独到，析理深入，堪称"三外"说研究中的佼佼者。

此外，"韵外之致"和"象外之象"的关系，"三外"说与佛禅思想和道家思想的渊源关系等等问题，也得到了学者们的关注和考察。

其三，关于《二十四诗品》有无体系构架，自清代以来，一直为研究者关注和讨论。有认为有者，如杨廷芝、杨振纲等；有认为没有但又认为其各品之间仍有不同的联系或某种贯穿之精神者，如吴调公、萧水顺等。当代的相关讨论，也有了进一步的发展。有学者认为《二十四诗品》是"在母系统'冲淡之美'的统率下，派生出来三个子系统——自然之美、典雅之美、雄浑之美……它是一个多层次的有机整体"；也有学者认为"《诗品》品目之间并非不相连属，而系以象征道家天道观念的二十四气为线索，将一系列现象学审美范畴贯穿起来"；还有许多学者从"《周易》建立'乾''坤'——'既济''未济'的构架，表示一切自然运化都不过是阴阳两极间的多种形式的运动，来推论《二十四诗品》建立了'雄浑''冲淡'至'旷达''流动'的整体构架，以表示各品诗作都是生命意兴在阳刚之极与阴柔之极中间展现的多种形态"。当然，也有以祖保泉为代表的学者表示"没有它自己的理论体系"，"只是二十四首诗的集合体"的见解……真所谓歧见纷出，各有理据，探索的热情持续不减。这既表明了问题的复杂性，也表明了问题的重要性，虽然没有形成大体一致或相近的看法，但讨论显然是越来越深入了。

其四，还有学者对司空图、《二十四诗品》的诗学理论、美学理论做了综合性的概论。诸如它通过意境来描述各种风格的主要特点，辅以理性说明，使向来难以言传的用以评论风格的形象性概念，变得可以言传；诸如建立了一个关于意境的全面、明晰、确切的概念，超越了前人在意境理论方面的论说；诸如它的象征批评方法；诸如参考西方文学的"后设小说"概念而来的"后设诗歌"概念，意在阐释《二十四诗品》"既是文学作品，也是关于文学作品的理论，二者的界限已经泯灭无存"的特征；诸如肯定《二十四诗品》是我国美学史上第一部诗的美学鉴赏论专著"，标志着唐代后期艺术思潮与审美意趣的转变，并对后世艺术思潮与美学理论的发展有着深远的影响；诸如认为司空图"创造性地总结了诗歌的艺术规律，建立了系统的诗的哲学"；诸如说它"是一部体大虑周的艺术哲学著作"，"司空氏将诗人对于诗美的了悟等同于道家哲人对于宇宙本体的体知，这就把他的诗学放进了一个宏伟的宇宙观的框架中"……还有通过与钟嵘、皎然、张彦远、严羽、王士祯等诗论家的比较，深化了对《二十四诗品》及其在中国文论史、美学史上的地位与意义的认识，以及《二十四诗品》与儒、道、释三家的关系……

其五，又有学者搜集整理有关国外对司空图和《二十四诗品》介绍、研究的述评文章，诸如王丽娜《司空图的〈二十四诗品〉在国外》和王润华《司空图新论》第十二章第六节"世界各国对司空图的研究"。稍后我们还会专门介绍这一内容。据王丽娜文后所列举的《国外学者有关〈二十四诗品〉的翻译研究选目》，可知二十世纪以来，欧、美、日以及朝鲜对《诗品》都有介绍或研究。王润华这样述评道："在其他国家，司空图很早就受到注意"，但"至目前为止，还没有出现过有重大影响力的学者或著作"。虽然国外相关介绍和研究的总体学术水平不高，但相信对于增进世界各国对《二十四诗品》乃至于对中国文化的了解和认识，则有着非常积极的意义。

其六，就是始于二十世纪九十年代初期的、因《二十四诗品》作者辨伪的讨论，对《二十四诗品》研究所起到的巨大促进作用。争论起因源于一九九四年，上海复旦大学陈尚君、汪涌豪二教授因辑唐代诗文检索典籍时发现：自司空图以后到明末七百多年间，无人提及司空图著《诗品》，故提出《诗品》不是司空图所作，《诗品》的作者是明人怀悦，《诗品》内容出自怀悦的《诗家一指》，明末作伪者从《诗家一指》中析出二十四品，托名司空图。其后又进一步引证美国斯蒂文·欧文一九九二年版《中国文学批评读本》中披露的已故韩裔学者方志彤提出《二十四诗品》是伪作，以及欧文本人关于《二十四诗品》为伪作的质疑观点，进行答疑式辩驳。这一否定，在学术界引起了轩然大波，以此为题的争辩持续至今。但是由于陈尚君先生不但没有举证出过硬的证据，且已自我否定了所谓明人怀悦为《二十四诗品》作者的论点，所以争论本身并没有动摇已有的定论。但是不容否认的是，这场争辩，让诗论家司空图和《二十四诗品》重新引起更多学人和读者的关注，激发起大家的学习与研究热情，从而增强和扩大了司空图的艺术诗论与美学思想对当代诗歌创作，乃至是对广义的文学艺术创作实践活动的影响与指导。甚至有文学批评家提出，应该让我们的文学批评重新回归司空图那样的诗意品鉴的境界，让文学批评本身就成为一种美妙的阅读。这实为《二十四诗品》之幸，中国文学批评之幸，也足以告慰司空图的在天之灵。

其七，对司空图生平、思想、诗作等的综合研究，成果也相当显著。七十年代前后，台湾罗联添，大陆王济亨、高仲章等学者在这方面的专门研究论著就不断涌现。九十年代以来，相关论著更日见其多，其中祖保泉、陶礼天、王步高等学者的著作更具分量和价值。陶礼天先生的《司空图年谱汇考》，是一部年谱而兼有学术评传性质的著作，此书是迄今司空图年谱类著作中最翔实可参的一种。祖保泉先生的《司空图诗文研究》探讨了司空图生平、思想、创作、诗歌理论等方面的十个问题，是较为全面地研究司空图的一部著作。祖保泉、陶礼天合著的《司空表圣诗文集笺校》，对司空图的诗集和文集做了迄今第一次整体的整理笺校工作。王步高先生的《司空图评传》，在前人研究的基础上，对司空图的生平经历做了系统考订，多有新见；并首创《二十四诗品》为唐诗分类选本《擢英集》各类之引诗、赞词假说，论据较充分；书中对司空图的思想体系、文艺理论体系也做了系统分析，多有创获。

九十年代特别是九十年代中期以后研究司空图生平、思想、诗文的论著明显增多的一个原因，一方面是历来《二十四诗品》研究的延伸与发展，另一方面也与《二十四诗品》作者"辨伪"引发的论争不无关系。如祖保泉《司空图诗文研究》就专设"关于《二十四诗品》作者问题的讨论"一章，陶礼天《司空图年谱汇考》也有意地多次论及《二十四诗品》的作者问题。而祖保泉、陶礼天合著的《司空表圣诗文集笺校》"前言"部分，更明确言道："我们因近年参与讨论《二十四诗品》作者问题而勤于阅读《司空表圣文集》和《司空表圣诗集》，于是为司空图的文集、诗集作'笺'"。王步高在《司空图评传》中亦设"《诗品》真伪"专章，对质疑的观点予以驳论。这类研究的增多与深入，无疑为司空图、《二十四诗品》的研究提供了更为厚实可靠的基础。

《二十四诗品》对东西方文学的影响

相对于古典诗歌作品被传播到西方的历史而言，中国诗论的传播历史就显得迟缓滞后许多。还是在明清之际，前来中国肩负文化交流、重点在于传播西方宗教信仰的传教士，开始将我们的儒教经典翻译介绍到欧洲。但在很长一段时间里，尚处于萌芽状态的文学观，只是作为经学或文化研究的一种附庸，断续零星地传到西方。直到十九世纪中叶，《毛诗序》才由英国著名汉学家理雅格译成英文。及至二十世纪上半叶，中文诗论西译的境况略有起色，出现了《文赋》法译本、《沧浪诗话》英译本等，虽说影响不大。而英国著名汉学家翟理斯（1845-1935）于一九〇一年在美国纽约出版印行的《中国文学史》中，第一次完整翻译了司空图的《二十四诗品》。翟理斯在书中对《二十四诗品》这样评介道：

> 《二十四诗品》明显是二十四首独立的富于哲理性的诗作，它们以令人赞叹的方式表现纯粹的道学思想。道学思想是每则诗品的主旨，也是诗人思想的主导。

很显然，翟理斯把《二十四诗品》理解为表现道学思想的哲理诗，并没有注意到它的诗论内涵。

第二位向西方翻译介绍《二十四诗品》的人，仍然是一位英国的汉学家克兰默－宾（1872-1913）。他在 1909 年出版于伦敦的编译著作《翠玉琵琶：中国古诗选》中，以诗作的形式选译了《二十四诗品》当中的十品，翻译的题目依次为：《春回大地》（即《纤秾》）《生命的色彩》（即《精神》）《获释》（即《含蓄》）《魅力》（即《清奇》）《平静》（即《冲淡》）《诗人的幻想》（即《典雅》）《悲慨》《修饰》（即《绮丽》）《集中》（即《沉着》）《流动》。在译诗之前，克兰默·宾有这样的论述：

> 司空图也许是我们所知的诗人中最具中国特性的诗人，他的确是善于表现丰富哲理的诗人之一。在以巧妙而简练的手法写成的《诗品》里，他把高尚的主题装裹在光彩夺目的外衣之中，穿过一片桃树林，片片桃花被漩涡包围着冲下山谷，其间出现迷途的纤弱的美人；这是一种象征，它引导我们从一种特殊的途径进入了富有魅力的宇宙。不论主观意愿如何，我们像是从禁锢中获释了，这一途径也使我们进入了精神世界的无限自由之中。而一旦我们的灵魂获得自由，就不必再做无目的的漫游，不必再像穆罕穆德那样走向山谷（这里是引用《古兰经》中的谚语，意思是"真理已经明白，不必再做徒然的寻找了"），我们可以栖息于万物的中心，宇宙是我们的家，我们可以窥见和领略大自然的奥秘
> ……

虽说克兰默·宾与翟理斯一样，没有注意到《二十四诗品》优美诗句当中所包含的诗歌理论见解，但是作为一位西方人，他却能把作品当中包含着的道家哲理内涵，通过自己的感知与理解，尽力加以生动形象化的描

绘。这样的描绘，与《二十四诗品》本身的意境呈现已经有着诸多相似之处。它即证明了艺术感知的无语言障碍的共同性，也对西方读者通过翻译的《二十四诗品》，理解和把握司空图提出和总结的诗歌创作所应该达到的丰富艺术境界来说，显然具有一定的参考价值。

两位汉学家对《二十四诗品》的翻译、介绍，在欧美产生过较大的影响。一九二七年在纽约出版的、由弗伦奇编辑的《荷与菊》一书当中，选收了翟理斯与克兰默－宾的《二十四诗品》译文。其所选翟理斯译文的总题目即标作《道教》；所选克兰默·宾的译文则分别为《诗人的幻想》（《典雅》）《悲慨》《修饰》（《绮丽》）《集中》（《沉着》）《流动》五品。克兰默·宾在自己后来的专著《亚洲大观：中国文化艺术探研》中，也再次收录了《二十四诗品》译文以及他对司空图的评介。此书于1932年在伦敦出版，在欧美流行颇广。

国外能从诗论角度翻译介绍司空图《二十四诗品》者，应该首推苏联著名汉学家阿列克谢耶夫院士（1881–1951）。一九四六年，阿列克谢耶夫的硕士论文《一篇关于中国诗人的长诗：司空图（837–908）的〈诗品〉翻译和研究》，在彼得堡大学发表。这篇论文从多方面阐述了《二十四诗品》中所贯穿的"道"，认为"道"在《二十四诗品》中居于中心地位，它是这部作品所表述的一种永恒的真理，一种本质，和一切事物依靠的中心；《二十四诗品》要求诗人以"道"为指导，要求诗歌创作与"道"相协调，反映"道"的美。

阿列克谢耶夫在这篇论文中翻译的《雄浑》《流动》《旷达》《绮丽》四品，还被载入一九三〇年德文版的《中国学》中，题目为《中国的诗》；之后还被他收入一九三七年出版的另一部法文本专著《中国文学》当中，题目为《诗品四则》。一九三〇年八月中旬版的《德国卫报》，曾经发表德国翻译家察赫评论阿列克谢耶夫这四则翻译诗作的文章。

一九七九年，莫斯科科学院东方文学总编辑部出版了苏联当代汉学家、中国唐诗研究家李谢维奇的专著《中国的文心：中国古代和中世纪之交的文学思想》。这是一部论述中国文学理论的专著，全书共分九章，其中第一章《宇宙之本——大道，它的表现——德与在文辞中的反映——文》、第五章《朴素描写的反义词——比和兴》、第六章《赞美的诗——颂和文学体裁的类别》，都讲到了司空图的《二十四诗品》。李谢维奇除了发挥阿列克谢耶夫的观点并进一步论述"道"的问题以外，还着重论述了司空图提出的"韵外之致""味外之旨"的问题。他认为，"韵外之致""味外之旨"是要求诗歌作品具有无穷的韵味，无穷的意境，这与中国传统的写作手法"比"与"兴"所要求的境界是一致的。在谈到"颂"这一文学体裁时，李谢维奇引用了刘勰在《文心雕龙》中的表述："原夫颂唯典雅，辞必清铄，敷写似赋，而不入华侈之区。"并举司空图的《典雅》一品为例，以为两者要求的意境有相同之处。

美国当代著名汉学家刘若愚教授，一九七五年于芝加哥大学出版社出版学术专著《中国文学理论》。他就司空图在中国文学批评史上的地位和《二十四诗品》的理论价值，做出了有益的分析：

后世批评家，抱持形上文学观而对作者之关照自然与了解道渐趋注意，这种倾向可以说始于司空图；他是第一个公开声称诗是诗人了解到的具体表现这种概念的诗人。在他之前的诗人，像王维和孟浩然在诗中表现了他们对自然的关照，可是并没有公开在诗中或散文里讨论他们的实际表现。反之，司空图在题为《二十四诗品》的二十四首四言诗中表现了他的形上诗观。在每一首诗中，他以具体的意象表现出诗的"情调"或"境界"，而整组的诗可以看成对各种不同诗之风格的描写。司空图的二十四首四言诗具有一贯的基本诗观，而且经常提到诗人对自然之道的领悟。例如，在题为《自然》的一首中，他写道："俱道适往，著手成春。"换言之，假如诗人与道合一，他所写的每一物将如春天万物一般回生。又，在《豪放》一首中，司空图写道："由道反气，处得以狂。"我想这是说：诗人依道可以达到精神的自由，因而使他的诗在风格上"豪放"……

刘若愚先生还在第五章就"审美主义和感官经验"的话题，提到司空图在《与李生论诗书》中提出的"酸咸之外"或"味外之旨"的概念，觉得"是基于文学经验与感官经验的类比，类似音乐与刺绣的类比"。在该书的第七章《实用主义的得势及其分歧》一节中，刘先生又指出："唐朝大部分时期，文学的实用概念盛行……然而，晚唐及其后五代(907-959)期间，与实用观点分歧的意见显得更普遍。"作者举出李商隐和司空图就是这一代表："他们并不是在否定'道'的道学解释，或者向文学应该宣扬'道'这种理论挑战，而只是否认得'道'的唯一方法是研读古代圣贤的作品，而阐释'道'的唯一方法是模仿他们的文字。"因为李商隐和司空图都宣称，每个人都能参与"道"，并且能自由地表现自己于作品之中。

刘若愚先生对司空图诗歌理论所做的分析与评价，不仅可以消除早期西方学者对《二十四诗品》的曲解及其影响，同时也可以促进现代西方学者对中国古代诗歌理论的重视和研究，这恰恰是刘若愚先生出版这部《中国文学理论》的一个重要意图。诚如他在该书"导语"和"结语"当中所言及与暗示的那样，他注意到了国外学人对中国文学理论的翻译与研究，远比对中国诗歌、小说、戏曲等文学作品的翻译与研究薄弱得多；而他的这部专门介绍中国文学理论的著作的出现，必将引起国外学人的注意，一并加以考虑，否则就不能再自称西方的文学为"普遍的文学理论"或者"文学"的全部，而只能是个别的或者各国的文学与批评而已了。与早期汉学家们相比，刘若愚先生显然已经具备了让中国文学理论介入到世界文学理论研究的范畴当中的自觉，难能可贵。而在他的带动下，据美国学者车淑珊女士介绍，美国已经成立了司空图的研究组织。相信随着中国与西方学术交流活动的增强，西方学者对《二十四诗品》的研究，将会有较大的开展与推动。这不能不说是刘若愚先生通过出版作品所产生的积极影响，这对汉语文学包括司空图的诗论著作在国外的研究推广，意义重大。

《二十四诗品》对我们的邻国日本的影响，也是有目共睹的。一九七五年版的《世界大百科事典》第十三卷有关于司空图的专门词条，对《二十四诗品》作为四言诗的优美韵味及其理论价值，均有较高评价。据推测，《二十四诗品》的原文，最晚应在日本江户时期（1603-1867）已经传入了这个岛国。因为到明治时期，日本学人对《二十四诗品》的研究已经取得了很大的成绩。明治三十二年（1900）出版的《作文作诗之友》杂志，应读者来信提出的"请就司空图的《二十四诗品》——加以举例说明"的要求，刊出了著名汉学家岩溪裳川（1852-?）和森槐南（1863-1911）撰写的既有见解更有趣味的鉴赏文章《二十四诗品举例》。比如对《纤秾》一品，岩溪裳川举诗人贾至的《春思》："草色青青柳色黄，桃花历乱李花香。东风不为吹愁去，春日偏能惹恨长。"森槐南品评道："'纤'字在'纤仄''纤靡'等熟语中，一般都含贬义。但须知此处的'纤'字是细致之意，指美之至者，故'采采流水，蓬蓬远春'，'乘之愈往，识之愈真'，无不成为渔洋（王士禛）主张的神韵之极诣。常建诗：'雨歇杨林东渡头，永和三日荡轻舟。故人家在桃花岸，直到门前溪水流。'岂不胜于草色、柳色、桃花、李花这种刻意雕琢的'小刀细工'吗？"岩溪裳川不同意森槐南这一品评，辩驳道："我开始也是选的常建的《三日寻李九庄》，但细读之后，觉得与《纤秾》这个品题并不相符，所以才改选本篇。此诗点出草色、柳色、桃花、李花，细致秾丽到了极点，其渲染之妙正在此处；且三四句中别出新意，恰与'如将不尽，与古为新'的话相合。'雨歇'一诗是清丽而不是纤秾。'小刀细工'可谓酷评，但即使目为'小刀细工'，论"纤秾"仍在此篇。如不论诗的巧拙，只论其是否适合品题，则评者（指森槐南）的意见实不敢苟同。"

一九七三年，日本汉学家高松亨明对这篇文章校勘整理后，以《二十四诗品举例与二十四诗品解（附：二十四诗品校勘)》为题发表于日本弘前大学《文化纪要》第七号。近年来，日本还陆续发表了太田兵三郎的《诗的风格与司空图的〈二十四诗品〉》、船津富彦的《论司空图的"酸咸之外"》等论文，以及高松亨明的专著《诗品详解》等。

此外，朝鲜的汉学家车柱环也曾在《亚细亚研究》上刊发了研究文章《司空图的诗观》。

这期间，国内学者杨宪益、戴乃迭所译《二十四诗品》之英译文以及吴调公、王润华等先生所撰研究《二十四诗品》的论文英译文，也见诸英文版《中国文学》等刊物，它们对西方学者进一步了解与研究司空图的诗歌创作的艺术理论，无疑都会起到积极的推动作用。

《二十四诗品》在中国文学批评史上的地位

历代学人对司空图《二十四诗品》的认识，不但有一个从隐到显、从湮没无名到明确为司空图著述的过程，更有对以《二十四诗品》为代表的独树一帜的诗论思想由浅入深、逐渐抬高的领会、理解到推崇、发展的过程。当然，也有一个于再批评的理论检验当中，一步步奠定了它在中国文学批评史上不可取代之重要地位的过程。而这个认识与批评的开始，应该始自晚清时期由夏曾佑、谭嗣同、梁启超倡导的"诗界革命"之后。代表性的观点，可以魏源、梁章钜、潘德舆等为代表，比如：

> 自《昭明文选》专取藻翰，李善《选注》专诂名象，不问诗
> 人所言何志，而诗教一敝；自钟嵘、司空图、严沧浪有《诗品》、
> 诗话之学，专揣于音节风调，不问诗人所言何志，而诗教再敝。

而欲其兴会萧瑟嵯峨，有古诗之意，其可得哉！

——魏源《诗比兴笺序》

司空表圣《诗品》，但以隽词标举兴象，而诗家之利病，实无所发明，于作诗者之心思，亦无所触发。近袁简斋作《续书品》三十二首，乃真学诗之准绳，不可不读。

——梁章钜《退庵随笔》

嵘之品评颠倒，前人多已论及。表圣《二十四诗品》，今古脍炙，然文词致佳而名目琐碎，"高古""疏野""旷达""清奇""超诣"亦大概相似耳。

——潘德舆《养一斋诗话》卷一

这些观点，均以反对传统诗教为理论前提，看似有其一定的道理，但又经不起细究。比如潘德舆所举自认为"大概相似"的司空图数个品目，并非大概相似，故而这些批评终究未能为诗界所接受。

参照祖保泉先生在《司空图诗文研究》一书《司空图在中国文学史、文学批评史上的地位》一章的梳理，笔者发现，在早期文学史编著者眼中，司空图也有一个由诗人逐渐向诗论家身份转换的过程。《二十四诗品》也曾经只作为一组诗作来介绍。

比如由清末"东吴大学堂"教员黄人所撰《中国文学史》教材，可谓是中国文学史的开山之作，其中对司空图只作为唐代诗人予以介绍。民国初年的谢无量于一九一八年出版的《中国大文学史》，虽然在晚唐文学章节中专列"司空图与方干"，但仍然只是介绍二人以格律为诗是源自张籍、贾岛和姚合，进步之处，在于随后录入《与李生论诗书》，节选《与王驾评诗书》，并提到"著《诗品二十四则》，当时传之"。二十世纪三十年代末至四十年代初，由钱基博编著的《中国文学史》流传学界，该书于晚唐文学章节中虽然第一次录入了《诗品》，还有《与李生论诗书》，同时还录入司空图其他诗作多首，但仍然以诗人的角度介绍司空图的诗作"秀丽疏朗，辞简而韵流，不为贾长江之蹇涩，亦异白香山之率易。"

及至新中国成立后，文学史编著者对司空图的诗论家成就的关注度日益提升。比如二十世纪六十年代初问世的刘大杰《中国文学发展史》第十五章述及司空图时，在引用《诗品》《与李生论诗书》后，又具体评论道："书中虽言'诗贯六义'，首标讽谕，而实只谈韵味。他的《诗品》正是以这种精神为基础的。"值得特别肯定的一点，在于作者指明了《诗品》与司空图其他论诗杂著之间有着精神上的内在关系。

一九六三年由中国科学院文学研究所编写的《中国文学史》中，在"唐末诗人"部分第三节论及司空图时，首先肯定他"用新鲜的形象来衬托或比拟"的"比喻手法达到了极点"。又指出他通过《诗品》《与李生论诗书》阐述、体现出来的"韵外之致""味外之旨""象外之象，景外之景"等意境说，"这就是刘勰所谓的'隐秀'"，并明确论断"他在文学史上的地位主要由于他的诗歌理论"，颇有见地。

而由游国恩等五人主编、一九六三年出版的《中国文学史》，针对《与李生论诗书》提出的"辨味""味外味"观点，则明显带有一定的评骘态度了。文中首先指出司空图之论，是对钟嵘滋味说观点的片面发展。其次又指出："他的《诗品》，主要是发挥他的'韵味'论的……他的诗论，后来经过宋代严羽、清代王士禛等人的发挥，对后代的批评和创作发生了不少的消极影响。"

二十世纪二十年代末至四十年代前期，一批中国文学批评史方面的著作陆续出版，由此标志着中国文学批评史学科的建立。由于这批著作大都论及了《诗品》，因此也标志着现代《诗品》研究的正式开始。那么司空图在文学批评史上的地位到底又会是怎样的呢？

一九二七年由陈钟凡编著出版、作为我国第一部《中国文学批评史》，在"晚唐文平（评）"中，列出"尚格律""重神味"两条，主要转述《四库全书》的提要，指出真出司空图之手的《二十四诗品》"所列诸体毕备，不主一格，盖深得诗理者也"。又评《与李生论诗书》"盖重神味，贵乎弦外之余音也"。

一九三四年由方孝岳编著的《中国文学批评》对司空图的《诗品》《与李生论诗书》《与王驾评诗书》总评道："大体看来，似乎他主张兼信众美；但其实他是爱好风神。举出王右丞、韦苏州之澄淡精致，正和王士祯是有同样的欣赏。"

同样是在一九三四年，被视为中国文学批评史奠基之作的《中国文学批评史》，由郭绍虞编著出版；一九五五年再版后，又于一九五九年改写更名为《中国古典文学理论批评史》（上册）。该书以"司空图《诗品》"或"司空图《诗品》及其渊源"的专节，对司空图的诗论著作《诗品》进行论述时，皆指出：

> 唐代诗论……有诗佛一派的诗论。假使我们依照旧说，称李白为诗仙，杜甫为诗圣，而再以王维为诗佛，那么……诗仙、诗圣都还有论诗的见解，而独在诗佛则不落言诠，没有在这方面表示什么意见。……王维虽不讲，自会有代言人的。较早的代言人是僧皎然，较后的是司空图。

我们从改写本专节的具体子题目上，已经清楚地领略到作者的评论要旨是较为全面的：如"诗品不即不离的说明方式""诗的风格""禅与味""形象化的比拟""中晚唐诗风与诗品""二十四诗品""韵味""诗式与诗品的分别""韵味与兴象的分别""司空图的诗与其诗论"等。郭绍虞对司空图的诗论，最后这样总体评价道：

司空图已看到事无可为，安于耐辱，甘于休休，而结果却出以无力的反抗，这正可看出封建时代一些知识分子无可避免地局限性。不过，独善其身的总较随波逐流的好一些，无可奈何而只能退隐自遣的也总比四大皆空看破一切的要高一些。……司空图还是提出"诗贯六义"的主张，和皎然的论点毕竟有些分别。从这样来理解《诗品》和司空图的诗论，就不能粗暴地称为反现实主义的了。……对于诗佛之诗和他一派的诗论，也就不应做过低的评价。

祖保泉先生特别指出："在以阶级斗争为纲的年代里，郭先生能如此评价司空图，算是有独立见解的，有胆识的。"

一九四三年，朱东润编著的《中国文学批评史大纲》问世，该书将《司空图诗论综述》收入其中，并将二十四个品目进行分类，用以明示司空图所讨论到的五个方面的问题：

1.论诗人之生活：疏野　旷达　冲淡

2.论诗人之思想：高古　超诣

3.论诗人与自然之机关：自然　精神

4.论作品的阴柔之美：典雅　沉着　清奇　飘逸　绮丽　纤
秾轮作品的阳刚之美：雄浑　悲慨　豪放　劲健

5.论作法：缜密　委曲　实境　洗炼　流动　含蓄　形容

作者继而论述道：

盛唐诗人身处太平之时，胸中之趣，自有得于意言之表者。元白之时，天下大乱，发而为新乐府，讥刺讽谏，犹冀得邀当局之垂听，谋现状之改进。及于表圣，时则大乱已成，哀歌楚调，同为无补，于是抹杀现实而另造一诗人之幻境，以之自遣，《二十四诗品》之作，盖以此也。

朱先生之论，笔者以为颇为贴切，也阐明了司空图的这部品鉴之作，并非只是为艺术而艺术地片面强调玄虚缥缈之诗境，而是如明人胡震亨对司空图诗作的感受："读其诗，当知其意中别有一事在。"也就是说，诗人以自己要求的含蓄的艺术表达手法，在诗作（包括《二十四诗品》）中，蕴含了太多难以言说的"味外之旨"。从这个角度而言，笔者以为朱东润先生对这部作品的理解，还是显得有所偏狭，甚至有望文生义之嫌。因为单就诗人的生活与思想而言，不会仅限于他所列的几品当中，可以说是隐含在所有的品目当中。所以作为后来者，我们应该更多地结合传主的生平故事，更加深入地品味解读蕴含其中的无限深意。

一九四五年，罗根泽出版《中国文学批评史（二）》。他在第五章《诗品及本事诗》中论及司空图的子目为："司空图的志业""诗境的建立""二十四诗品""比喻的品题及其来源""文字以外的风格""文人诗与诗人之文"。论及《二十四诗品》时作者指出："（司空图）不过是以比喻的品题方法，对二十四种独立的诗境，提示其意趣，形容其风格而已。"这不啻是对"脉络"说、"伦比"说的驳论，值得注意。论及"比喻的品题及其来源"，作者又指出，魏晋六朝品题人物已启其端，"到唐代，这种品题的方法更盛行"。作者通过引证进一步指出，相对于张说和皇甫湜"不过是偶然的借此评文，司空图则是用此以全力说诗。因此这种方法能在文学批评史上取得地位，仍是司空图的功绩"。论及司空图文人为诗、诗人为文，好的作品一定别有风味的观点，指出与柳宗元的"兹二者，考其旨义，乖离不合，故秉笔之士，恒偏胜而罕有兼者焉"看法的不同。其实就创作实践而言，根据作者的兴趣爱好与禀赋潜质的差异，既可以有

"偏胜者"，亦可以有"全胜者"，似乎不可一概而论吧。

一九六二年出版面世的黄海章编著的《中国文学批评简史》，在专列的"司空图"一节当中，以作家思想内容对作品艺术表现风格形成之间的必然关系立论，可以说是秉承了朱东润先生的观点，并进一步引申出更具本质意义的深刻见识：

> 这些境界，都形容得颇为恰当。它的本身，也就是富有美感的四言诗，这是他的一个优点。但是风格的形成，是不能离开作者的思想内容的。譬如雄浑、豪放、劲健的风格，是由于作者本身具有这样的思想感情，然后能写成具有这样风格的诗篇。……离开思想内容而谈风格，必然令人不可捉摸。
>
> 至于推究作者思想感情产生的根源，又必然涉及作者所处的社会环境，生活遭遇，创作道路等等。司空图离开具体内容，抽象地来谈这些境界，必然会走上唯心主义的道路。

由复旦大学中文系古典文学教研组编著、一九六四年出版的《中国文学批评史》第三编第四章"唐代晚期和五代的文学批评"中，第二节专列"司空图及其他"，并在论及《二十四诗品》的时候，特别指明"韵外之致""味外之旨"的观点留在这部作品当中的明显迹象，并由此证明，《二十四诗品》和司空图的其他一些文学论文的基本思想倾向是一致的，显示出有别于众家的见识：

> 从表面上看，似乎司空图对这些不同的风格和意境一例加以赞美，无所轩轾；但事实上，司空图论诗强调"韵外之致""味外之旨"和重视王维、韦应物一派的主张，也在《二十四诗品》中留有明显的迹象。如论《雄浑》说："超以象外，得其环中。"

论《冲淡》说：“遇之匪深，即之愈希。”论《高古》说：“虚伫神素，脱然畦封。”论《含蓄》说：“不著一字，尽得风流。”论《缜密》说：“是有真迹，如不可知。”论《委曲》说：“似往已回，如幽匪藏。”论《超诣》说：“远引若至，临之已非。”论《飘逸》说：“如不可执，如将有闻。”论《流动》说：“超超神明，返返冥无。”这里所描述的境界，都是若即若离、“可望而不可置于眉睫之前”的，也就是司空图所宣传的“象外之象”“景外之景”“韵外之致”“味外之旨”的主张的具体描述。

敏泽在一九八一年出版的《中国文学理论批评史》中，既肯定司空图于《二十四诗品》中所列举的具体品目，正代表着“他对诗的风格、境界的看法和划分”，又批驳了清代若干《二十四诗品》研究者“牵强附会地把它说成是一部严密的诗学分类，是毫无任何根据的”。作者最独到的见解，则在于他认为：

> 在诗文评里，最早提出“神韵”的，却始自司空图。神韵的含义很多，但主要的一点是要求传神，如元人杨维桢所说的“传神者，气韵生动是也”。

到了一九八七年，成复旺、黄葆真、蔡钟翔合著的《中国文学理论史》，则从哲学的角度，对《二十四诗品》提出不同的看法：

> 风格就是人格，任何以诗名家的人，都有自己独特的风格，自然二十四则难尽其品，至于《诗品》二十四则，本来就不是专谈风格的，它是以诗的形式写成的诗的美学。

作者们以此为准绳，沿波讨源地诠释了司空图通过其诗论作品提出的一些艺术哲学概念，诸如"道""素""意""象""意象""韵""味""韵味"等，并将描绘诗的意境、风格的《二十四诗品》归纳为"素美、壮美、华美"三个范畴——

素美：《冲淡》《沉着》《高古》《洗炼》《自然》《含蓄》《疏野》《清奇》《实境》《超诣》《飘逸》《旷达》十三则，并曰："素美的内容是美、幽、淡、雅。"

壮美：《雄浑》《劲健》《豪放》《悲慨》《流动》五则。并曰："一是意象雄伟、二是气势豪迈、三是劲健有力、四是慷慨悲愤。"

华美：《纤秾》《绮丽》《精神》《缜密》《委曲》《形容》六则。并曰："华美的特点是以人的感官所获得的直接经验为基础，通过对客观事物的声、色、嗅、味的细腻描述，来激发人的愉悦之情，使人获得美的享受。"

一九九五年出版的由张少康、刘三富合著的《中国文学理论批评发展史（上）》，通过对司空图论诗作品的论述，可以视作有关司空图诗论研究的阶段性综合小结。首先，作者有论有史地简要指出，"象外之象""景外之景"皆是虚境：

这个虚境不是平面画像，而是一个立体的空间，艺术的空间，它可以让读者把自己的想象和创造纳入其中，从而使它更充实，更丰富。这正是对王昌龄的诗境论、皎然的情境论、刘禹锡的境生象外论的进一步发展，也是对唐代诗歌意境论的一个总结。

司空图的诗歌理论主要是对陶渊明、王维一派山水田园诗艺术创作经验的总结。……这一派诗歌在创作方法上受道家、玄学、佛教的超绝言象论影响很深，把"言不尽意""意为言筌"具体运用到山水田园诗的创作中。

　　其次，作者还引述清人温汝能所辑《陶诗汇评》评"采菊"两句"境在寰中，神游象外"，认为它们可以用来概括整个陶诗的艺术特征，也可以用来阐释王维的《辋川集》、王昌龄的《芙蓉楼送辛渐》、李白的《玉阶怨》之类的诗，并继续论述道：

　　　　司空图有关诗歌意境创造及其审美特征的论述，对整个诗歌创作和诗歌理论批评的发展，都具有深远的意义和重大的影响。

　　总之，《二十四诗品》所描绘的二十四种不同的诗境，在思想内容和艺术表现方面，都有共同的特征。它们都是老庄的精神境界和理想人格在具有"象外之象、景外之景""韵外之致""味外之旨"的诗歌意境中的体现。这两者的高度和谐统一，和司空图提出的"思与境偕"是一致的，这也正是诗家所竭力追求的目标。

　　综上所述，我们不难看出，司空图在中国文学批评史上有着越来越显著的地位。他所提出的诗歌创作论、鉴赏论，愈来愈受到重视。而《二十四诗品》所显示的诗的风格、意境论，也确实是古典文学批评理论发展的一个重要里程碑。它必将以其独到的常读常新、韵味无穷的艺术意象，吸引一代代读者跟随诗人超绝不群的艺术想象力，尝试着进行艺术意象的再创造、再研究，以求获得更加丰富玄妙的无限诗意，企及栖居我们的精神与灵魂的艺术境界。

附录二 司空图传记五种汇编

王禹偁《五代史阙文·司空图传》

　　图，字表圣，自言泗州人，少有俊才。咸通中，一举登进士第。雅好为文，躁于进取，颇自矜伐，端士鄙之。初，从事使府，洎登朝，骤历清要。巢贼之乱，车驾播迁，图有先人旧业在中条山，极林泉之美。图自礼部员外郎因避地焉，日以诗酒自娱。属天下版荡，士人多往依之，互相推奖，由是声名藉甚。昭宗反正，以户部侍郎征至京师。图既负才慢世，谓己当为宰辅，时要恶之，稍抑其锐。图愤愤，谢病复归中条。与人书疏，不名官位，但称知非子，又称耐辱居士。其所居在祯贻溪上，结茅屋，命曰休休亭，尝自为《亭记》云。（以上《梁史》旧文）

　　臣谨按：图，河中虞乡人。少有文采，未为乡里所称。会王凝自尚书郎出为绛州（据考证为"同州"之误）刺史，图以文谒之，大为凝所赏叹，由是知名。未几，凝入知制诰，迁中书舍人知贡举，擢图上第。顷之，凝出为宣州观察使，辟图为从事。既渡江，御史府奏图监察，下诏追之。图感凝知己之恩，不忍轻离幕府，满百日不赴阙，为台司所劾，遂以本官分司。久之，征拜礼部员外郎，俄知制诰。故集中有文曰："恋恩稽命，黜系洛师，于今十年，方忝纶阁。"此岂躁于进取者耶！旧史不详，一至于是。图见唐政多僻，中官用事，知天下必乱，即弃官归中条山。寻以中书舍人征，又拜礼部、户部侍郎，皆不起。及昭宗播迁华下，图以密迩乘舆，即时奔问，复归还山。故其诗曰："多病形容五十三，谁怜借笏趋朝参。"此岂有意乎相位耶！河中节度使王重荣请图撰碑，得绢数千匹，图致于虞乡市中，恣乡人所取，一日而尽。是时盗贼充斥，独不入王官谷，河中士人依图避难，获全者甚众。昭宗东迁，又以兵部侍郎召至洛下，为柳璨所沮，一谢而退。梁祖受禅，以礼部尚书征，辞以老病，卒时年八十余。

臣又按：梁室大臣如恭翔、李振、杜晓、汤涉等，皆唐朝旧族，本以忠义立身，重侯累将，三百余年，一旦委质朱梁，其甚者赞成弑逆，唯图以清直避世，终身不仕梁祖。故《梁史》指图小瑕，以泯大节者，良有以也。

裴晋公赴敌淮西，题名华岳之阙门，大顺中，图以一绝纪之云："岳前大队赴淮西，从此中原息鼓鼙。石阙莫教苔藓上，分明认取晋公题。"题休休亭之楹曰："咄，诺！休休休，莫莫莫！伎两虽多性灵恶，赖是长教闲处著。休休休，莫莫莫！一局棋，一炉药，天意时情且料度。白日偏催快活人，黄金难买堪骑鹤。若曰尔何能？答言耐辱莫。"柳璨为相，臣僚多被放逐，图为监察御史，尤加畏慎。昭宗郊礼毕，上章恳乞致仕曰：察臣本意，非为官荣，可验衰羸，庶全名节。上特赐归山，其诏略曰：既养高以傲世，类移山而钓名。心惟乐于漱流，仕非颛于食禄。匪夷匪惠，特忘公正之朝；载省载思，当徇遁栖之志。宜放归中条山。诏辞，乃璨之文也。时多以四皓、二疏誉之。唯僧虚中云："道装汀鹤识，春醉野人扶。"言其操履检身，非傲世者也。又云："有时开御札，特地挂朝衣。"，言其尊戴存诚，非邀君也。

（参考宋计有功《唐诗纪事》卷六十三司空图条、《四库全书》本《史部》五）王禹偁《五代史阙文》互校）

《旧唐书·司空图传》

司空图字表圣，本临淮人。曾祖遂，密令。祖象，水部郎中。父舆，精史术。大中初，户部侍郎卢弘正领盐铁，奏舆为安邑两池榷盐使、检校司封郎中。先是，盐法条例疏阔，吏多犯禁；舆乃特定新法十条奏之，至今以为便。入朝为司门员外郎，迁户部郎中，卒。

图，咸通十年登进士第，主司王凝于进士中尤奇之。凝左授商州刺史，图请从之，凝加器重，洎廉问宣歙，辟为上客。召拜殿中侍御史，以赴阙迟留，责授光禄寺主簿，分司东都。乾符六年，宰相卢携罢免，以宾客分司，图与之游，携嘉其高节，厚礼之。尝过图舍，手题于壁曰："姓氏司空贵，官班御史卑。老夫如且在，不用念屯奇。"明年，携复入朝，路由陕虢，谓陕帅卢渥曰："司空御史，高士也，公其厚之。"渥即日奏为宾佐。其年，携复知政事，召图为礼部员外郎，赐绯鱼袋，迁本司郎中。其年冬，巢贼犯京师，天子出幸，图从之不及，乃退还河中。时故相王徽亦在蒲，待图颇厚。数年，徽受诏镇潞，乃表图为副使，徽不赴镇而止。僖宗自蜀还，次凤翔，召图知制诰，寻正拜中书舍人。其年僖宗出幸宝鸡，复从之不及，退还河中。

龙纪初，复召拜舍人，未几又以疾辞。河北乱，乃寓居华阴。景福中，又以谏议大夫征。时朝廷微弱，纪纲大坏，图自深唯出不如处，移疾不起。乾宁中，又以户部侍郎征，一至阙廷致谢，数日乞还山，许之。昭宗在华，征拜兵部侍郎，称足疾不任趋拜，致章谢之而已。昭宗迁洛，鼎欲归梁，柳璨希贼旨，陷害旧族，诏图入朝。图惧见诛，力疾至洛阳，谒见之日，堕笏失仪，旨趣极野。璨知不可屈，诏曰："司空图俊造登科，朱紫升籍，既养高以傲代，类移山以钓名，心唯乐于漱流，任非专于禄食。匪夷匪惠，难居公正之朝；载省载思，当徇栖衡之志。可放还山。"

图有先人别墅在中条山之王官谷，泉石林亭，颇称幽栖之趣。自考槃高卧，日与名僧高士游咏其中。晚年为文，尤事放达，尝拟白居易《醉吟传》为《休休亭记》曰：

司空氏祯贻溪之休休亭，本名濯缨亭，为陕军所焚。天复癸亥岁，复葺于坏垣之中，乃更名曰休休。休，休也，美也，既休而具美存焉。盖量其才一宜休，揣其分二宜休，耄且聩三宜休。又少而惰，长而率，老而迂，是三者皆非济时之用，又宜休也。尚虑多难不能自信，既而昼寝，遇二僧谓予曰："吾尝为汝师。汝昔矫于道，锐而不固，为利欲之所拘，幸悟而悔，将复从我于是溪耳！且汝虽退，亦尝为匪人之所嫉，宜耐辱自警，庶保其终始，与靖节、醉吟第其品级于千载之下，复何求哉！"因为《耐辱居士歌》，题于东北楹曰："咄咄，休休休，莫莫莫，伎俩虽多性灵恶，赖是长教闲处着。休休休，莫莫莫，一局棋，一炉药，天意时情可料度。白日偏催快活人，黄金难买堪骑鹤。若曰：'尔何能？'答云：'耐辱莫。'"

其诡激啸傲，多此类也。

图既脱柳璨之祸还山，乃预为寿藏终制。故人来者，引之圹中，赋诗对酌。人或难色，图规之曰："达人大观，幽显一致，非止暂游此中。公

286

何不广哉！"图布衣鸠杖，出则以女家人鸾台自随。岁时村社雩祭祠祷，鼓舞会集，图必造之，与野老同席，曾无傲色。王重荣父子兄弟尤重之，伏腊馈遗，不绝于途。唐祚亡之明年，闻辉王遇弑于济阴，不怿而疾，数日卒，时年七十二。有文集三十卷。

图无子，以其甥荷为嗣。荷官至永州刺史。以甥为嗣，尝为御史所弹，昭宗不之责。

（录自《旧唐书》卷一百九十下《文苑》下）

《新唐书·司空图传》

司空图字表圣，河中虞乡人。父舆，有风干。当大中时，卢弘止管盐铁，表为安邑两池榷盐使。先是，法疏阔，吏轻触禁，舆为立约数十条，莫不以为宜。以劳再迁户部郎中。

图，咸通末擢进士，礼部侍郎王凝特所奖待，俄而凝坐法贬商州，图感知己，往从之。凝起拜宣歙观察使，乃辟置幕府。召为殿中侍御史，不忍去凝府，台劾，左迁光禄寺主簿，分司东都。卢携以故宰相居洛，嘉图节，常与游。携还朝，过陕虢，属于观察使卢渥曰："司空御史，高士也。"渥即表为僚佐。会携复执政，召拜礼部员外郎，寻迁郎中。黄巢陷长安，将奔，不得前。图弟有奴段章者，陷贼，执图手曰："我所主张将军喜下士，可往见之，无虚死沟中。"图不肯往，章泣下。遂奔咸阳，间关至河中。僖宗次凤翔，即行在拜知制诰，迁中书舍人。后狩宝鸡，不获从，又还河中。龙纪初，复拜旧官，以疾解。景福中，拜谏议大夫，不赴。后再以户部侍郎召，身谢阙下，数日即引去。昭宗在华，召拜兵部侍郎，以足疾固自乞。会迁洛阳，柳璨希贼臣意，诛天下才望，助丧王室，诏图入朝，图阳堕笏，趣意野耄。璨知无意于世，乃听还。

图本居中条山王官谷，有先人田，遂隐不出。作亭观素室，悉图唐兴节士文人。名亭曰休休，作文以见志曰："休，美也，既休而美具。故量才，一宜休；揣分，二宜休；耄而聩，三宜休；又少也堕，长也率，老也迂，三者非济时用，则又宜休。"因自目为耐辱居士。其言诡激不常，以免当时祸灾云。豫为冢棺，遇胜日，引客坐圹中赋诗，酌酒裴回。客或难之，图曰："君何不广邪？生死一致，吾宁暂游此中哉！"每岁时，祠祷鼓舞，图与闾里耆老相乐。王重荣父子雅重之，数馈遗，弗受。尝为作碑，赠绢数千，图置虞乡市，人得取之，一日尽。时寇盗所过残暴，独不入王官谷，士人依以避难。

朱全忠已篡，召为礼部尚书，不起。哀帝弑，图闻，不食而卒，年七十二。图无子，以甥为嗣，尝为御史所劾，昭宗不责也。

（录自《新唐书》卷一百九十四《卓行传》）

《唐才子传·司空图传》

图，字表圣，河中人也。父舆，大中时为商州刺史。图，咸通十年归仁绍榜进士。主司王凝初典绛州，图时方应举，自别墅到郡上谒，去，阍吏遽申司空秀才出郭门。后复入郭访亲知，即不造郡斋。公谓其尊敬，愈重之。及知贡举，图第四人捷，同年鄙薄者谤曰："此司徒空得一名也。"公颇闻，因宴全榜，宣言曰："凝叨忝文柄，今年榜贴，专为司空先辈一人而已。"由是名益振。

未几，凝为宣歙观察使，辟置幕府。召拜殿中侍御史，不忍去凝府，台劾，左迁光禄寺主簿。卢相携还朝，过陕虢，访图，深爱重，留诗曰："氏族司空贵，官班御史雄。老夫如且在，未可叹途穷。"就属于观察使卢渥曰："司空御史，高士也。"渥遂表为僚佐。携执政，召拜礼部员外郎，寻迁郎中。丁黄巢乱，间关至河中。僖宗次凤翔，知制诰、中书舍人。景福中，拜谏议大夫，不赴。昭宗在华州，召为兵部侍郎，以足疾自乞，听还。

图家本中条山王官谷，有先人田庐，遂隐不出，作亭榭素室，悉画唐兴节士文人像。尝曰："其宦情萧索，百事无能。量才，一宜休；揣分，二宜休；耄而聩，三宜休。"遂名其亭曰"三休"。作文以伸志，自号"知非子""耐辱居士"。言涉诡激不常，欲免当时之祸。

初以风雨夜得古宝剑，惨淡精灵，尝佩出入。性苦吟，举笔缘兴，几千万篇。自致于绳检之外，豫置冢棺，遇胜日引客坐圹中，赋诗酌酒，沾醉高歌。客有难者，曰："君何不广耶！生死一致，吾宁暂游此中哉。"岁时祠祷，与闾里父老鼓舞相乐。时寇盗所过薰粉，独不入谷中，知图贤，如古王蠋也。士民依以避难。

后闻哀帝遇弑，不食扼腕，呕血数升而卒，年七十有二。先撰自为文于濯缨亭一鸣窗，今有《一鸣集》三十卷，行于世。

（录自《唐才子传校笺》卷八，参校以日本五山本、正保本、《四库全书》本）

《宣和书谱·司空图小传》

司空图字表圣，河中虞乡人。咸通末擢进士第，迁中书舍人，召拜兵部侍郎，以足疾固辞。居中条山王官谷，名其亭曰休休。作文以见志，以谓量才一宜休，揣分二宜休，耄而聩三宜休，自号为耐辱居士。其父舆得徐浩真迹一屏题"朔风动秋草，边马有归心"，尤为精绝。舆遂于基下记云："怒猊抉石，渴骥奔泉，可以视《碧落》矣。"因以戒图曰："儒家之宝，莫逾此屏。"图后为之志曰："人之格状或峻，则其心必劲，视其笔迹，可以见其人。"于是知图之于书非浅浅者。及观其《赠眘光草书歌》，于行书尤妙知笔意。史复称其志节凛凛与秋霜争严，考其书，抑又足见其高致云。今御府所藏行书二：《赠眘光草书歌》《赠眘光草书诗》。

（录自《宣和书谱》卷九司空图条）

司空图年谱

　　本年谱参照《旧唐书·司空图传》《新唐书·司空图传》《司空表圣文集》《全唐文·司空图文集》、陶天礼《司空图年谱汇考》、祖保泉《司空图诗文研究》、王步高《司空图评传》等资料整理而成。年龄仍遵循传统虚岁计算。

唐文宗李昂开成二年（837）七月二十七日 一岁

　　《旧唐书》本传记述司空图为临淮人（明嘉靖十八年〈1539〉绍兴人闻人诠校刻的《旧唐书》本传作"本临淄人"，实为讹误，后《四库全书》本、《四库备要》本、民国四年商务印书馆《影印清光绪山东通志》以及

《临淄县志》，均据此沿误），《五代史阙文》记述为泗州人，又据传主在《司空表圣文集序》（《全唐文》为《中条王官谷序》）《书屏记》《荥阳族系记序》《月下留丹灶》诸篇作品落款曾署名"泗水司空图""泗水司空氏"，考证可知司空图祖籍即今天的安徽泗县，或者是相去不远曾经是临淮治所所在地的江苏盱眙县。

据《全唐文·司空图文集》中《休休亭记》文末有关撰写此文的时间交代及落款："自开成丁巳岁七月，距今以是岁是月作是歌，亦乐天作传之年，六十七矣。……天复癸亥秋七月二十七日，耐辱居士司空图记。"似应为传主的生日纪念之作，故推测七月二十七日当为传主的具体出生日期。

据司空图《书屏记》记述："元和长庆间（806–824），先大夫初以诗师友兵部卢公载，从事于商於。"《旧唐书·文宗本纪下》记载："开成三年（838）二月辛亥，左丞卢载为同州防御使。"又据王学文《〈卢载墓志〉及其妻〈郑氏墓志〉考释》一文考证，卢载既以正四品上的尚书左丞升擢至从三品的同州防御使，那他任职正四品下的商州刺史，应早于开成三年，并在这之前，被李宗闵拔擢回京任职。司空图父司空舆亦有可能于开成三年之前，跟随卢载一同返回了长安。

另司空图本传记述其祖父司空象位终水部郎中，是朝廷六部之一工部的从六品上的官员。又据司空图《司空表圣文集序》中所叙亡舅刘权所撰《赞祖彭城公中兴事》一书，知其外祖父刘潼乃"安史之乱"后唐代宗李豫时期的著名理财宰相刘晏之孙。在《新唐书·刘晏传》后面所附的刘宗经儿子《刘濛传》中，记述刘晏的次子刘宗经最后官至给事中、华州刺史。儿子刘濛字仁泽，举进士后，因才干出众，很快升迁到度支郎中的职位上。后又得到宰相李德裕的赏识，在会昌初年（841）被提拔为给事中。

依据以上家族背景和父亲与外祖父可能在京城为官的条件，推论司空图的出生地在京城长安的可能性较大。

唐武宗李炎会昌四年（844）－会昌六年（846）八至十岁

司空舆于本年自江西转任河东道盐铁处巡院之职，约于是年"卜居"虞乡县城。会昌五年八月至会昌六年三月间，发生唐武宗下诏灭佛事件，司空舆购置王官谷别业。

司空图及家人，有可能于司空舆"卜居"虞乡至购置王官谷别业期间，举家迁居虞乡县。

唐宣宗李忱大中年间（847-860）十一至二十四岁

司空图与诗人卢献卿交往，直至卢献卿病逝湖南。

又据司空图外祖父刘濛会昌四年至会昌六年间（844-846）担任巡边使，负责与节度使团练使商议防守黄河、湟水一带的边防事务以及宣慰灵夏以北党项使等职责，大中三年至五年（849-851）又担任供军使，判度支河、湟军案。

司空图可能于这期间随外祖父同往，作《河湟有感》。

唐懿宗李漼咸通四年（863）二十七岁

朝廷诏命司空图叔外祖父刘潼为太原尹、北都留守、御史大夫、河东节度使。

司空图于是年或稍后期间，前往叔外祖父治所"龙城"太原，并转赴辖区内的隋城边关重地，了解边塞将士的守边生活，作《塞上》。

唐懿宗李漼咸通五年（864）二十八岁

夏侯孜于本年十一月以同平章事出为河中节度使。

司空图于本年或稍后，给夏侯孜呈递《上谯公书》。并为应举进士，先后作《将儒》《铭秦坑》《辩楚刑》《连珠》《春愁赋》《效陈拾遗子昂感遇》三首以及《自戒》诗等。

咸通七年（866）三十岁

十月，安南都护、本官经略招讨使高骈收复安南都护府。唐懿宗为了奖励夏侯孜知人善任，诏命他安排碑文撰写，以示表彰。

司空图承担并完成《复安南碑》的撰写。

可能是夏侯孜的引荐，本年秋七月，司空图前往河西同州拜见防御使王凝。撰《太原王公同州修堰记》。

另有学人据相关史料推论司空图本年曾参加进士考试，落榜，并以所作《榜下》为证；亦有学人据相关史料研判司空图本年并未参加进士考试，并以此诗为司空图咸通十年考中进士之作。

咸通九年（868）三十二岁

王凝被唐懿宗征拜礼部侍郎，知贡举，主持咸通十年进士考试。

本年秋冬，司空图前往长安准备参加考试。

咸通十年（869）三十三岁

司空图于正月参加尚书省组织的进士试，并在状元归仁绍之后，以第四名高中。随后发生同榜进士诽谤司空图乃"司徒空"，王凝特意声明本年招考特为司空图一人的事件。

司空图应考前后，先后作《省试》《榜下》诗，描述和表达了应试与一举高中的心情。随后又撰《与惠生书》，畅谈治理时弊的策略，抒发治国抱负。

司空图雇佣自我推荐的段章作为马夫，于初夏返回家乡。

咸通十二年（871）三十五岁

王凝因主持考试得罪权臣，被贬为商州刺史。

唐后期规定，新科进士必须待职三年才可任官。司空图未等朝廷任官，主动追随王凝前往商州做从事。作《商山二首》。

咸通十三年（872）三十六岁

王凝升任检校右散骑常侍、潭州刺史、湖南团练观察使。

司空图继续追随王凝，作《松滋渡》《武陵路》《浐阳渡》等。

咸通十四年（873）三十七岁

是年七月十八日唐懿宗驾崩，唐僖宗即位，诏王凝兵部侍郎，未及又加派盐铁转运使之职。

司空图亦应随王凝返回长安。

咸通十五年唐僖宗李儇乾符元年（874） 三十八岁

据《吕祖年谱海山奇遇仙迹》第二卷记载，乾符年中（874–879），吕洞宾自河北邯郸西归河中府，准备接妻子移居终南山期间，曾遇见司空图并有诗相赠。又据《编年诗集·唐诗·卷一·吕祖仙迹与诗集》中（亦见录于吕祖《七言律诗》第八十二首）录有吕洞宾所赠诗作《时遭大乱，西归河中，移家终南，遇司空表圣归隐，书此奉赠》："当年诗价满皇都，掉臂西归是丈夫。万顷白云独自有，一枝丹桂阿谁无。闲寻渭曲渔翁引，醉上蓬峰道士扶。他日与君重际会，竹溪茅舍夜相呼。"（自注：先生隐中条，常往来渭曲莲峰。）

这首诗作，似乎证明司空图这期间回到了家乡。但是根据诗意，诗作应该作于司空图隐居华阴之后。

乾符二年（875） 三十九岁

王凝又因损害权贵利益，被贬为秘书监赴洛阳。

司空图与其他门生前往探望安慰。

乾符四年（877） 四十一岁

朝廷加王凝检校礼部尚书、按察宣、歙、池三郡之职。

王凝明确上表奏请司空图为幕僚同往。

自乾符元年（874）岁末至乾符二年（875）春六月在河南、山东相继爆发的王仙芝、黄巢农民起义，此时已席卷长江一带，宣城一带正好遇上王仙芝义军攻掠的危急情势。王凝全力抵御，暂得退兵。

司空图作《漫书五首》。

乾符五年（878） 四十二岁

王仙芝义军围攻王凝治所宣城，王凝虽率领守军百姓誓死抵抗，终于解围，但终因积劳成疾，病逝任上。

司空图为王凝撰写《唐故宣州观察使检校礼部王公行状》《纪恩门王公凝遗事》《上考功》，料理王凝后事。期间，司空图接任殿中侍御史诏命，因不忍离开抱病拒敌的恩师，没有按时赴任，被贬任东都光禄寺主簿。

是年作《顷年陪恩地赴甘棠之召感动留题》《江行二首》《洛中三首》。

乾符六年（879）四十三岁

司空图与以太子宾客谪居的前宰相卢携交往。卢携"嘉图高节"，曾在其院门前照壁上题诗一首："姓氏司空贵，官班御史卑。老夫如且在，不用念屯奇。"

一月前后，卢携被唐僖宗重新诏用为兵部尚书，十二月重登相位。

卢携年初返京途中，给陕虢观察使卢渥推荐司空图。卢渥奏请司空图为宾佐。

司空图撰《为东都敬爱寺讲律僧惠确化募雕刻律疏》。

广明元年（880）四十四岁

本年年初前后，司空图被宰相卢携召回京城，礼部员外郎，旋即又升任礼部郎中。

十二月五日，因卢携倚重的统帅高骈却玩寇自保，贻误战机，导致黄巢义军势如破竹，直逼长安，被唐僖宗再次罢免卢携，然后出逃四川。黄巢义军当日入城，卢携服毒自杀。

九日晚，司空图得到已经参加义军的旧时仆人段章帮助，逃出长安。他辗转返回虞乡家后，背负徐浩书法真迹四十二屏等重要图籍，迁居王官谷别业。

是年作《少（小）仪》《寄永嘉崔道融》《感时上卢相》《淮西》《乱前上卢相》《庚子腊月五日》《乱后三首》等诗，并撰《成均讽》（《成均赋》），为所编唐诗分类选本《擢英集》撰序文《〈擢英集〉述》。

唐室贵胄子弟李洞作《上司空员外》。

广明二年 中和元年（881）四十五岁

二月，礼部侍郎卢渥辗转来到王官谷别业，养病十余天，然后辗转奔赴成都唐僖宗行在。

年底，朝廷诏赐"前进士"司空图与右散骑常侍李潼、职方郎中孙樵"行在三绝"。

是年作《南北史感遇十首》《乱后》《避乱》《重阳山居》《秋思》《杂言》，撰《段章传》。

中和二年（882）四十六岁

本年十二月，唐僖宗诏命王徽出镇昭义节度使，王徽上表推荐司空图作为自己的节度副使，后因故未成行。

是年作《争名》。

中和三年（883）四十七岁

司空图奉敕为河中节度使王重荣撰写《解县新城碑》，后又应承王重荣所请，为其父撰《故盐州防御使王纵追述碑》文。

另作《山中》等诗。

中和四年（884）四十八岁

六月，黄巢兵败被杀，一场波及全国、长达十年的大起义以失败告终。

司空图撰《十会斋文》《迎修十会斋》等文。

中和五年 光启元年（885）四十九岁

二月初十，唐僖宗返京至凤翔，诏命司空图知制诰。抵京后又正拜司空图为中书舍人。

宦官田令孜因与河中节度使王重荣争夺河东两池盐利，大动干戈危及长安，十二月二十六日，唐僖宗再次出逃凤翔，司空图滞留京城。

司空图作《乙巳岁，愚春秋四十九，辞疾拜章，将免左掖，重阳独登上方》，记述辞职请求似未批准。还作有《寄考功王员外》《纶阁有感》《漫题》（经乱年年厌别离）等诗。

光启二年（886）五十岁

因本年十月，在长安发生邠宁节度使朱玫、凤翔节度使李昌符胁迫宰相萧遘等文武重臣拥立襄王李煴称帝事件，司空图应于僭越闹剧发生前夕，逃出长安返回王官谷。

本年曾作《丙午岁旦》《五十》等诗。

光启三年（887）五十一岁

是年春司空图回到王官谷，修缮遭毁坏的别业，重新构筑了证因、拟纶、修史、濯缨、览昭、莹心诸亭与三诏之堂和九龠之室等，撰《山居记》。另作《三贤赞并序》《李翰林写真赞》《兵部恩门王贞公赞》《观音赞并序》等"国朝至行清节文学英特之士"画像及证因亭中所供观音像赞词。

司空图编成《一鸣集》，撰序言，现以《中条王官谷序》为题收在《全唐文》卷八〇七中，民国涵芬楼四部丛刊影印版《司空表圣文集》则以《司空表圣文集序》列于卷首。

又补述父亲司空舆所著家课《照乘传》、整理亡舅刘权所撰《赞祖彭城公中兴事》、编定自己旧作《密史》等著述。

秋天曾赴洛阳参加"旧交"葬礼，有可能是故相卢携遗骨安葬仪式。作《光启丁未别山》《旅居重阳》《携仙箓九首》婉转纪念。

另外还作有《光启三年人日逢鹿》《月下留丹灶》《退栖》《修史亭二首》《山中》（"全家与我恋孤岑"）等诗。

司空图本年已以"知非子"自号。

光启四年 文德元年（888）五十二岁

二月二十一日，唐僖宗由凤翔返回长安，三月六日驾崩，皇弟寿王李杰八日柩前即位，改名晔，是为唐昭宗。

司空图作《归王官次年作》（一作《光启四年春戊申》）。

唐昭宗李晔龙纪元年（889）五十三岁

司空图被唐昭宗恢复中书舍人旧职，不久即以病请辞获准，有《乞归》诗残句为证："多病形容五十三，谁怜借笏趁朝参。"因河东节度使李克用派兵攻打昭义节度使孟方立，战事在今天的山西长治一带，距离河中府不远，局势动荡。所以司空图选择寓居华阴女婿姚颙居所，开始长达十一年亦官亦隐的寓居生活。

司空图探访恩师王凝生前隐居过的敷溪别墅，作《敷溪桥院有感》。

司空图读柳宗元《柳柳州集》，撰《题〈柳柳州集〉后》，通过评价韩愈、柳宗元等以文为诗，提出了"文人之为诗，诗人之为文"的问题，成为宋代"以文为诗"的理论源头。还第一次提出"诗味"见解，这与随后在《与李生论诗书》一文当中提出的"韵外之致""味外之旨"观点一脉相承，可探知传主这一审美观念生发与形成的过程。

作于本年的诗作还有《华阴县楼》《华下送文浦（一作蒲或涓)》《华下》（"簪冠新带步池塘"）等。

大顺元年（890）五十四岁

早春二月，司空图曾经四度到华山敷溪谷寓所下方的吴村看杏花。夏天，去华阴县城治疗眼疾，作《陈疾》。

诗友王驾考中进士。

本年还作有《华下二首》《歌者十二首》《力疾马上走笔》《白菊三首》（"人间万恨已难平"）等诗。其《华下二首》之二，关联到《唐诗纪事》和《唐才子传》中所载司空图与晚唐著名诗人郑谷的一则轶事，但杜撰的可能性偏大。

大顺二年（891）五十五岁

二月，三度出山到吴村赏杏花，并作《力疾山下吴村看杏花十九首》。

其中第十五、十六两首明显是论诗之作，诸如"亦知王大是昌龄，杜二其如律韵清"，"潘郎爱说是诗家""千载几人搜警句"等。第六首又明确言道"侬家自有麒麟阁，第一功名只赏诗"，所以说，这几首诗作是研究司空图诗论和思想的重要作品。

监修国史的丞相杜让能推荐司空图与裴庭裕、顾云、羊昭业、卢知猷、陆希声、钱翊、冯偓等大臣一起撰修唐宣宗、唐懿宗、唐僖宗三朝实录。或因病未参与。

本年作《题裴晋公华岳庙题名》，撰《说鱼》。

景福元年（892）五十六岁

唐昭宗征拜司空图做谏议大夫。司空图没有接受。奉敕为河中保国节度使王重盈撰写《太尉琅琊王公生祠碑》碑文。

为了举荐王驾和另一位青年才俊邢赏，给相关官员修书《与台丞书》。

为卢献卿《愍征赋》作注，撰《注〈愍征赋〉述》和《注〈愍征赋〉后述》，特意注明注《愍征赋》的动机，就是要把它选入《擢英集》，以实现不再"使盛时才子，翻衔泣玉之冤；异代沉魂，只掷凌云之誉"的编选初衷。

景福二年（893）五十七岁

司空图赴任户部侍郎之职，但几天后又托病辞归华阴寓所。

司空图的频繁辞官，引起布衣孙郃的不满，给他写了一封言辞激烈的批评劝进书信。司空图专门修成《答孙郃书》，表明自己不愿"妄进"的为官之道。

乾宁元年（894）五十八岁

八月，司空图奉敕给华州节度使韩建撰写《华帅许国公德政碑》。因司空图对韩建与李茂贞、王行瑜等军阀共同发难朝廷的不轨行为背后所包藏的祸心，洞若观火，故在碑文中正色规劝道："研深本在于防微，虑祸莫先于轻敌。靡忘慎恪，方保初终。以此持危，自钟全祉。"

乾宁二年（895）五十九岁

七月前，司空图先后收到僧人尚颜《寄华阴司空侍郎》、徐寅（寅）《寄华山司空侍郎（一作"表圣"）二首》赠诗。

八月，因河东节度使李克用、汴州节度使朱全忠、凤翔节度使李茂贞、邠州节度使王行瑜、华州节度使韩建多方角力混战，唐昭宗出逃石门镇，司空图携家人远避南阳府淅川县的郧乡。

在郧乡，过继外甥荷为子。

在郧乡期间，将光启三年（887）以后创作的一些诗作收入《一鸣集》中。此外，还作有《淅上重阳》《客中重九》《灯花三首》以及《今相国地藏赞》等。

乾宁三年（896）六十岁

随着乱局平复，司空图于本年闰正月间，由郧乡返回遭到兵燹毁坏的王官谷。所藏七千四百多卷图书连同书法珍宝四十二书屏，全部焚毁。

司空图在王官谷撰《〈荥阳族系记〉序》，又奉敕为在这次战乱中被害的宰相李磎撰写《李公磎行状》。

七月，唐昭宗再次出逃，被韩建"迎请"到华州。十月初，唐昭宗征司空图为兵部侍郎。但因司空图过继外甥为子有违祖制，遭到御史弹劾，所以他没有接受任职，仍寓居华阴。

已经担任礼部员外郎的王驾，可能于重阳节拜望，司空图作《喜王驾小仪重阳相访》诗。

本年还可能作有《杨柳枝寿杯词十八首》《杂题九首》等诗。

乾宁四年（897）六十一岁

司空图正月所作《丁巳元日》，秋天所作《丁巳重阳》，皆反映出唐昭宗驻跸华州和自己客居华阴的情形。

夏天，訚光和尚由华州归故乡永嘉，司空图撰《送草书僧归楚越》相送。从文中可知，訚光将司空图的"论诗一篇，题于绝壁"。司空图同时还作有《赠詧光草书歌》和《赠詧光草书诗》歌诗两首。

秋八月，韩建以延王李戒丕、覃王李嗣周阴谋杀害他为由，将十一王全部抓捕杀掉，谋逆之心彰显。司空图作《华下》（"日炙旱云裂"），隐晦记述这一惨剧。

秋后至冬季，司空图在渭河之滨寓所，撰成《窦烈妇传》。

本年，诗僧虚中有《寄赠华山司空图二首》，司空图作《言怀》回赠。

乾宁五年 光化元年（898）六十二岁

因朱全忠营建洛阳宫殿，要迎请唐昭宗，逼迫韩建、李茂贞权衡利弊，选择将唐昭宗送回长安。

司空图作《戊午三月晦二首》，应该是对他们争相控制唐昭宗的不齿行径的记述。

本年还作有《狂题十八首》《狂题二首》等诗，是对自己自黄巢之乱以后三十年苟且偷生的坎坷仕途的回顾与检讨，和面对宦海诡谲却难以回头的苦恼心迹的表露。

光化二年（899）六十三岁

司空图通过有感而发的《疑经》《〈疑经〉后述》和信函形式的《复陈君后书》，表达对朝廷昏暗、藩镇割据、战火连天、朝局危在旦夕的忧虑。本年还作有《光化踏青有感》。

光化三年（900）六十四岁

是年八月三日，司空图获览李嗣真《书品》及徐浩《论书》，联想到徐浩书法真迹四十二屏已在陕军之乱当中被焚毁，"感愤追述"，撰成《书屏记》，透露出《二十四诗品》的创作，曾经受到刘勰《文心雕龙》、钟嵘《诗品》等历代诗论家著述的影响。

天复二年（902）六十六岁

由于朝廷发生逼迫唐昭宗退位，拥立皇太子李裕为皇帝的未遂政变，导致唐昭宗再次出逃凤翔。朱全忠兵围凤翔"迎请"唐昭宗的同时，围攻降服华州节度使韩建。

司空图为了不被朱全忠裹挟，乘乱躲到檀山，然后再次逃往郧乡。

司空图在郧乡抱病编成《绝鳞集》，并撰写序文《〈绝鳞集〉述》。

本年还作有《淅上（一作江淅上）》二首、《寓居有感三首》。

天复三年（903）　六十七岁

正月，朱全忠打败李茂贞，迎请唐昭宗返京，局面重新安定下来。

春夏间，司空图返回王官谷，将重新修建的濯缨亭更名为"休休亭"，撰《休休亭记》，作《耐辱居士歌》，以"耐辱居士"自号。

《与王驾评诗书》《与极浦书》两篇论诗书信，当成文于本年或稍后。

作有《自郧乡北归》《自河西归山二首》《即事九首》等诗。

天复四年 唐哀帝李柷天祐元年（904）　六十八岁

正月，朱全忠逼唐昭宗东迁洛阳。八月十一日夜，朱全忠弑杀唐昭宗，另立十三岁的辉王李柷，即昭宣帝。

上年或本年所撰《与王驾评诗书》《与极浦书》，连同本年成文的《与李生论诗书》，是反映司空图诗歌创作艺术理论思想的重要作品。文中所提出的"思与境谐""象外之象，景外之景""韵外之致""味外之旨"等审美观点，与其另一部重要的艺术品诗之作《二十四诗品》所推崇的艺术风格与意境，一脉相承，前者可以视作是对后者以诗论诗、艺术呈现之作的理论诠释。

当代因有学人提出，宋代文学家苏轼在《书〈黄子思诗集〉后》中论及司空图的"盖自列其诗之有得于文字之表者二十四韵"句的核心"二十四韵"，正是指《与李生论诗书》中所例举的二十多联自作诗，而非今天的《二十四诗品》，从而质疑《二十四诗品》的作者不是司空图，由此引发争议。

这一年，女婿姚顗在陕州行在考中进士，同年被宰相柳璨举荐为校书郎。

本年作《元日》《岁尽二首》等诗。

天祐二年（905）六十九岁

正月初七，司空图作《乙丑人日》，为自己在这乱世当中能够侥幸活到古稀之年而倍感欣慰。随后因朱全忠相继诛杀皇家诸王与朝廷命臣，局势险恶，所以到七月十六日，司空图撰写《泽州灵泉寺记》时，落款有"耐辱居士病且死……"显然是郁闷沉重、悲凉绝望心情的流露。

八月十四日，司空图应召赴洛阳朝参面圣，故意坠笏失仪，旨趣极野，乞求放还获准。

九月十日，卢渥病逝，司空图为其完成《故太子太师致仕卢公神道碑》，对卢渥一生多有称许。

本年还作《偶诗五首》《丑年冬》，在洛阳结集朝臣赠诗编成《寿星集》。

天祐三年（906）七十岁

司空图请人为自己预先打好墓室，备好棺材寿衣，还邀请前来拜访的"故人"一起下去饮酒赋诗，并畅谈"幽显一致"之论。

司空图在王官谷与邻里融洽相处，参加村社祈雨祭祀，并代为撰写祭雨文《移两神》。还为婚庆之家撰写祝颂之语《障车文》。

本年重阳节，司空图还作有《白菊三首》，其中第二首"诗中有虑犹须戒，莫向诗中著不平"句，被学人视作他的最后一首论诗作品。

本年冬又作《修史亭三首》。

天祐四年 梁开平元年（907）七十一岁

四月十八日，朱全忠接受昭宣帝李柷的"禅让"，正式登基，建立梁朝，改元开平元年。

司空图没有接受后梁皇帝朱全忠诏封的礼部尚书。

作《共命鸟赋》，应该视为司空图对朱全忠篡唐悲剧的深刻反思。

开平二年（908）七十二岁

二月二十一日，朱全忠派人前往曹州，毒杀被封为济阴王的前皇帝李柷，以王礼安葬在济阴县定陶乡，追谥为唐哀皇帝。

大约三月前后，司空图得到了这个消息。《旧唐书》本传这样记述道："唐祚亡之明年，闻辉王遇弑于济阴，不怿而疾，数日卒，时年七十二。"《新唐书》本传这样记述道："哀帝弑，图闻，不食而卒，年七十二。"《唐才子传》本传这样记述道："后闻哀帝遇弑，不食扼腕，呕血数升而卒，年七十有二。"

司空图先是以退居不仕的智慧，成就了乱世大隐的名声；再以殉唐的悲壮，成为唯一一位自愿殉唐的忠臣节义之士；后世学人又以他总结有唐一代诗的贡献，确立了其在中国文学批评史上诗评家的重要地位，名垂不朽。

主要参阅书目与文章

《司空表圣文集》 四部丛刊本。

《司空表圣诗集》 四部丛刊本。

《全唐诗》 〔清〕彭定求等纂修。在线阅读《文学360》。

《全唐文》 〔清〕董诰等纂修。在线阅读《维基文库》。

《旧唐书》 〔五代〕刘昫等纂修。中华书局1975年版。

《新唐书》 〔宋〕欧阳修〔宋〕祁等纂修。中华书局1975年版。

《资治通鉴》 〔宋〕司马光编著。中华书局1986年版。

《唐才子传校笺》 傅璇琮编。中华书局2000年版。

《蒲州府志》 〔清〕乾隆版。运城地区地方志办重刊本。

《虞乡县新志》 〔清〕乾隆版。中华民国7年重刊。

《永济县志》 〔清〕光绪版。永济市地方志办2004重刊。

《中国文学史》 游国恩等主编。人民文学出版社1983年版。

《国事全书》马 勇主编。团结出版社1997年版。

《文心雕龙》[南朝]刘勰著。西南师范大学出版社1996年版。

《钟嵘诗品研究》张伯伟著。南京大学出版社1999年版。

《诗品集解·续诗品注》郭绍虞集解集注。人民文学出版社1982年版。

《司空图〈诗品〉解说二种》[清]孙联奎 杨廷芝著。齐鲁书社1980年版。

《司空图选集注》王济亨。高仲章山西人民出版社1989年版。

《文白对照二十五史分类传记》林东海 陈铁民等主编。海南出版社1994年版。

《司空图评传》王步高。南京大学出版社2011年版。

《司空图年谱汇考》陶礼天。华文出版社2002年版。

《司空图诗文研究》祖保泉。安徽教育出版社1998年版。

《司空图诗品解说》祖保泉。安徽人民出版社1980年版。

《司空图与王官谷》宋万忠编著。华夏文艺出版社2017年版。

《中国历代著名文学家评传》吕慧鹃等编。山东教育出版社1985年版

《〈二十四诗品〉百年研究述评》张国庆。《文学评论》2005年第1期。

《从"量力救时"说看司空图的儒家思想》。李珺平。《湛江师范学院学报》2015年第1期。

《从司空图的诗论看〈二十四诗品〉》关龙艳。源自缄若慕的博客。

《司空图〈二十四诗品〉辨伪（节要)》陈尚君 汪涌豪。

《司空图〈二十四诗品〉研究及其作者辨伪综析》赵 福 坛

《我对司空图二十四诗品研究的点滴心得》赵福坛。《广州师院学报》1996年第一期。

《司空图的〈二十四诗品〉在国外》王丽娜。《文学遗产》1986年第

二期。

《中国古典诗论在西方》江 原 源自 fanney 博客。

（还有许多网络搜到的书籍和文章，或无作者，或无刊发报刊，恕未能尽录。如有援引转述，多已于书中言明，若有疏漏，还望相关作者见谅为盼。）

后记

　　说句心里话，接受《司空图传》的写作任务，在一定程度上就等于接受了冒险。回顾这三年多的创作过程，无异于经历了一次探寻、梳理、辨析、呈现的艰辛历险。

　　因为学界都知道，就司空图这位唐末诗论家而言，相对于颇为丰富的有关其诗论著述《二十四诗品》的解读、诠释、研究资料，他的生平资料却是非常的稀缺。就史料而言，只有《五代史阙文》《旧唐书》《新唐书》和《唐才子传》中有专列的本传，但是都很简约。《宣和书谱》当中的小传文字，也只是侧重介绍了传主在书法方面的见识与作品格调。截至目前，尚未看到一部有关司空图生平的完整传记作品，当下能够读到的，都是研究著述当中包含的生平概述，多为介绍性质。比如由台湾学者江国贞著述的《司空表圣研究》第一编"传纂"中包含的"传论"和"交游"两章，由祖保泉先生著述的《司空图诗文研究》第一章中包含的有关司空图籍贯、家庭、生平三个部分。相比较而言，要数王步高先生著述的《司空图评传》一书当中包含的传记篇幅最多，占上下两册著述四分之一强，包括"时代风云""家庭出身""宦海沉浮"和"八征不起"四个章节，基本上梳理出司空图的生平轮廓。但行迹空白仍然很多，仍然无法看清这位隔世老乡的面容。仅靠这些资料，想完成一部司空图的传记，谈何容易？

只有当爱人王卉通过孔夫子旧书网，为我搜寻邮购到陶礼天先生著述的《司空图年谱汇考》一书，才让自己在一定程度上摆脱了缺米可炊的叙述困境。与上述几部著作包含的生平概述或粗略传记内容相比，这部年谱汇考，可以说是集当今司空图年谱和生平行迹研究之大成者，将司空图的人生脉络拉通了，尽管仍然存在着非常多的需要考辨的行迹疑点。

也正是诸多无法确定的疑点，让自己在搜寻、对比、辨析的过程中，把写作导入了考辨式的表述语序当中，觉得对于每一个不确定的行迹，都应该交代清楚从哪里得来的理据，以证不谬，不然为什么选择这一个而不是另一个，怕不具备说服力。其实，将自己导入这种学术考辨性表述误区的，还有一个重要的原因，那就是始于二十世纪九十年代的有关争论，即《二十四诗品》是不是司空图所著。因为《二十四诗品》对司空图的诗论家地位至关重要，尤其是通过全面了解司空图的生平履迹，和对《二十四诗品》的研读，发现质疑者几乎都不了解司空图的生平履迹，仅凭《二十四诗品》做主观臆断的否定，漏洞百出，缺乏说服力。所以我就想通过揭示司空图的行迹、作品与《二十四诗品》之间存在的内在关联，进而达到申明、维护司空图的确是这部作品的作者之定论。

当自己把终于成形的初稿首先交由老领导王西兰主席审阅后，他说我这部书稿，其实完成了两本书的工作，一个是侧重学术考辨的评传考论，一个才是生平事迹的文学传记。而负责审读的审委会主任杨占平主席，更是明确指出，我们为司空图立传，是以历史定论为前提的，不应受到后起的而且还是站不住脚的争议干扰，偏离了文学传记的表达要求。一定要突出体现文学传记通常具有的描写性、故事性等可读性特点，减少评论式或者介绍性文字。

通过对杨占平主席、王西兰主席和省作协理研部李金山主任、博物专家杨明珠，还有作家王振川、韩振远、刘纪昌等老师、文友所提意见的汇总、消化，自己开始着手对这部书稿进行了一次几乎等同于改写的嬗变过程。这是一个由侧重考辨推论到突显故事叙述的变化过程，但又是一个必须的过程。因为只有从繁杂的文史资料当中辨析梳理出一个相对明晰、完整起来的司空图，才能剥离那些有理有据的考辨叙述，抽取出一个从生到死、顺理成章地重新生活了一回的司空图来。于是，就有了现在呈现在读者诸君面前的这部《司空图传》。

有鉴于传主一些关键的生平履迹仍然没有明确记述，通过史料和诗文作品，又可以互现出合乎情理的一种推断可能，诸如广明元年十二月初五，黄巢义军进入长安后，司空图滞留长安的原因，应与安葬服毒自尽的宰相卢携有关；光启二年，滞留长安的他"匹马偷归"的个中缘由，应该与逃避襄王李煴僭越帝位的登基事件有关；光启三年秋，他短暂离开王官谷去洛阳参与安葬的"旧交"，可能就是在长安自杀身亡的卢携等等重要的行迹节点，自己还是选择通过一定的理据凭借，予以一定的辨析，以免臆测编造之嫌。

回顾这部书稿能够在短期内得以成书的过程，我非常感谢网络这所全天候的没有距离的海量图书史籍的信息空间。是它给自己提供的检索、搜集、下载、选用所需图书、文章等资料的方便，可以说是足不出户，就基本可以获得写作关涉的许多宝贵资料，至少起到了索引、提要、简介的效果，帮助自己明确了需要进一步精读细研的相关史料与著述，做到有的放矢，免除了为搜集资料而费力费时地盲目奔波于书店、图书馆之苦。虽不乏错谬，正好提醒自己将参考引用的内容与原作勘校印证。正是由于这样的方便，作品当中许多参考资料也都是这样获得的。比如最后的附录文章"《二十四诗品》对文学批评的久远影响与历史地位"当中的不同部分，除了参考、转述王步高先生的著作《司空图评传》、祖保泉的著作《司空图诗文研究》等著述的相关章节，还分别重点参考和转述了张国庆先生的《〈二十四诗品〉百年研究述评》、王丽娜《司空图的〈二十四诗品〉在国外》等文章，既弥补了自己这方面知识搜检阅读的欠缺，也有机会通过自己的择要转述，给更多的读者分享他们的研究成果。

既然说到了感谢，相对于虚拟而又方便使用的网络，和闪烁其间的诸多陌生作者与他们的作品而言，自己身边的诸位领导、老师和文友，更是为自己创造条件、进而帮助自己完成这部书稿的贵人：是李金山主任的尽力推荐，给自己创造了这部传记作品创作的机缘；是老领导王西兰主席的鼓励鞭策，让自己找准感觉知难而进坚持下来；是亦师亦友的杨明珠老哥多次从学者的角度给出力求严谨的写作态度，让自己的考辨环节做得更为扎实；是作家韩振远、宁志荣、王振川、杨孟冬和卢运锋、邓解放等文友给出的许多有益建议，帮助搜集提供史籍资料，极大地丰富和完善了书稿的内容和谋篇布局。还有美术专业出身的文友李立欣和摄影师陈春明先生友情提供的王官谷景区相关图片，为本书增色添彩。当然，最应该感谢的，就是杨占平主席。他不仅是一位长期关注、指导自己评论创作的敦厚师长，总是那么融点拨于勉励当中，春风化雨；还代表审委会，审议同意让自己承担《司空图传》的创作任务；更在随后的创作过程当中，不厌其烦地答疑解惑、出谋支招、校正定位；而后又通过不止一次的认真审读，针对书稿存在的不足，给出可操作的改进意见，指导自己最终完成了这部无疑也饱含着他的心血的学习之作。回想大家对自己的帮助与付出，感恩之情充溢心间，远非一句凝固成文字的诚挚感谢可以传达和承载，而是需要永远地铭记心头，并化作激励自己更加努力地在文学心田上继续笔耕的暖心动力。

最后一句话，作为一名初涉司空图生平事迹创作的学习者，限于学识，这部书稿肯定存在着许多的不足乃至错谬，所以非常期待各位方家批评指正，以备进一步修改完善，以慰高隐大节诗论家司空图的在天之灵。

李云峰

2018 年 6 月 12 日

《三晋百位历史文化名人传记丛书》已入选传主名单

尧	传说时期
舜	传说时期
禹	传说时期
晋文公	春秋
介子推	春秋
师旷	春秋
卜子夏	春秋
赵武灵王	战国
蔺相如	战国
荀子	战国
韩非子	战国
卫青、霍去病	西汉
班婕妤	西汉
关羽	三国
石勒	十六国
郭璞	两晋
慧远	两晋
法显	两晋
拓跋珪、拓跋焘、拓跋宏	南北

冯太后	两晋
王通	隋
尉迟敬德	唐
薛仁贵	唐
武则天	唐
狄仁杰	唐
王勃	唐
宋之问	唐
王之涣	唐
郭子仪	唐
王昌龄	唐
王维	唐
裴度	唐
白居易	唐
柳宗元	唐
温庭筠	唐
司空图	唐
李克用	唐
狄青	宋
司马光	宋
杨家将	宋
米芾	宋
元好问	金
关汉卿	元
郝经	元
白朴	元

萨都剌	元
罗贯中	明
王文素	明
孔天胤	明
王家屏	明
张慎言	明
傅山	清
于成龙	清
陈廷敬	清
孙嘉淦	清
杨二酉	清
雷履泰	清
栗毓美	清
祁寯藻	清
徐继畬	清
董文焕	清
车毅斋	清
刘笃敬	清
杨深秀	清
渠本翘	清